STATISTIQUE

POUR SERVIR A L'HISTOIRE

DU

2 DÉCEMBRE 1851

Paris. — Typ. Gaittet, rue du Jardinet, 1

STATISTIQUE

POUR SERVIR A L'HISTOIRE

DU

2 DÉCEMBRE 1851

Paris et les Départements

PAR

ADOLPHE ROBERT

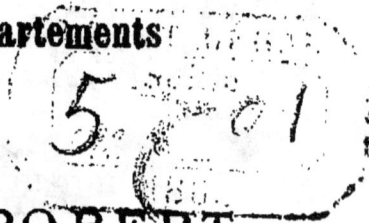

Prix : 1 fr. 50

PARIS

A LA LIBRAIRIE DE LA RENAISSANCE

3, RUE DE LA VIEILLE-ESTRAPADE, 3

Derrière le Panthéon

1869

AVANT-PROPOS.

Deux ouvrages ont déjà paru sur les événements de décembre 1851 : ils ont, à des titres divers, rendu un immense service aux jeunes générations qui ignoraient complétement ou qui ne connaissaient que très vaguement, par des extraits de journaux ou des lettres privées, ce qui s'était passé à cette époque. Maintenant que la lumière s'est quelque peu faite, que l'on commence à ne plus prendre les défenseurs de la Constitution pour des pillards et des assassins, je me suis demandé si le but était complétement atteint, si un troisième ouvrage, s'attachant spécialement à la statistique, n'aurait pas grandement sa raison d'être, et c'est dans cette pensée que je consultai, il y a cinq mois environ, le *Moniteur universel* des années 1851-52-53, le *Constitutionnel* et la *Gazette des tribunaux*. Ce que je trouvai, je l'offre à mes lecteurs aujourd'hui ; c'est non-seulement les dépêches constatant la résistance dans tel ou tel endroit, mais bien aussi des correspondances très-longues, donnant une foule de détails qu'il ne serait pas possible de renfermer en un seul volume. Je me suis contenté d'en faire simplement un résumé en tête de chaque département. J'ai également pris note de toutes les séances des conseils de guerre, des décisions de certaines commissions mixtes, des expulsions en masse ou partielles, des emprisonnements sans nombre, etc., etc. Toutes ces catégories des vaincus du 2 décembre dépassent le chiffre de 8000 citoyens.

Ce n'est certainement pas le nombre total des républicains frappés en décembre; il faudrait quadrupler, quintupler, surtout si l'on met en ligne de compte tous ceux (et ils sont nombreux) qu'on a fait promener pendant quelques mois dans toutes les prisons de France; ce que l'on appelle en terme judiciaire, la prévention. — Je le déclare donc, tous les noms que j'ai trouvés dans ces trois journaux officiels sont classés par catégories : les uns avec nom, prénoms, profession et demeure, d'autres sans demeure mentionnée; d'autres encore, sans désignation de profession, et enfin quelques-uns n'ayant que le nom de famille.

Je ne me dissimule pas que cet ouvrage, que je livre de bonne foi au public, appellera sans doute quelques réclamations. Ai-je besoin d'ajouter qu'elles seront accueillies avec empressement, et qu'elles trouveront place dans les éditions qui suivront.

ADOLPHE ROBERT.

Paris, le 24 février 1869.

STATISTIQUE

POUR SERVIR A L'HISTOIRE

DU 2 DÉCEMBRE 1851.

CHAPITRE PREMIER.

Assemblée constituante. — Séance du 20 décembre 1848. — Rapport sur l'élection présidentielle. — Suffrages obtenus par les différents candidats. — Allocution du rapporteur de la commission. — Remise des pouvoirs par le général Cavaignac. — Démission collective des ministres. — Conclusion de la commission. — Le Président Louis-Napoléon Bonaparte à la tribune. — Prestation du serment à la Constitution. — Discours prononcé après le serment. — Enthousiasme de l'assemblée. — Le Président Louis-Bonaparte fraternise avec le général Cavaignac.

ASSEMBLÉE NATIONALE

Séance du 20 décembre 1848.

Présidence du citoyen Armand Marrast

Le citoyen Waldeck-Rousseau, rapporteur de la commission chargée de vérifier les élections du Président de la République.

Citoyens représentants, les suffrages recueillis sur la surface de la République doivent être attribués aux divers candidats désignés, dans la proportion suivante, arrêtée par le travail de votre commission :

Suffrages exprimés,	7,327.345
Le citoyen Napoléon Bonaparte en a obtenu.	6.434.226
Le citoyen Cavaignac.	1.448.107
Le citoyen Ledru-Rollin	370.119
Le citoyen Raspail	36.920
Le citoyen Lamartine.	17.910
Le citoyen Changarnier.	4.790
Voix perdues.	12.600

... Citoyens représentants, il y a neuf mois bientôt vous

proclamiez sur le seuil de ce palais la République sortie des luttes populaires du 24 février. Aujourd'hui vous imprimez à votre œuvre le sceau de la ratification nationale ! Ayez confiance : Dieu protège la France.

. . . Le citoyen général Cavaignac, chef du pouvoir exécutif. Citoyens représentants, j'ai l'honneur d'informer l'assemblée que M. M. les ministres viennent de remettre à l'instant entre mes mains leur démission collective.

Je viens, à montour, remettre entre les mains de l'assemblée les pouvoirs qu'elle avait bien voulu me confier.

L'assemblée comprendra, mieux que je ne pourrais l'exprimer quels sont les sentiments de reconnaissance que me laissera le souvenir de sa confiance et de ses bontés pour moi (Très bien ! — Longs et vifs applaudissements.)

Le citoyen Président. — L'assemblée nationale reçoit la démission des pouvoirs, et elle en donne acte. Je mets aux voix maintenant les conclusions de la commission.

(Ces conclusions, mises aux voix, sont adoptées à l'unanimité.)

Le citoyen Président. — L'assemblée a adopté les conclusions de la commission. En conséquence :

Au nom du peuple français,

Attendu que le citoyen Charles-Louis-Napoléon Bonaparte né à Paris, remplit les conditions d'éligibilité prescrites par l'article 44 de la constitution;

Attendu que, dans le scrutin ouvert sur toute l'étendue du territoire de la République, pour l'élection du Président, il a réuni la majorité absolue des suffrages; en vertu des articles 47 et 48 de la Constitution, l'assemblé nationale le proclame président de la République française depuis le présent jour jusqu'au deuxième dimanche du mois de mai 1852.

Aux termes du décret, j'invite le citoyen Président de la République à vouloir bien se transporter à la tribune pour y prêter serment.

(Le citoyen Charles-Louis-Napoléon Bonaparte, Président de la République, monte à la tribune.

Le citoyen Président de l'assemblée. — Je vais lire la formule du serment :

« En présence de Dieu et devant le peuple français, représenté par l'assemblée nationale, je jure de rester fidèle à la République démocratique, une et indivisible, et de remplir tous les devoirs que m'impose la constitution. »

Le citoyen Président de la République, levant la main : Je le jure !

Le citoyen Président de l'assemblée. — Nous prenons Dieu et les hommes à témoin du serment qui vient d'être prêté; l'assemblée nationale en donne acte, ordonne qu'il sera transcrit au procès-verbal, inséré au moniteur, publié et affiché dans la forme des actes législatifs.

Le citoyen Président de la République. — Les suffrages de la nation et le serment que je viens de prêter commandent ma conduite future. Mon devoir est tracé, je le remplirai en homme d'honneur.

Je verrai des ennemis de la patrie dans tous ceux qui tenteraient de changer, par des voies illégales, ce que la France entière a établi. (très bien ! très bien !)

Entre vous et moi, citoyens, représentants, il ne saurait y avoir de véritables dissentiments; nos volontés sont les mêmes.

Je veux, comme vous, rasseoir la société sur ses bases, affermir les institutions démocratiques et rechercher tous les moyens propres à soulager les maux de ce peuple généreux et intelligent qui vient de me donner un témoignage si éclatant de sa confiance. (très bien ! très bien !)

La majorité que j'ai obtenue, non seulement me pénètre de reconnaissance, mais elle donnera au gouvernement nouveau la force morale sans laquelle il n'y a pas d'autorité.

Avec la paix et l'ordre, notre pays peut se relever, guérir ses plaies, ramener les hommes égarés et calmer les passions.

Animé de cet esprit de conciliation, j'ai appelé près de moi des hommes honnêtes, capables et dévoués au pays, assuré que, malgré les diversités d'origine politique, ils sont d'accord pour concourir avec vous à l'application de la constitution, au perfectionnement des lois, à la gloire de la République. (approbation)

La nouvelle administration, en entrant aux affaires, doit remercier celle qui l'a précédée des efforts qu'elle a fait pour transmettre le pouvoir intact, pour maintenir la tranquillité publique. (marques d'assentiment.)

La conduite de l'honorable général Cavaignac a été digne de la loyauté de son caractère et de ce sentiment du devoir, qui est la première qualité du chef d'un Etat (nouvelle approbation.)

Nous avons, citoyens représentants, une grande mission à remplir : c'est de fonder une République dans l'intérêt de tous, et un gouvernement juste, ferme, qui soit animé d'un sincère amour du progrès, sans être réactionnaire ou utopiste (Très bien ! très bien !)

Soyons les hommes du pays et non les hommes d'un parti et, Dieu aidant, nous ferons du moins le bien, si nous ne pouvons faire de grandes choses.

(Après ce discours, l'assemblée entière se lève et fait entendre à plusieurs reprises le cri de : vive la République ! — Le citoyen Louis Bonaparte se rend au banc où le général Cavaignac a été se placer, et ils échangent un serrement de main.)

CHAPITRE II.

Trois ans après. — Placards apposés sur les murs de Paris. — Nuit du
1er au 2 décembre. — Décret qui dissout l'assemblée nationale et convoque les électeurs. — État de siége. — Dissolution du Conseil d'Etat.
Arrestation des représentants et d'un certain nombre de républicains.

Trois ans à peine après ce serment solonnel prêté à la face
des 900 représentants du peuple, le 2 décembre 1851, à 7 heures
du matin, on lisait sur les murs de Paris, un placard ainsi
intitulé.

Au nom du peuple français,

Le Président de la République,
Décrète :

Art. 1er — L'Assemblée nationale est dissoute.

Art. 2. — Le suffrage universel est rétabli. La loi du 31
mai est abrogée.

Art. 3. — Le peuple français est convoqué dans ses comices
à partir du 14 décembre jusqu'au 21 décembre suivant.

Art. 4. — L'état de siége est décrété dans l'étendue de la
1re division militaire.

Art. 5. — Le Conseil d'Etat est dissout.

Art. 6. — Le ministre de l'intérieur est chargé de l'exécution du présent décret.

Fait au palais de l'Elysée, le 2 décembre 1851.

LOUIS-NAPOLÉON BONAPARTE.

Le ministre de l'intérieur,
DE MORNY.

. . . . . Ce décret avait été précédé par de nombreuses arrestations à domicile.

C'étaient parmi les représentants républicains les citoyens
Valentin, Nadaud, Miot, Greppo, Lagrange, Cholat Baune,
Charras et Cavaignac.

Les représentants Changarnier, Lamoricière, Leflô, Bedeau,
Thiers, Baze et Roger du Nord appartenant tous à la fraction
orléaniste, subirent le même sort.

A la même heure, les agents emmenaient à Mazas des répu-
blicains éprouvés, tels que les citoyens Grignan, Stévenot,
Michel, Artaud, Géniller, Vasbenter, Philippe, Bréguet, Delpech,
Gabriel, Schmidt, Baune (frère du représentant), Houl, Cellier,

Jacotier, Kuch, Six, Brun, Lemerie, Malapert, Hilbach, Lecomte, Meunier, Buisson, Musson, Bonvallet, Guiterie, Choquin, Bilotte, Voinier. Thomas, Cunel, Boireau, Crousse, Baillet, Noguez, Lucas, Laserre, Cahaigne, Magin et Polino.

. . . . , ...

CHAPITRE III.

Assemblée législative. — Séance extraordinaire tenue à la mairie du Xᵉ arrondissement. — Motion Berryer. — Incident au sujet de la pusillanimité du président Dupin. — Discussion de la motion Berryer. — Adoption. — Décret qui proclame la déchéance de Louis-Bonaparte. Décret qui requiert les forces militaires pour défendre les décisions de l'Assemblée. — Nomination aux fonctions de général en chef du général Oudinot. — Incident à cet égard. — Le représentant Tamisier lui est adjoint comme chef d'état-major. — Intervention de quelques sous-officiers et officiers de la troupe. — Ordre d'évacuer la mairie. — Refus des représentants. — Nouvelle sommation faite par deux commissaires de police. — Nouveau refus de la part des représentants. — Leur arrestation en masse. — Ils sont conduits à la caserne d'Orsay. — Appel nominal. — Noms des représentants arrêtés.

ASSEMBLÉE NATIONALE.

SÉANCE EXTRAORDINAIRE DU 2 DÉCEMBRE 1851,

Tenue dans la grande salle de la Mairie du 10ᵉ arrondissement à onze heures de matin.

Présidence de M. Vitet.

Le bureau est composé de MM. Benoist d'Azy, Vitet, vice-présidents; Chapot, Moulin, Grimault, secrétaires.

Une vive agitation règne dans la salle, où sont réunis environ trois cents membres appartenant à toutes les nuances politiques.

Le président, M. Vitet. — La séance est ouverte.

Plusieurs Membres. Ne perdons pas de temps.

Le président. — Une protestation a été signée par plusieurs de nos collègues; en voici le texte.

M. Berryer. — Je crois qu'il ne convient pas à l'Assemblée de faire des protestations.

L'Assemblée nationale ne peut se rendre dans le lieu ordinaire de ses séances ; elle se réunit ici; elle doit faire acte d'As-

semblée et non une protestation. (Très-bien ! — Marques d'assentiment.) Je demande que nous procédions comme assemblée
libre, au nom de la constitution.

M. Vitet. — Comme nous pouvons être expulsés par la force
n'est-il pas utile que nous convenions immédiatement d'un
autre lieu de réunion, soit à Paris, soit hors Paris?

Voix nombreuses. — Dans Paris ! dans Paris !

M. Bixio. — J'ai offert ma maison.

M. Berryer. — Ce sera là le second objet de notre délibération ; mais la première chose à faire par l'Assemblée, qui se
trouve déjà en nombre suffisant, c'est de statuer par un décret.
Je demande la parole sur le décret.

M. Monet. — Je demande la parole sur un fait d'attentat.
(Bruit et interruption).

M. Berryer. — Laissons de côté tous les incidents; nous
n'avons peut-être pas un quart-d'heure à nous. Rendons un
décret. (Oui, oui.) Je demande qu'aux termes de l'article 68 de
de la Constitution, attendu qu'il est mis obstacle à l'exécution
de son mandat,

« L'Assemblée nationale décrète que Louis-Napoléon Bonaparte est déchu de la présidence de la République et, qu'en
conséquence, le pouvoir exécutif passe de plein droit à l'Assemblée nationale. » (Très-vive et unanime adhésion. — Aux
voix !)

Je demande que le décret soit signé par tous les membres
présents. (Oui! oui!)

M. Béchard — J'appuie cette demande.

M. Vitet. — Nous allons rester en permanence.

M. le président. — Le décret sera immédiatement imprimé
par tous les moyens qu'on pourra avoir. Je mets le décret aux
voix. (Le décret est adopté à l'unanimité, aux cris mêlés de « Vive
la Constitution! Vive la Loi! Vive la République! »)

Le décret est rédigé par le bureau.

M. Chapot. — Voici un projet de proclamation qui a été proposé par M. de Falloux.

M. de Falloux. — Donnez-en lecture.

M. Berryer. — Nous avons autre chose à faire.

M. Piscatory. — La vraie proclamation, c'est le décret.

M. Berryer. — C'est une réunion particulière que celle dans
laquelle on fait une déclaration. Nous sommes ici une Assemblée régulière.

Plusieurs voix : — Le décret! le décret! pas autre chose!

M. Quentin-Bauchart. — Il faut le signer.

M. Piscatory. — Un avis pour hâter le travail. Nous allons
faire courir des feuilles sur lesquelles on signera. On les an-

nexera ensuite au décret. (Oui! oui!) — On fait circuler des
feuilles de papier dans l'Assemblée.)

Un Membre. — Il faut donner l'ordre au colonel de la 10e
légion de défendre l'Assemblée. Le général Lauriston est présent.

M. Berryer. — Donnez un ordre écrit.

Plusieurs Membres. — Qu'on batte le rappel!

Une altercation a lieu dans le fond de la salle entre des représentants et quelques citoyens qu'on veut faire retirer. Un de
ces citoyens s'écrie : « Messieurs, dans une heure, peut-être,
nous nous ferons tuer pour vous! »

M. Piscatory. — Un mot, nous ne pouvons... (Bruit. — Écoutez donc, écoutez!) nous ne devons, nous ne voulons pas ex-
clure les auditeurs. Ceux qui voudront venir seront très-bien
venus. Il vient de se prononcer un mot que j'ai recueilli :
« dans une heure, peut-être, nous nous ferons tuer pour l'Assemblée. » Nous ne pouvons recevoir beaucoup de personnes,
mais celles qui peuvent tenir ici doivent y rester. (Bien! bien!)
La tribune est publique par la Constitution. (Marques d'approbation.)

DÉCRET.

Le président Vitet. — Voici le décret de réquisition :

« L'Assemblée nationale, conformément à l'article 32 de la
Constitution, requiert la 10e légion pour défendre le lieu des
séances de l'Assemblée. »

Je consulte l'Assemblée. (Le décret est voté à l'unanimité;
une certaine agitation succède à ce vote. Plusieurs Membres
parlent en même temps.

M. Berryer. — Je supplie l'assemblée de garder le silence.
Le bureau, qui rédige en ce moment les décrets et à qui je
propose de remettre tous les pouvoirs pour les différentes mesures à prendre, a besoin de calme et de silence. Ceux qui
auront des motions à faire les feront ensuite; mais si tout le
le monde parle, il sera impossible de s'entendre. (Le silence
se rétablit.)

Un membre. — Je demande que l'assemblée reste en permanence jusqu'à ce qu'on envoie des forces. Si nous nous sé-
parons avant que les forces viennent, nous ne pourrons plus
nous réunir.

M. Legros-Devaux. — Oui! oui! la permanence.

M. Favreau. — Je demande à rendre compte de ce qui s'est
passé ce matin à l'assemblée. Le ministre de la marine avait
donné au colonel Espinasse l'ordre de faire évacuer les salles.
Nous étions trente ou quarante dans la salle des conférences.
Nous avons déclaré que nous nous rendions dans la salle des

séances et que nous y resterions jusqu'à ce qu'on osât nous en expulser.

On est allé chercher M. Dupin, qui est venu nous trouver dans la salle des séances ; nous lui avons remis une écharpe, et, lorsque la troupe s'est présentée, il a demandé à parler au chef. Le colonel s'est présenté, et M. Dupin lui a dit :

« J'ai le sentiment du droit et j'en parle le langage. Vous déployez ici l'appareil de la force : je proteste. »

M. Monet. — Présent à cette scène, je demande l'insertion au procès-verbal de l'acte de violence qui a été commis envers nous. Après la lecture que j'ai faite, sur l'invitation de mes collègues, de l'art. 68 de la Constitution, j'ai été appréhendé au corps et arraché violemment de mon banc.

M. Dahirel. — Nous, qui avons reçu des coups de baïonnette nous n'en sommes pas surpris.

MM. Odilon-Barrot et de Nagle arrivent dans la salle et apposent leur signature sur le décret de déchéance.

M. le président donne mission à M. Hovyn-Tranchère de faire entrer des représentants qui sont retenus à la porte.

M. Piscatory. — Je demande à l'assemblée de lui rendre compte d'un fait qui me paraît important. Je suis allé faire reconnaître plusieurs de mes collègues qui ne pouvaient entrer. Les officiers de paix m'ont dit que le maire avait donné l'ordre de ne faire entrer personne. Je me suis transporté immédiatement chez le maire, qui m'a dit : « Je représente le Pouvoir exécutif et je ne puis laisser entrer les représentants. » Je lui ai fait connaître le décret que l'Assemblée avait rendu et lui ai dit qu'il n'y avait d'autre pouvoir exécutif que l'Assemblée nationale (très-bien!) et je me suis retiré. J'ai cru qu'il était bon de faire cette déclaration au nom de l'Assemblée. (Oui! oui! — Très-bien!) — Quelqu'un m'a dit en passant : « Dépêchez-vous, dans peu de moments la troupe sera ici. »

M. Berryer. — Je demande provisoirement qu'un décret ordonne au maire de laisser les abords de la salle libres.

M. de Falloux. — Il me semble que nous ne prévoyons pas deux choses qui me paraissent très-vraisemblables ; la première, que vos ordres ne seront pas exécutés ; la seconde, que nous serons expulsés d'ici. Il faut convenir d'un autre lieu de réunion.

M. Berryer. — Avec les personnes étrangères qui se trouvent présentes, nous ferions une chose peu utile ; nous saurons bien nous faire avertir du lieu où nous pourrons nous réunir. (Non! non!) un décret provisoire.

M. le président. — M. Dufaure a la parole. Silence, messieurs, les minutes sont des heures.

M. Dufaure. — L'observation qui vient d'être faite, est juste ;

nous ne pouvons désigner hautement le lieu de notre réunion.
Mais je demande que l'assemblée confère à son bureau le droit
de le choisir. Il avertira chacun des membres du lieu de réunion, afin que chacun de nous puisse s'y rendre. Messieurs,
nous sommes maintenant les seuls défenseurs de la Constitution, du droit, de la République, du pays. (Oui! oui! très-bien.
— Des cris de « vive la République! » se font entendre.) Ne
nous manquons pas à nous-mêmes, et s'il faut succomber devant la force brutale, l'histoire nous tiendra compte de ce que,
jusqu'au dernier moment, nous avons résisté par tous les
moyens qui étaient en notre pouvoir. (Bravos et applaudissements.)

DÉCRET.

M. Berryer. — Je demande que, par un décret, l'assemblée
nationale ordonne à tous les directeurs de maisons de force
ou d'arrêt de délivrer, sous peine de forfaiture, les représentants qui ont été arrêtés.

Ce décret est mis aux voix par le président et adopté à l'unanimité.

Le général Lauriston. — L'assemblée n'est pas en lieu de
sûreté. Les autorités municipales prétendent que nous avons
forcé les portes, et qu'elles ne peuvent pas laisser la mairie
occupée par nous. Je sais que des agents de police sont allés
prévenir l'autorité, et que d'ici à peu de temps des forces im-
posantes nous forceront à évacuer la salle.

Un représentant arrive et s'écrie : « Dépêchons-nous, voilà
la force qui arrive. » (Il est midi et demie.)

M. Antony Thouret entre et signe le décret de déchéance en
disant · « Ceux qui ne signent pas sont des lâches. »

Au moment où l'on annonce l'arrivée de la force armée,
un profond silence s'établit. Tous les membres du bureau
montent sur leurs siéges pour être vus de toute l'assemblée et
des chefs de la troupe.

M. le président Benoist-d'Azy. — Silence, Messieurs!

Les chefs de la troupe ne se présentent pas.

M. Antony Thouret. — Puisque ceux qui occupent la mairie
n'entrent pas dans cette salle pour dissoudre cette séance, qui
est la seule légale, je demande que le président, au nom de
l'assemblée nationale, envoie une députation qui sommera la
troupe de se retirer au nom du peuple. (Oui! oui! très bien.)

M. Canet. — Je demande à en faire partie.

M. Benoist-d'Azy. — Soyez calmes, messieurs. Notre devoir
est de rester en séance et d'attendre.

M. Pascal Duprat. — Vous ne vous défendrez que par la révolution.

1.

M. Berryer. — Nous nous défendrons par le droit.

Voix diverses. — Et la loi, la loi ; pas de révolution.

M. Pascal Dupret. — Il faut envoyer dans toutes les parties de Paris et principalement dans les faubourgs, et dire à la population que l'assemblée nationale est debout, que l'assemblée a dans la main toute la puissance du droit, et qu'au nom du droit elle fait un appel au peuple ; c'est votre seul moyen de salut. (Agitation et rumeurs).

Plusieurs membres dans le fond de la salle. — On monte ! on monte ! (Sensation suivie d'un profond silence.)

M. le président Benoist-d'Azy. — pas un mot, messieurs, pas un mot ! silence absolu ! c'est plus qu'une invitation, permettez-moi de dire que c'est un ordre.

Plusieurs membres. — C'est un sergent, c'est un sergent qu'on envoie !

M. le président Benoist-d'Azy. — Un sergent est le représentant de la force publique..

M. de Falloux. — Si nous n'avons pas la force, ayons au moins la dignité.

Un membre. — Nous aurons l'une et l'autre. (Profond silence).

M. le président. — Restez à vos places, songez que l'Europe entière vous regarde !

M. le président Vitet et M. Chapot, l'un des secrétaires, se dirigent vers la porte par laquelle la troupe va pénétrer, et s'avancent jusque sur le palier· Un sergent et une douzaine de chasseurs de Vincennes du 6e bataillon occupent les dernières marches de l'escalier.

MM. Grévy, de Charencey et plusieurs autres représentants ont suivi MM. Vitet et Chapot. Quelques personnes étrangères à l'Assemblée se trouvent aussi sur le palier. Parmi elles nous remarquons M. Beslay, ancien membre de l'Assemblée constituante.

M. le président Vitet, s'adressant au sergent. — Que voulez-vous ? Nous sommes réunis en vertu de la Constitution.

Le sergent — J'exécute les ordres que j'ai reçus.

M. le président Vitet. — Allez parler à votre chef.

M. Chapot. — Dites à votre chef de bataillon de monter ici.

Au bout d'un instant, un capitaine faisant les fonctions de chef de bataillon se présente au haut de l'escalier.

M. le président, s'adressant à cet officier. — L'Assemblée nationale est ici réunie. C'est au nom de la loi, au nom de la Constitution que nous vous sommons de vous retirer.

Le commandant. — J'ai des ordres.

M. Vitet. — Un décret vient d'être rendu par l'Assemblée, qui déclare qu'en vertu de l'article 68 de la Constitution, attendu que le président de la République porte obstacle à

l'exercice du droit de l'Assemblée, le Président est déchu de ses
fonctions, que tous les fonctionnaires et dépositaires de la force
et de l'autorité publique sont tenus d'obéir à l'Assemblée nationale. Je vous somme de vous retirer.

Le commandant. — Je ne puis pas me retirer.

M. Chapot. — A peine de forfaiture et de trahison à la loi,
vous êtes tenu d'obéir sous votre responsabilité personnelle.

Le commandant. — Vous connaissez ce que c'est qu'un
instrument ; j'obéis. Du reste, je vais rendre compte immédiatement.

M. Grévy. — N'oubliez pas que vous devez obéissance à la
Constitution et à l'article 68.

Le commandant. — L'article 68 n'est pas fait pour moi.

M. Beslay. — Il est fait pour tout le monde; vous devez lui
obéir.

M. le président Vitet et M. Chapot rentrent dans la salle.

M. Vitet rend compte à l'Assemblée de ce qui vient de se
passer entre lui et le chef de bataillon.

M. Berryer. — Je demande que ce ne soit pas seulement, par
un acte de bureau, mais par un décret de l'Assemblée, qu'il soit
immédiatement déclaré que l'armée de Paris est chargée de
veiller à la défense de l'Assemblée nationale, et qu'il soit enjoint
au général Magnan, sous peine de forfaiture, de mettre les
troupes à la disposition de l'Assemblée (Très-bien!)

M. Pascal Duprat. — Il ne commande plus.

M. de Ravinel. — C'est Baraguey-d'Hilliers qui commande,
(Non! Non! Si! Si!)

Plusieurs membres. — Sommez le général sans mettre le
nom.

M. le président Benoist-d'Azy. — Je consulte l'Assemblée.

L'Assemblée, consultée, vote le décret à l'unanimité.

M. Monet. — Je demande qu'il soit envoyé au président de
l'Assemblée un double du décret qui a été rendu, prononçant
la déchéance.

Plusieurs membres. — Il n'y en a plus, il n'y a plus de président. (Agitation).

M. Pascal Duprat. — Puisqu'il faut dire le mot. M. Dupin
s'est conduit lâchement. Je demande qu'on ne prononce pas
son nom (Vives rumeurs).

M. Monet. — J'ai voulu dire le président de la Haute-Cour.
C'est au président de la Haute-Cour qu'il faut envoyer le décret.

M. le président Benoist-d'Azy. — M. Monet propose que le
décret de déchéance soit envoyé au président de la Haute-Cour
nationale.

Je consulte l'Assemblée.

L'Assemblée, consultée, adopte le décret.

M. Jules de Lasteyrie. — Je vous proposerai, Messieurs, de rendre un décret qui ordonne au commandant de l'armée de Paris et à tous les colonels de légions de la garde nationale, d'obéir au président de l'Assemblée nationale, sous peine de forfaiture, afin qu'il n'y ait pas un homme qui ne sache dans la capitale quel est son devoir, et que s'il y manque, c'est une trahison envers le pays. (Très-bien! très-bien!)

M. Dufraisse. — Et au commandant de la garde nationale de Paris.

M. le président Benoist-d'Azy. — Il est évident que le décret rendu s'applique à tous les fonctionnaires et commandants.

M. Dufraisse. — Il faut spécifier.

M. Pascal Duprat. — Nous avons à craindre dans les départements le retentissement des décrets fâcheux qui ont été publiés ce matin par le président de la République; je demande que l'Assemblée prenne une mesure quelconque pour faire savoir aux départements quelle est l'attitude que nous avons prise ici au nom de l'Assemblée nationale.

Plusieurs voix. — Nos décrets, nos décrets sont là.

M. de Rességuier. — Je demande que le bureau soit chargé de faire une proclamation à la France.

Voix diverses. — Les décrets seulement, les décrets.

M. le président Benoist-d'Azy. — Si nous avons la possibilité de publier les décrets, tout est fait; sinon, nous ne pouvons rien.

M. Antony Thouret. — Il faut envoyer des émissaires dans Paris; donnez-moi un exemplaire de notre décret.

M. Rigal. — Je demande qu'on prenne toutes les mesures nécessaires pour faire imprimer le décret.

De toutes parts. — C'est fait! c'est fait!

Un membre. — Je demande qu'on mette en réquisition le télégraphe.

M. de Ravinel. — Qu'on empêche le directeur de communiquer avec les départements, sinon pour transmettre les décrets de l'Assemblée.

M. Dufraisse. — Je demande, si l'Assemblée croit utile de l'ordonner, qu'il soit rendu un décret qui défende à tout directeur des deniers publics de les livrer sur les ordres des fonctionnaires actuels. (C'est fait! c'est fait!) C'est compris dans le décret.

M. Colfavru. — Puisqu'on dit dans le décret que toutes les attributions du pouvoir exécutif passent à l'Assemblée.

M. de Montebello. — La responsabilité pécuniaire est de droit.

M. Antony Thouret. — Il me semble que l'Assemblée doit

aussi se préoccuper de la position de nos collègues, les généraux qui sont à Vincennes.

De toutes parts. — C'est fait; il y a un décret rendu sur la proposition de M. Berryer.

M. Antony Thouret. — Je demande pardon à l'Assemblée; c'est que je suis arrivé trop tard.

M. le général Oudinot. — Jamais nous n'avons éprouvé le besoin d'entourer notre président de plus de déférence, de soumission et de considération que dans ce moment. Il est bien qu'il soit investi d'une espèce de dictature, passez-moi l'expression. (Réclamations de la part de quelques membres). Je retire l'expression. si elle peut éveiller la moindre susceptibilité; je veux dire que sa parole doit obtenir immédiatement respect et silence. Notre force, notre dignité sont précisément dans l'unité. Nous sommes unis, il n'y a plus dans l'Assemblée de côté droit, ni de côté gauche. (Très-bien ! Très-bien !) Nous avons tous des fibres au cœur; c'est la France tout entière qui est blessée en ce moment. (Très-bien!)

Un seul mot. Quant le président croira devoir déléguer un ou plusieurs de nous pour une mission quelconque, que nous lui obéissions. Pour moi, j'obéirai complètement. Je veux qu'il soit entendu que toutes les propositions passeront par le bureau. Si non qu'arrivera-t-il ? C'est qu'ainsi que vient de le faire M. Antony Thouret, on reproduit des propositions, justes en elles-mêmes, qui déjà ont été faites et adoptées. Ne perdons pas de temps; mais que tout passe complètement par le bureau. Obéissons au président; pour moi, je me soumets à ses ordres avec le plus grand empressement. (Très-bien !)

M. le président Benoist-d'Azy. — Je crois que la force de l'assemblée consiste à conserver une parfaite union. Je propose, conformément à l'avis qui vient de m'être exprimé par plusieurs membres, que le général Oudinot, notre collègue, soit investi du commandement des troupes. (Très-bien ! très-bien ! bravo !)

M. Tamisier. — Sans doute, M. le général Oudinot, comme tous nos collègues, ferait son devoir; mais vous devez vous rappeler l'expédition romaine qu'il a commandée. (Vives rumeurs. — Réclamations nombreuses.)

M. de Rességuier. — Vous désarmez l'assemblée une seconde fois.

M. de Dampierre. — Taisez-vous, vous nous tuez.

M. Tamisier. — Laissez-moi achever, vous ne comprenez pas.

M. le président Benoist-d'Azy. — S'il y a des divisons parmi nous, nous sommes perdus.

M. Tamisier. — Ce n'est pas une division; mais quelle autorité aura-t-il sur le peuple.

Mr Berryer. — Mettez la proposition aux voix, monsieur le Président.

M. Pascal Duprat. — Nous avons, parmi nos collègues, un homme qui. dans d'autres circonstances moins difficiles, il est vrai, a su résister aux pensées fâcheuses de Louis-Napoléon Bonaparte, c'est Mr Tamisier. (Exclamations et rumeurs.)

M. Tamisier. — Mais je ne suis pas connu, que voulez-vous que je fasse ?

M. Piscatory. — En grâce, laissez voter. Qu'il soit bien entendu, ce dont je suis profondément convaincu, que M. Tami-sier, quand il a contesté le nom du général Oudinot, ne voulait pas amener de division parmi nous.

M. Tamisier. — Non, je le jure ! je n'adhérais pas, parceque je craignais que cette nomination ne produisit pas sur le peuple de Paris l'effet que vous en attendiez.

M. le général Oudinot. — Je suis prêt à me soumettre aux ordres quelconques qu'on me donnera pour le salut de mon pays; ainsi j'accepterai tout commandement.

De toutes parts. — Aux voix, aux voix, la nomination du général Oudinot.

M. le président Benoist-d'Azy. — Je consulte l'assemblée.

La chambre, consultée, rend un décret qui nomme le général Oudinot commandant en chef des troupes.

M. le général Oudinot. — Un seul mot, monsieur le président et mes collègues, je ne puis décliner aucun honneur. Ce serait une injure que je ferais à mes compagnons d'armes; ils ont fait en Italie, ils feront partout leur devoir. Aujourd'hui, le nôtre est tracé; il consiste à obéir aux ordres du président, par ce que, ces ordres, il les puisera dans le droit de l'assemblée nationale, dans la constitution. (Très-bien !) ordonnez-donc; le général Oudinot obéira; s'il avait besoin de popularité, il l'aurait puisée ici même. (Très-bien ! très-bien !)

M. de Saint-Germain. — Je demande que le décret qui nomme le général Oudinot soit rédigé immédiatement, il faut que le général en ait un exemplaire.

Les membres du bureau. — On le rédige.

Pendant que messieurs les membres du bureau rédigent le décret, M[r] le général Oudinot s'approche de M. Tamisier et échange avec lui quelques paroles.

M. le général Oudinot. — Messieurs, je viens d'offrir à M. Tamisier de me servir de chef d'état-major (Très-bien !) Il accepte. (Très-bien ! très-bien ! bravos enthousiastes.)

Je demande à M. le président de faire connaître immédiate-ment à la troupe de ligne l'honneur que vous venez de me confier. (Très-bien !)

M. Tamisier. — Messieurs, vous m'avez donné une tâche bien

difficile que je n'ambitionnais pas; mais avant de partir pour accomplir les ordres de l'assemblée, permettez-moi de jurer que je pars pour défendre la République. (Voix diverses : Très-bien ! Vive la République ! vive la constitution !)

En ce moment les membres qui se trouvent auprès de la porte annoncent qu'un officier du 6e bataillon de chasseurs arrive avec de nouveaux ordres. Le général Oudinot s'avance vers lui accompagné de M. Tamisier.

M. Tamisier donne lecture à l'officier du décret qui nomme le général Oudinot général en chef de l'armée de Paris.

Le général Oudinot, à l'officier. — Nous sommes ici en vertu de la constitution. Vous voyez que l'assemblée vient de me nommer commandant en chef. Je suis le général Oudinot, vous devez reconnaître son autorité, vous lui devez obéissance. Si vous résistiez à ses ordres, vous encourriez les punitions les plus rigoureuses. Immédiatement vous seriez traduit devant les tribunaux. Je vous donne l'ordre de vous retirer.

L'officier (un sous-lieutenant du 6e chasseurs de Vincennes.) — Mon général, vous savez notre position, j'ai reçu des ordres. Deux sergents qui sont à côté de l'officier prononcent quelques mots et semblent l'encourager à la résistance.

M. le général Oudinot. — Taisez-vous, laissez parler votre chef; vous n'avez pas le droit de parler.

L'un des sergents. — Si ! j'en ai le droit.

Le général Oudinot. — Taisez-vous, laisser parler votre chef.

Le sous-lieutenant. — Je ne suis que le commandant en second, si vous voulez, faites monter le commandant en premier.

Le général Oudinot. — Ainsi vous résistez ?

L'officier, après un instant d'hésitation. — Formellement.

Le général Oudinot. — Il va vous être donné un ordre écrit. Si vous y désobéissez, vous en subirez les conséquences. (Un certain mouvement a lieu parmi les soldats.)

Le général Oudinot. — Chasseurs, vous avez un chef, vous lui devez respect et obéissance. Laissez le parler.

Un sergent. — Nous le connaissons; c'est un brave.

Le général Oudinot. — Je lui ai dit qui j'étais; je lui demande son nom.

Un autre sans officier veut parler.

Le général Oudinot. — Taisez-vous, ou vous seriez de mauvais soldats.

L'officier. — Je m'appelle Charles Guédon, sous-lieutenant au 6e bataillon de chasseurs.

Le général Oudinot, à l'officier. — Vous déclarez donc que vous avez reçu des ordres et que vous attendez les instructions du chef qui vous a donné la consigne.

Le sous-lieutenant. — Oui, mon général.

Le général Oudinot. — C'est la seule chose que vous ayez à faire.

(M. le général Oudinot et M. Tamisier rentrent dans la salle. Il est une heure un quart.

M. le général Oudinot. — Monsieur le président, je reçois les deux décrets qui me donnent, l'un le commandement de la troupe de ligne, l'autre le commandement de la garde nationale. Vous avez bien voulu accepter, sur ma proposition, Mr Tamisier comme chef d'état-major pour la troupe de ligne. Je vous prie de vouloir bien accepter M. Mathieu de la Redorte comme chef d'état-major pour la garde nationale. (Très-bien !)

Plusieurs membres. — C'est à vous à faire ce choix, c'est dans vos pouvoirs.

M. le président Benoist-d'Azy. — Vous usez de votre droit ; mais puisque vous nous communiquez votre pensée à cet égard, je crois répondre à l'intention de l'assemblée en disant que nous applaudissons à votre choix. (Oui ! oui ! très-bien !)

Le général Oudinot. — Ainsi, vous reconnaissez M. Mathieu de la Redorte comme chef d'état-major de la garde nationale ? (Marques d'assentiment.)

M. le président Benoist-d'Azy, après quelques instants d'attente. — On me dit que quelques personnes sont déjà sorties ; je ne suppose pas que personne veuille se retirer avant que nous ayons vu la fin de ce que nous pouvons faire.

De tontes parts. — Non ! non ! en permanence.

M. Berryer, rentrant dans la salle avec plusieurs de ses collègues. — Messieurs, une fenêtre était ouverte. Il y avait beaucoup de monde dans la rue. J'ai annoncé par la fenêtre que l'assemblée nationale, régulièrement réunie, en nombre plus que suffisant pour la validité de ses décrets, avait prononcé la déchéance du président de la Rébublique, que le commandement supérieur de l'armée et de la garde nationale était confié au général Oudinot et que son chef d'état-major était M. Tamisier. Il y a eu acclamations et bravos. (Très-bien !)

M. Guilbot, chef du 3e bataillon de la 10e légion de la garde nationale, se présente en uniforme à la porte de la salle et déclare au général Oudinot qu'il vient se mettre à la disposition de l'assemblée.

Le général Oudinot. — Bien, bien, commandant, c'est d'un bon exemple.

M. Balot, chef du 4e bataillon, sans uniforme, fait la même déclaration.

Après quelques instants, deux commissaires de police se présentent à la porte de la salle, et, sur l'ordre du président, s'avancent auprès du bureau.

L'un des commissaires (le plus âgé). — Nous avons ordre de faire évacuer les salles de la mairie; êtes-vous disposés à obtempérer à cet ordre? Nous sommes les mandataires du préfet de police.

Plusieurs membres. — On n'a pas entendu.

M. le président Benoist-d'Azy. — M. le commissaire nous dit qu'il a ordre de faire évacuer la salle. J'adresse à M. le commissaire cette question : Connaît-il l'article 68 de la Constitution? Sait-il quelles en sont les conséquences?

Le commissaire. — Sans doute, nous connaissons la Constitution; mais, dans la position où nous nous trouvons, nous sommes obligés d'exécuter les ordres de nos chefs supérieurs.

M. le président Benoist-d'Azy. — Au nom de l'assemblée, je vais faire donner lecture de l'article 68 de la Constitution.

M. le président Vitet fait cette lecture en ces termes : « Toute mesure par laquelle le Président de la République dissout l'assemblée nationale, la proroge ou met obstacle à son mandat est un crime de haute trahison. Par ce seul fait, le président est déchu de ses fonctions les citoyens sont tenus de lui refuser obéissance. Le pouvoir exécutif passe de plein droit à l'assemblée nationale. Les juges de la Haute-Cour de justice se réunissent immédiatement, à peine de forfaiture; ils convoquent les jurés dans le lieu qu'ils désignent; ils nomment eux-mêmes les magistrats chargés de remplir les fonctions du ministère public. »

M. le président Benoist-d'Azy, au commissaire. — C'est conformément à l'article 68 de la Constitution, dont vous venez d'entendre la lecture, que l'assemblée, empêchée de siéger dans le lieu ordinaire de ses séances, s'est réunie dans cette enceinte. Elle a rendu le décret dont il va vous être donné lecture.

M. le président Vitet donne lecture du décret de déchéance ainsi conçu :

REPUBLIQUE FRANÇAISE.

DÉCRET.

« L'assemblée nationale, réunie extraordinairement à la mairie du Xᵒ arrondissement;

« Vu l'article 68 de la Constitution, ainsi conçu...

« Attendu que l'assemblée est empêchée par la violence d'exercer son mandat;

« Décrète :

« Louis-Napoléon Bonaparte est déchu de ses fonctions de Président de la République;

« Les citoyens sont tenus de lui refuser obéissance;

« Le pouvoir exécutif passe de plein droit à l'assemblée nationale ;

« Les juges de la Haute-Cour de justice sont tenus de se réunir immédiatement, sous peine de forfaiture, pour procéder au jugement du Président de la République et de ses complices ;

« En conséquence, il est enjoint à tous les fonctionnaires et dépositaires de la force et de l'autorité publique d'obéir à toutes réquisitions faites au nom de l'assemblée, sous peine de forfaiture et de trahison.

« Fait et arrêté à l'unanimité, en séance publique, le 2 décembre 1851.

« Pour le Président empêché :

« BENOIST-D'AZY, VITET, vice-présidents ;
GRIMAULT, MOULIN, CHAPOT, secrétaires ;
et tous les membres présents. »

M. le président Benoist d'Azy. — C'est en vertu de ce décret, dont nous pouvons vous remettre une copie, que l'assemblée s'est réunie ici et qu'elle vous somme, par ma bouche, d'obéir à ses réquisitions. Je vous répète que légalement il n'existe qu'une seule autorité en France, en ce moment ; c'est celle qui est ici réunie. C'est au nom de l'assemblée, qui en est la gardienne, que nous vous requérons d'obéir. Si la force armée, si le pouvoir usurpateur agit vis-à-vis de l'assemblée avec la force, nous devons déclarer que nous, nous sommes dans notre droit. Il est fait appel au pays. Le pays répondra.

M. de Ravinel. — Demandez leurs noms aux commissaires.

M. le président Benoist-d'Azy. — Nous qui vous parlons, nous sommes MM. Vitet, Benoist-d'Azy, vice-présidents ; Chapot, Grimault et Moulin, secrétaires de l'assemblée nationale.

Le commissaire (le plus âgé). — Notre mission est pénible ; nous n'avons pas même une autorité complète, car, dans ce moment, c'est la force militaire qui agit, et la démarche que nous faisons était pour empêcher un conflit que nous aurions regretté. M. le préfet nous avait donné l'ordre de venir vous inviter à vous retirer ; mais nous avons trouvé ici un détachement considérable de chasseurs de Vincennes, envoyés par l'autorité militaire, qui prétend seule avoir le droit d'agir ; car la démarche que nous faisons est officieuse et pour empêcher un conflit fâcheux. Nous ne prétendons pas juger de la question de droit ; mais j'ai l'honneur de vous prévenir que l'autorité militaire a des ordres sévères et qu'elle les exécutera très-probablement.

M. le président Benoist-d'Azy. — Vous comprenez parfaitement Monsieur, que l'invitation à laquelle vous donnez en ce moment le caractère officieux, ne peut produire aucune impression sur nous. Nous ne céderons qu'à la force.

Le deuxième commissaire (le plus jeune). — Monsieur le président, voici l'ordre qu'on nous a donné, et, sans plus attendre, nous vous sommons, que ce soit à tort ou à raison de vous disperser. (Violents murmures).

Plusieurs membres. — Les noms ! les noms des commissaires !

Le premier commissaire (le plus âgé). — Lemoine-Bacherel et Marlet.

En ce moment, un officier arrive, un ordre à la main, et dit : « Je suis militaire, je reçois un ordre, je dois l'exécuter. Voici cet ordre :

« Commandant, en conséquence des ordres du ministre de la guerre, faites occuper immédiatement la mairie du Xᵉ arrondissement, et faites arrêter, s'il est nécessaire, les représentants qui n'obéiraient pas sur le champ à l'injonction de se diviser. — Le général en chef, Magnan. (Explosion de murmures.) »

Plusieurs membres. — Eh bien ! qu'on nous arrête, qu'on donne l'ordre de nous arrêter.

Un autre officier pénètre dans la salle, un ordre à la main. Il s'approche du bureau et donne lecture d'un ordre ainsi conçu :

« Le général en chef prescrit de laisser sortir de la mairie les représentants qui s'y trouvent et qui n'opposeraient aucune résistance. Quant à ceux qui ne voudraient pas obtempérer à cette injonction, ils seront arrêtés immédiatement et conduits, avec tous les égards possibles, à la prison Mazas. »

De toutes parts. — Tous à Mazas !

M. Emile Leroux. — Oui ! oui ! allons à pied !

Le président Benoist-d'Azy, à l'officier. — Vous vous présentez avec un ordre ; nous devons, avant tout, vous demander, ainsi que nous l'avons déjà fait à l'officier qui s'est présenté le premier, si vous connaissez l'article 68 de la Constitution, qui déclare que tout acte du pouvoir exécutif pour empêcher la réunion de l'Assemblée est un crime de haute trahison qui fait cesser, à l'instant même, les pouvoirs du chef du pouvoir exécutif. C'est en vertu de son décret qui déclare la déchéance du chef du pouvoir exécutif que nous agissons en ce moment. Si nous n'avons pas de forces à opposer....

M. de Larcy. — Nous opposons la résistance du droit.

Le président Benoist-d'Azy. — J'ajoute que l'Assemblée, obligée de pourvoir à sa sûreté, a nommé le général Oudinot commandant de toutes les forces qui peuvent être appelées à la défendre.

M. de Larcy. — Commandant, nous faisons un appel à votre patriotisme comme Français.

M. le général Oudinot, à l'officier. — Vous êtes le commandant du 6ᵉ bataillon.

L'officier. — Je suis commandant par intérim. Le commandant est malade.

Le général Oudinot. — Eh bien ! commandant du 6ᵉ bataillon, vous venez d'entendre ce que M. le président de l'Assemblée vous a dit?

L'Officier. — Oui, mon général.

Le général Oudinot. — Qu'il n'y avait pour le moment d'autre pouvoir en France que l'Assemblée. En vertu de ce pouvoir, qui m'a délégué le commandement de l'armée et de la garde nationale, je viens vous déclarer que nous ne pouvons obéir que contraints, forcés, à l'ordre qui nous interdisait de rester réunis. En conséquence, et en vertu des droits que nous tenons d'elle, je vous ordonne d'évacuer et de faire évacuer la mairie.

Vous avez entendu, commandant du 6ᵉ bataillon; vous avez entendu que je vous ai donné l'ordre de faire évacuer la mairie. Allez-vous obéir?

L'Officier. — Non, et voici pourquoi : j'ai reçu de mes chefs des ordres, et je les exécute.

De toutes parts. — A Mazas! à Mazas!

L'Officier. — Au nom des ordres du pouvoir exécutif, nous vous sommons de vous dissoudre à l'instant même.

Voix diverses. — Non, non, il n'y a pas de pouvoir exécutif. Faites-nous sortir de force ; employez la force!

Sur l'ordre du commandant, plusieurs chasseurs pénètrent dans la salle. Un troisième commissaire de police et plusieurs agents y pénètrent également. Les commissaires et les agents saisissent les membres du bureau, M. le général Oudinot, M. Tamisier et plusieurs autres représentants, et les conduisent presque sur le palier. Mais l'escalier est toujours occupé par la troupe. Les commissaires et les officiers montent et descendent pour aller chercher et apporter des ordres. Après un quart d'heure environ, les soldats ouvrent les rangs. Les représentants, toujours conduits par les agents et le commissaire, descendent dans la cour. Le général Forey se présente, le général Oudinot lui parle un instant et se retournant vers les membres de l'Assemblée, dit que le général Forey lui a répondu : « Nous sommes militaires, nous ne connaissons que nos ordres. »

M. le général Lauriston. — Il doit connaître les lois et la Constitution. Nous avons été militaires comme lui.

Le général Oudinot. — Le général Forey prétend qu'il ne doit obéir qu'au pouvoir exécutif.

Tous les représentants. — Qu'on nous emmène, qu'on nous emmène à Mazas!

Plusieurs gardes nationaux qui sont dans la cour crient, chaque fois que la porte s'ouvre pour laisser passer les officiers qui vont et viennent: « Vive la République! vive la Constitution! »

Quelques minutes se passent. Enfin, la porte s'ouvre, et les agents ordonnent aux membres du bureau et de l'Assemblée de se mettre en marche. MM. les présidents Benoist et Vitet déclarent qu'ils ne sortiront que par la force. Les agents les prennent par les bras, et les font sortir dans la rue. MM. les secrétaires, le général Oudinot, Mr Tamisier et les autres représentants, sont conduits de la même manière, et on se met en marche à travers deux haies de soldats. Le président Vitet est tenu au collet par un agent; le général Forey est en tête des troupes, et dirige la colonne. L'assemblée, ainsi prisonnière, est conduite, au milieu des cris de : « Vive l'Assemblée! vive la République! vive la Constitution! » poussés par les citoyens qui sont dans les rues et aux fenêtres jusqu'à la Caserne du quai d'Orsay, en suivant les rues de Grenelle, Saint-Guillaume, Neuve-de-l'Université, de l'Université, de Beaune, les quais Voltaire et d'Orsay. Tous les représentants entrent dans la cour de la caserne, et on referme la porte sur eux. Il est trois heures vingt minutes.

Sur la proposition d'un membre, on procède, dans la cour même, à l'appel nominal, MM. Grimault, secrétaire, et Antony Thouret font l'appel nominal, qui constate la présence de deux cent-vingt membres, dont les noms suivent.

MM. Albert de Luynes, d'Andigné de la Chasse, Antony Thouret, Arène, Audren de Kerdrel (Ile-et-Vilaine), Audren de Kerdrel, (Morbihan), de Balzac, Barchou de Panhoën, Barrillon, Odilon Barrot, Barthélemy-Saint-Hilaire, Quentin Bauchard, Gustave de Beaumont, Béchard, Béhaghel, de Belvèze, Benoist-d'Azy, de Bernardi, Berryer, de Berset, Besse, Betting de Lancastel, Blavoyer, Bocher, Boissié, de Botmiliau, Bouvatier, de Broglie, de la Broise, de Bryas, Buffet, Caillet du Tertre, Callet, Camus de la Guibourgère, Canet, de Castillon Saint-Victor, de Cazalès, amiral Cécile, Chambolle, Chamiot-Avanturier, Champanhet, Chaper, Chapot, de Charencey, Chassaigne-Goyon, Chauvin, Chazaud, Léon de Chazelles, Chégaray, de Coislin, Colfavru, Colas de la Motte, Coquerel, de Corcelles, Cordier, Corne, Creton, Daguilhon-Pujol, Dahirel, Dambray, de Dampierre, de Brotonne, Guyet-Desfontaines, de Fontenay, de Sèze, Desmars, de la Devansaye, Didier (Henri), Dieuleveult, Druet-Desvaux, Abraham Dubois, Dufaure, Dufougerais, Dufour, Dufournel, Marc Dufraisse, Pascal Duprat, Duvergier de Hauranne, Etienne, de Falloux, de Faultrier, Faure (Rhône), Favreau, Ferré des Ferris, de Flavigny, de Foblant, Frichon, Gain, Gasselin de

Fresnay, de Germonière, de Gicqueau, de Goulard, de Gouyon, de Grandville, de Grasset, Grelier-Dufougeroux, Grevy, Grillon, Grimault, Gros, Guillier de la Tousche, Harscouet de Saint-Georges, d'Havrincourt Hennecart, Hennequin, d'Hespel, Houel, Hovyn-Tranchère, Huot, Joret, Dorville-Jouannet, de Kéranflech, de Kératry, de Kéridec, de Kermarec, de Kersauson-Penendreff, Léo de Laborde, de Laboulie, Lacave, Oscar Lafayette, de Lafosse, Lagarde, de Lagrenée, Lainé, Lanjuinais, Larabit, de Larcy, Jules de Lasteyrie, Latrade, Laureau, de Laurenceau, général de Lauriston, de Laussat, Lefebvre du Grosriez, Legrand de Guitry, Legros-Devaux, Lemaire, Emile Leroux, de Lesperut, de L'Epinay, Lherbette, Combarel de Leyval, de Luppé, Maréchal, Martin de Villiers, Mazé Launay, James Mège, Armand de Melun, Anatole de Melun, Mérentié, Michaut, Mispoulet, Monet, Lannes de Montebello, de Montigny, Moulin, Murat-Sistrières, Alfred Nettement, d'Olivier, général Oudinot, Paillet, Duparc, Passy, Emile Péan, Pécoul, Casimir-Périer, Pidoux, Pigeon, de Pioger, Piscatory, Proa, Prud'homme, de Querhoënt Randoing, Raudot, Raulin, de Ravinet, de Rémusat, Renaud, Resal, de Rességuier, Henri de Riancy, Rigal, de la Rochette, Rodat, de Roquefeuil, des Rotours de Cheaulieu, Rouget-Lafosse, Rouillé Roux-Carbonnel, Sainte-Beuve, Hervé de Saint-Germain, général de Saint-Priest, Salmon (Meuse), Sauvaire-Barthélemy, Henri de Serré, de Sesmaisons, Simonnot, de Staplande, de Surville, de Talhouet, Talon, Tamisier, Thuriot de la Rosière, de Tinguy, de Tocqueville, de la Tourette, de Tréveneuc, Mortimer-Ternaux, de Vatimesnil, de Vandœuvre, Vernhette (Hérault), Vernhette (Aveyron), Vezins, Vitet, de Vogué.

L'appel terminé, le général Oudinot prie les représentants qui sont dispersés dans la cour de se réunir autour de lui, et leur fait la communication suivante :

« Le capitaine adjudant-major, qui est resté ici pour commander la caserne, vient de recevoir l'ordre de faire préparer des chambres dans lesquelles nous aurons à nous retirer, nous considérant comme en captivité. (Très-bien !) Voulez-vous que je fasse venir l'adjudant-major ? (Non ! non ! non ! c'est inutile !) Je vais lui dire qu'il ait à exécuter ses ordres. (Oui ! c'est cela !) »

Quelques instants après, les chambres étant préparées plusieurs représentants s'y rendent; les autres restent dans la cour.

CHAPITRE IV.

Ce que sont devenus quelques-uns des représentants arrêtés. — M. Dupin aîné. — Représentants républicains morts sur la terre d'exil.

Fidèle au cadre que je me suis tracé, en ne voulant faire absolument que de la statistique, je croirais manquer à mon devoir si je n'exposais pas à la suite de cette séance de protestation contre le coup d'état, un tableau indiquant la ligne de conduite politique, suivie depuis par quelques-uns des signataires du décret mettant hors la loi le président de la République Louis-Bonaparte et qui ont été comme leurs collègues emprisonnés à la caserne d'Orsay, puis transférés au Mont-Valérien.

« MM. Barrillon, élu député du département de l'Oise sous le patronage du Gouvernement. »

« Quentin Bauchard, — commissaire extraordinaire du gouvernement dans le midi, — conseiller d'Etat et sénateur.

« Vice-Amiral Cécile, — devenu sénateur.

« Chassaigne-Goyon— conseiller d'Etat et préfet!

« Léon de Chazelles, élu député sous le patronnage de gouvernement.

« Chégaray, — mort avocat général.

« Daguillon Pujol, — élu député du Tarn sous le patronage du gouvernement.

« Debrotonne, — mort député du gouvernement.   . (Aisne).

« Desmars.   id.   id.   (Loire-Inférieure).

« Dufour, — ancien représentant de l'Allier, décoré en 1858.

« Gasselin (de Fresnay), — mort maire de Fresnay.

« D'Havrincourt, — élu député sous le patronage du gouvernement, chambellan aux Tuileries.

Larabit, — sénateur de l'Empire.

Lemaire, — mort député du gouvernement (Oise).

« De Lespérut, — élu député sous le patronage du gouvernement. (Haute-Marne).

« De Melun, — élu conseiller municipal à Lille sous le pa-de la préfecture.

« De Montebello, — ambassadeur, puis sénateur de l'Empire.

« Randoing, — élu député sous le patronage du gouvernement (Somme).

« De Ravinel, — mort député du gouvernement.

« Hervé de Saint-Germain, élu député— sous le patronage du gouvernement (Manche).

« Salmon, ancien représentant de la Meuse, devenu avocat général. (C'est ce magistrat qui a jugé le procès Miot-Greppo-Vassel).

« De la Tourette, — élu député sous le patronage du gouvernement (Ardèche)..

A cette liste tout le monde ajoutera M. Dupin, aîné, conseiller intime de l'ex-roi Louis-Philippe, Président de la Chambre des représentants au moment du Coup-d'Etat et qui, en présence de l'envahissement de la chambre par la force armée mit toute dignité à ses pieds en opposant la plus dégradante pusillanimité. On sait qu'après quelques mois d'un semblant de bouderie, il fût réintégré dans ses fonctions de procureur-général et mourût sénateur de l'Empire.

« Mais il a été donné heureusement d'un autre côté un consolant, bien que douloureux exemple. Il suffit de rappeler ceux qui sont morts sur la terre d'exil. Ce sont les représentants républicains dont voici les noms :

« Eugène Cholat, de l'Isère.
« Charles Gambon, de la Nièvre.
« Charles Lagrange de la Seine.
« Ennery, du Bas-Rhin.
« De Flotte, de la Seine.
« Laboulaye, du Bas-Rhin.
« Bourzat, de la Corrèze.
« Charras du Puy-de-Dôme.
« Labrousse, du Lot.
« Duché, de la Loire.
« V. Hennequin, de Saône-et-Loire.
« Eugène Sue, de la Seine.

CHAPITRE V.

Réunion de la Haute-Cour. — Sa première déclaration. — Sa constitu-ion. — Son ajournement au lendemain. — Empêchement d'agir par suite de l'envahissement de la salle par la troupe.

« La Haute-Cour :

« Vu les placards imprimés et affichés sur les murs de la capitale, et notamment celui portant :

« Le président de la République, etc.

« L'Assemblée nationale est dissoute, etc.

« Lesdits placards signés : Louis-Napoléon Bonaparte. Et plus bas : Le ministre de l'intérieur, signé : Morny.

« Attendu que ces faits et la force militaire dont ils sont appuyés réaliseraient le cas prévu par l'article 68 de la Constitution,

« Déclare :

« Qu'elle se constitue; dit qu'il y a lieu de procéder, en exécution dudit article 68; nomme pour son procureur général M. Renouard, conseiller à la Cour de cassation, et s'ajourne à demain midi pour la continuation de ses opérations.

« Ont signé au registre : Hardouin, président; Pataille. Delapalme, Auguste Moreau, Cauchy, juges. Présents les deux suppléants, Quénault et Grandet. Bernard, greffier en chef. »

. . . .

Le même jour, à cinq heures, la chambre du conseil était envahie par la police et la troupe, ce qui empêcha toute décision définitive.

. . . .

Les premières phases du coup d'État s'arrêtent ici. On trouvera le tableau de la résistance engagée dans tont Paris au chapitre concernant le département de la Seine.

CHAPITRE VI.

Un premier décret non exécuté, désigne pour la déportation à Cayenne, cinq représentants de la Montagne.. — Le représentant Jules Miot seul, est dirigé sur Lambessa. — Un second décret expulse temporairement de France dix-sept représentants appartenant à la majorité et à la gauche républicaine. — Un troisième décret expulse définitivement du territoire français soixant-sept représentants de la Montagne.

PREMIER DÉCRET.

Sont déportés à la Guyane française :

Les représentants : Miot (Jules) (Nièvre),
Dufraisse (Marc) (Dordogne),
Greppo (Rhône),
Mathé (Allier),
Richardet (Jura).

2

DEUXIÈME DÉCRET.

Sont expulsés temporairement du territoire français :

Les représentants : Bedeau (Seine),
Changarnier (Somme),
Duvergier de Hauranne (Cher),
Creton (Somme),
Lamoricière (Sarthe),
Baze (Lot-et-Garonne),
Leflô (Finistère),
Thiers (Seine-Inférieure),
Chambolle (Seine),
Rémusat (Haute-Garonne),
Lasteyrie (Jules) (Seine-et-Marne),
Leydet (Basses-Alpes),
Duprat (Pascal) (Landes),
Quinet (Edgar) (Ain),
Thouret (Antony) (Nord),
Chauffour (Victor) (Bas-Rhin),
Versigny (Haute-Saône).

TROISIÈME DÉCRET.

Sont expulsés définitivement du territoire français :

Les représentants : Valentin (Edmond) (Bas-Rhin),
Raccuchot (Paul) (Saône-et-Loire),
Perdiguier (Agricol) (Seine),
Cholat (Eugène) (Isère),
Latrade (Louis) (Corrèze),
Renaud (Michel) (Basses-Pyrénées),
Benoît (Joseph) (Rhône),
Burgard (Joseph) (Haut-Rhin),
Colfavru (Jean) (Saône-et-Loire),
Faure (Joseph) (Rhône),
Gambon (Pierre-Charles) (Nièvre),
Lagrange (Charles) (Seine),
Nadaud (Martin) (Creuse),
Barthélemy (Eure-et-Loir),
Terrier (Allier),
Hugo (Victor) (Seine),
Cassal (Haut-Rhin),
Signard (Haute-Saône),
Viguier (Cher),
Charrassin (Saône-et-Loire),
Bandsept (Bas-Rhin),
Savoye (Haut-Rhin),

Joly (Saône-et-Loire),
Combier (Ardèche),
Boysset (Saône-et-Loire),
Duché (Loire),
Eméry (Bas-Rhin),
Guilgot (Vosges),
Hochstuhl (Bas-Rhin),
Michot-Boutet (Loiret),
Baune (Loire),
Bertholon (Isère),
Schœlcher (Guadeloupe),
De Flotte (Seine),
Joigneaux (Côte-d'Or),
Laboulaye (Bas-Rhin),
Bruys (Saône-et-Loire),
Esquiros (Saône-et-Loire),
Madier de Montjau (Saône-et-Loire),
Parfait (Noël) (Eure-et-Loir),
Péan (Émile) (Loiret),
Pelletier (Rhône),
Raspail (Rhône),
Bac (Théodore) (Haute-Vienne),
Bancel (Drôme),
Belin (Drôme),
Besse (Tarn),
Bourzat (Corrèze),
Brives (Hérault),
Chavoix (Dordogne),
Dulac (Dordogne),
Dupont de Bussac (Isère),
Dussoubs (Gaston) (Haute-Vienne),
Giuter (Pyrénées-Orientales),
Lafon (Lot),
Lamarque (Dordogne),
Lefranc (Pierre) (Pyrénées-Orientales),
Leroux (Jules) (Creuse),
Maigne (Francisque) (Haute-Loire),
Malardier (Nièvre),
Mathieu (de la Drôme) (Rhône),
Millotte (Haute-Saône),
Roselli-Mollet (Ain),
Charras (Puy-de-Dôme),
Saint-Ferréol (Haute-Loire),
Sommier (Jura),
Testelin (Nord).

LES 86 DEPARTEMENTS

CLASSÉS PAR ORDRE ALPHABÉTIQUE

CHAPITRE VII.

AIN.

Résumé des événements : Soulèvement de Bagé-le-Châtel. — Marche sur Mâcon. — Dissolution des rassemblements sans coups de fusils. — D'autres rassemblements s'emparent de Saint-André-de-Cocey. — Combat avec les gendarmes. — Soulèvement de Vilards. — Débarquement à Anglefort de quelques réfugiés fnançais venant de la Savoie. — Rixe avec les douaniers. — Le républicain Perrin se noie en voulant traverser le Rhône, — Arrestation de Charlet. — Son jugement. — Il est coudamné à mort et exécuté pour avoir défendu la Constitution.

EXÉCUTÉ.

Charlet, (Jules), ébéniste (exécuté à Belly, le 29 juin 1852.)

MORT

Perrin, (ami de Charlet), sous-officier au 13e de ligne (se noie dans le Rhône en prenant la fuite.)

DÉPORTÉS A CAYENNE.

Dubois, cordonnier, à Barget.
Perchoux, (Claude), mécanicien, à Vilards.
Rollet, (Benoît), cultivateur, à S Trivier.

TRAVAUX FORCÉS.

Champin, (Barthélemy), sans profession.
Pothier, (Réné), sous-officier au 13e de ligne.

AFRIQUE — EXIL — INTERNEMENT — PRISON.

Abel, (Benoît), à Vilards.
Avril, (Louis), cordonnier, à Belley.
Barrat, (Joseph), à Avenières.
Baudier, (Claude), à Bâgé le châtel.
Berger, greffier de la justice de paix de Thoissey.

Bernet, (François), à Vilards:
Bernet, Benoît), à id.
Berthaud, (Jacques), à id.
Berthier, (J. Joseph), à id.
Billemaz, (Joseph). tailleur d'habits à Belley.
Blandon, (Joseph), à Vilards.
Blondel, (Joseph), à id.
Boget, (Gabriel), mécanicien, à Belley.
Bonnet, (Jacques), dit Rivet, à Vilards.
Bouchard, (Claude), à Vilards.
Bourgeon, (Jean), dit Philippe, à id.
Brochard. (Simon), à id.
Chadal, (Pierre-Marie), avocat à Bourg.
Chambodu, (Claude), à Vilards.
Chamonon, (François), porteur de contraintes à Bourg.
Chapel, (Louis-Alph), à Oyonnax.
Charton, Jacques-Aug), à Vilards.
Chevalier, (François), forgeron, à Nantua.
Cochet, à Vilards.
Culet, (Jean), à id.
Deal, (Jean-Marie), à id.
Degout, (Pierre), à id.
Denisson, (Joseph), menuisier, à Bagé-le-châtel.
Deort, (Marie), à Vilards.
Deportes, (Frédéric), peintre, à Belley.
Desplanches, (Jean-Marie), à Vilards.
Dille, (Louis), à id.
Dufour, (Denis), plâtrier, à Pont-de-Vaux.
Dufour aîné, menuisier, à id.
Dufour, (Claude-Marie), à id.
Fery, (Pierre), cabarétier. à Bagé-le-Châtel.
Geffroy, (Jean-Pierre), à Vilards.
Geoffroy, (Pierre), cantonnier, à id.
Geoffroy (Benoît), journalier, à Saint-Marcel.
Gibaux ex employé des contributions indirectes à Bourg.
Gillet (Jean), à Vilards.
Grandjean (Jean-Baptiste), préposé des douanes, à Seyssel.
Grandjean (Joseph), clerc d'avoué, à Belley.
Guichard (Jean-Joseph), à Vilards.
Guilhet (Joseph), à id.
Hugonnet (François), cordonnier, à Nantua.
Jetton (Bernard), tailleur de pierres, à Trévoux.
Juenet (Benoît), à Vilards.
Kusner (François), serrurier, à Nantua.
Labruyère dit Chacal, à Vilards.
Lépine (Jean-François), horloger, à Challex.

Lescuyer (Pierre-Louis-Ad.) légiste, à Bourg.
Magnet (Philibert), à Vilars.
Martignat (Joseph), marchand de liqueurs, à id,
Martin (Pierre), dit mailloche, à id.
Meillet (Andéol), à id.
Millet (Joseph), avocat, à Nantua.
Millon (Joseph), cordonnier, à Bagé-le-Châtel.
Mollix (Jean), patron sur le Rhône, à Seyssel.
Morel (Philibert), à Vilards,
Neppicau (Joseph), à id.
Niermont (François), charpentier, à Bagé-le-Châtel.
Orcet (Pierre), à Vilards.
Orcet (Jacques), à id.
Paccard (Pierre), à id.
Payet dit Labonne, à id.
Pélisson (Jean), à id.
Perraux (Joseph), serrurier, à id.
Perrier (Pierre), à id.
Perrier (Jean-Antoine), à id.
Perrier (Antoine), à id.
Perrier (Claude), à id.
Perrin cultivateur, à Ambronay.
Petit (Claude), id à Lapeyrouse.
Petit (Antoine), dit marquant, à Vilards.
Pisseraz dit Pissen, plâtrier, à Mâcon.
Poulet (Jean), à Vilards.
Préval (Alexandre), tailleur d'habits, à Bourg.
Prost (Antoine), dit Fast, à Vilards,
Prost (Benoît) dit Fuzillier, cultivateur, à Vilards.
Ratignier (François), à id.
Ravet (Ferdinand), pharmacien, à Bourg.
Reigneux (Antoine).
Renversat (Louis).
Rigaud dit Fontaine, à Vilards.
Rivière (Georges), à id.
Rollet (Benoît), journalier, à Saint Trivier.
Rougé (Denis), à Vilards,
Saint-Jean.
Salamon (Jean), à Vilards.
Servonnet (Louis), à id.
Sevoz cultivateur, à Ambronay.
Tavernier (Jean), à Vilards.
Thomas (Pierre), à id.
Truchon (Philibert), à id.
Vallet (Joseph), charpentier, à Pont-de-Vaux.
Vallei (Philibert, tisserand, à id.

Vallet (François), hongroyeur, à Vilards.
Villon (Victor), ferblantier, à Pont-d'Ain.
Vilet (François), à Vilards.
Wenger (Eugène).
Zine (Joseph), à Belley.

CHAPITRE VIII.

AISNE

Les détails manquent complétement sur ce département; malgré les recherches les plus minutieuses, je n'ai pu découvrir que la trace des arrestations de quelques républicains dont les noms suivent :

Baudelot clerc de notaire, à Blérancourt.
Bourré (Arsène-Antoine), à Vanciennes.
Delporte à Saint-Quentin.
Parmentier à Saint-id.
Prunier ouvrier fontainier, à Nyon.
Spirlet ouvrier menuisier, à Soissons.
Tellier ex-commissaire de police, à id.
Tetart (Alexis), tourneur, à Chauny.
Toussaint à Saint-Quentin.

CHAPITRE IX.

ALLIER

Résumé des événements : Réunion secrète à Yseult, près Moulins. — Sa dispersion par les chasseurs à cheval. — Soulèvement du donjon. — Altercation avec le juge de paix. — Il est arrêté par les républicains. — Le maire et quelques autres fonctionnaires subissent le même sort. — Marche sur La Palisse. — Le sous-préfet Rochefort et les gardes nationaux prétendant défendre l'ordre prennent la fuite devant les républicains. — Prise de la sous-préfecture et arrestation de M. Rochefort qui s'y était réfugié. — Le sous-préfet profite d'une panique et prend la fuite. — Combat devant la mairie. — Défaite des gendarmes. — Prise de Jaligny par les républicains. — Occupation du Donjon par la troupe. — Désarmement et arrestations d'un grand nombre de citoyens

— Décret du général Aymard ordonnant la confiscation des biens de quelques chefs républicains. — Conseil de guerre. — Condamnations à mort et aux travaux forcés.

LISTE DES VICTIMES CONNUES :

MORT A CAYENNE.

Talon charpentier, à Saint-Léon.

AUTRES DÉPORTÉS A CAYENNE.

Barnabé (François), cordonnier, au Donjon.
Basillé (Gilbert), maréchal-ferrant à Coulandon.
Billard (Gilbert), boulanger, à Saint-Léon.
Bourachot (Adolphe), clerc de notaire, au Donjon.
Charbonnieres instituteur, au Breuil.
Desmolles (François), ménuisier, à Lunan.
Despalles (Michel), dentiste, à Montluçon.
Duflot (Jean), charpentier, à Moulins.
Patre (Etienne), tailleur, à   id.
Pelletier (Pierre), marchand de fer, à Pierrefitte.
Quantin (Nicolas), forgeron, à Moulins.
Raquin (Antoine-Laurent), épicier, à Montaignet.

CONDAMNÉS A MORT EN FUITE.

Fagot (Benoît), propriétaire, à La Palisse.
Giraud de Nolhac (Jean), médecin au Donjon.
Préveraud (Ernest), sans profession, à La Palisse.
Préveraud (Honoré), propriétaire, à   id.
Terrier (Adolphe), notaire, au Donjon.
Terrier (Félix), propriétaire, à   id.

CONDAMNÉS AUX TRAVAUX-FORCÉS.

Rivol (Claude), surveillant aux mines de Bert.
Gail (Pierre), cultivateur, au Donjon.

FEMMES POURSUIVIES

Jayat (Marie), femme Decoret, à Montoldre.
Pannetier (Lise), femme Passignat, à Châtelneuve.
Phillippon à Commentry.

AFRIQUE — EXIL — INTERNEMENT — PRISON.

Alexandre membre du conseil municipal, de Trévol.
André (Jacques), cultivateur, à   id.
Anot (Benoît), ex-militaire à Droiturier.
Auboyer (Antony) propriétaire, au Breuil.
Aucouturier (Blondin-Joseph-Alex), huissier, à Neuilly-le-Réal.

Aujanne (Jean), journalier, à Paray-le-Frésil.
Babin (Louis), terrassier, au Donjon.
Baget (Jean), chapelier, à Moulins.
Bagnard (Antoine), tailleur, à La Palisse.
Baillon (Pierre), à La Palisse.
Baron (Jean), à Trévolles.
Barraud (Jacques), tourneur, à Montluçon.
Batissier (Gilbert), propriétaire, à Bourbon-l'Archambault.
Beaufils (Jean), à Livry.
Bechet (François), ménuisier, à Montluçon.
Belot (Gilbert), à Valigny.
Benassy (Marcellus).
Benoist (François), ménuisier, à Arfeuilles.
Benoit (Pierre), cordonnier, à   id.
Berger (Baptiste), menuisier, au Donjon.
Bernard (Hyacinthe), condr des ponts et chaussées, à Moulins.
Bernard (Auguste), propriétaire, à Coulandon.
Besson (Gilbert-Alexandre), instituteur, à Voussac.
Bienassis (Zéphirin), rentier, à Cusset.
Billard (Gilbert), cultivateur, à Saint-Léon.
Biortiére (Gabriel), tailleur d'habits, à Moulins.
Blain (Gilbert).
Blettèry (Pierre), boucher, à La Palisse.
Boiron (Antoine), fabricant d'allumettes, à Cusset.
Bonneau (François), à Bourbon-l'Archambault.
Bonnet (Philibert), agent envoyer, à La Palisse.
Bontin (Gilbert), agriculteur, à Périgny.
Bouchard (Jean), à Vendat.
Bouchereau (Henri), à Montluçon.
Bourachot (Edmond), propriétaire, à Monteignet.
Bourgeois (François), à Chavroches.
Boussac pharmacien, à Moulins.
Breilland (Michel), médecin, à Vendres.
Bureau-Desétivaux, avoué, à Moulins.
Cacot (Théophile), géomètre, à Luray Lurcy.
Canillac (Ad-Marie), vétérinaire, au Donjon.
Carlus (Antoine), à Moulins.
Chantemille avocat, à Montluçon.
Charles, dit le naturel, épicier, à Villeneuve.
Charlet (Jean), à Chantenay.
Charpentier (Philibert), ferblantier, au Donjon.
Charriere (Gabriel), à Montluçon.
Chassèry (Jean-Isidore), pharmacien, à Saint-Pourçain.
Chassin (Pierre), sabotier, à Varennes-sur-Allier.
Chaudet (Jacques), ébéniste, a Moulins.
Chevrier (Gilbert), cabarétier, à Villeneuve.

Chomet docteur en médecine, à Jaligny.
Coignard (George-Pierre), à Moulins.
Combaret (Michel), au Breuil.
Conte (Pierre), serrurier. à Moulins.
Coquet (François), cerclier, à Louroux.
Courtais général, au Doyet.
Cury (Claude), maréchal-ferrant, à Saint-Léon.
Damme (Français), à Cérilly.
Defougère (Victor). à Vendas.
Deguin (Michel), forgeron, à Saint-Léon.
Delarue (Gaspard), officier de santé, à Theil.
Desboutin (Jean), à Montluçon.
Desbonis (Charles), fabricant d'huiles, à Cartuau.
Despalles (Michel), agriculteur, à Arfeuilles.
Dessaigne propriétaire, à Commentry.
Desternes (Toussaint), à Montet.
Devert (Gaspard), forgeron. à Saint-Agnan.
Devillers (Pierre), à Saint-Hilaire.
Devisussane à Commentry.
Dorsemaine (Jean-Baptiste), maçon, à Bourbon-l'Arche.
Dubousset cafetier, à Commentry.
Ducloux à Moulins.
Ducoin (Gilbert), cordonnier, à La Palisse.
Ducoin (François),   id   à   id.
Dulignier (Antoine), à Ferrières.
Dumas (Antoine), sabotier, aux Chaurégnons.
Dumont (François), à Chamelle.
Dumont (Louis), à Hérisson.
Dupalles (Félix), huissier, à Arfeuilles.
Faujoux (Jean), bottier, à Moulins.
Favier (Jean-Marie), tailleur, à Droiturier.
Fleury (Jean-Sébastien), cordonnier, à Montconbron.
Fleury (Louis), mineur, à Bert.
Forgeron (Louis), charpentier, à Thyonne,
Fougère à Commentry.
Fradin (François), propriétaire, à Vannas.
Fremin à Moulins.
Fremont (Joseph), propriétaire, à Saint-Remy-de Rollet.
Fréty (Jean), journalier, à Saint-Léon.
Gacon (Joseph),   id   à Avrilly.
Gallay (Georges), propriétaire, au Donjon.
Gamet (Pierre), mineur, à Bert.
Gardette (Gilbert), march. de bois, à Remilly-en-Dars.
Gaudiat (Jacques), maçon, à Châtelneuve.
Gay (René), charron, à Saint-Léon.
Gazard (Auguste-Antoine), charron, à Etroussat.

Getenez (Joseph), propriétaire, à Cusset.
Giranton (Jean), propriétaire, à Lenax.
Girard (Antoine-Alonzo), cultivateur, à Trévol.
Giraud (François-Xavier), menuisier au Donjon.
Gonot (Joseph), cloutier, à Montuçon.
Grand (Jean), cloutier, à Thionne.
Gras (Abraham), limonadier, à Moulins.
Grimaut (Jean), fabricant de coton, à Cusset.
Grouillet (Pierre), sellier, au Donjon.
Guillaumin (Jean), menuisier, à Moulins.
Guyonnet (André), tailleur de pierres, au Donjon.
Guyot (Jean-Pierre), tailleur de pierre à Motenay.
Hélie (J.-B.-Victor), plâtrier, à Montluçon.
Huilhard, charpentier, à Commentry.
Jacquet (Denis), cantonnier, à Saligny.
Jalicot (Ch.-Joseph), charpentier, à La Palisse.
Jean (dit Naturel), charpentier, au Donjon.
Jouanin (Pierre), boulanger, à Montel-aux-Moines.
Jonin (Jean), colporteur, à Aude-la-Roche.
Konnera (Jacques), chaudronnier, à Moulins.
Laborde (Martin), mineur, à Bert.
Lacour (Alexandre), tailleur, à Commentry.
Lafait (Sylvestre), tailleur, à Villeneuve.
Lajoncière (François), menuisier, à Moulins.
Lamoureux (Francois), fondeur, à Vilplaix.
Lamoureux (Jean), tailleur, à Cérilly.
Laroche, à Commentry.
Laussedat (Louis), ex-constituant, médecin, à Moulins.
Leclerc de Champgobert (Ange), propriétaire, à Moulins.
Ledoux (Claude), propriétaire, à Quian.
Lefaucheur (Claude), à La Palisse.
Lenat (J.-Baptiste), à Montluçon.
Lepaix (Gilbert), à Target.
Lepée (Gilbert), boulanger, à Montluçon.
Lépineux (Ch.-Victor), médecin, à La Palisse.
Malot (Claude), sabotier, à Jaligny.
Malot (Antoine), sabotier, à Jaligny.
Manicure.
Maquet (Jean-Baptiste), aubergiste, La Palisse.
Marion (Henri), forgeron, à Chevagne.
Martin, à Commentry.
Martinet (François-Bernard), rentier, Sauvigny.
Mathé, pharmacien, à Moulins.
Maublanc (Jacques), rentier, à Moulins.
Meillheurat (Jean), cultivateur, à Thionne.
Mélin (Claude), teinturier, à Commentry.

Menard (Adolphe), journaliste, à Moulins.
Mériaud (Antoine), chaudronnier à Saint-Pourçain.
Meusnier (Alfred), pharmacien, à Chavroches.
Michel (Jacques), limonadier, à Montluçon.
Michelon (Claude), limonadier, à Montluçon.
Millain (François), tuilier, à Saligny.
Minard (Joseph), charcutier, à La Palisse.
Mitton (Jean), à Saint-Pourçain.
Mollien, clerc d'avoué, à Saligny.
Montiegnier (Etienne). mineur, à Bert.
Montlouis, curé interdit, à Voussac.
Montriblond, Chemilly.
Moreau, cordonnier, Commentry.
Morin (François), aubergiste, à Saint-Bonnet.
Moulois (Claude), tisserand, à Thionne.
Mousset (A.-C.), cultivateur, à Chevagne.
My (Gilbert), cultivateur, à Montluçon.
Neret (Paul), lampiste, à Beaumont.
Nevus (Jean-François), culttivaeur, à Avrilly.
Nicollet (Jean-Marie), dégraisseur, à Montluçon.
Ogerdias (Pierre), huissier, à Moulins.
Pailloux (Antoine), à Montluçon.
Paitot (François), à Chantelle.
Popon(Jean), ex-militaire, à La Palisse.
Paput (Stanislas-Claude), à Magnet.
Panchard (Quintin), chapelier, à Montluçon.
Pélassy (François), pharmacien, au Donjon.
Pelletier (Jean-Baptiste), à Ainay-le-Château.
Perre (Pierre), bûcheron, à Thole.
Pesche (Jean), chaudronnier, à Moulins.
Petiot (Pierre), terrassier, au Donjon.
Petit (Gilbert), à Cerilly.
Peyre (Pierre), charpentier, à Kisnu.
Philippon (Jacques), cultivateur, à Désertines.
Philippon (Henri), fendeur, au Donjon.
Piaudy (Jean), menuisier, à Montluc.
Pinot (François), cabaretier à Villeneuve.
Pioton (Joseph) garde forestier, à Voussac.
Prévérand (Léou), propriétaire, à Monteignet.
Préverand (Jules), propriétaire, à Monteignet.
Protot (Jean-Baptiste), garçon menuisier.
Quaire (François), à Vendat.
Rantian, ex-représentant du peuple, à Vendat.
Ray (Louis), à Monetay-sur-Loire.
Raynaud (Louis) dit le général, à Buxières.
Remond (François), journalier à Bert.

Reveillon (Antoine), Vannier, à Cusset.
Reverêt (Antoine), cultivateur, à Trevolles.
Rioux (Barthélemy), commis marchand, à Moulins.
Rodier (Auguste), journalier, à Moulins.
Rollet (Gilbert), à Saint-Rix.
Rongeron (Barthélemy), à Jaligny.
Roussat (Jean), à Trévolles.
Rousseau, marchand de nouveautés, Moulins.
Sallis, docteur en médecine, à Moulins.
Sartin, ex-représentant du peuple, à Montluçon.
Selaquet (Alexis), à Jaligny.
Treille (Louis), cordonnier, à Jaligny.
Vignaud (Antoine), cordonnier, au Donjon.

CHAPITRE X.

ALPES (BASSES-)

Résumé des événements : Agitation à Digne. — Le citoyen Charles Coste
est arrêté, ainsi que quatre autres républicains. — Soulèvement de
Manosque. — Marche sur Forcalquier. — Cette dernière ville prend
également les armes ainsi que Mâne. — Le sous-préfet veut parlementer. — Son arrestation. — Soit trahison, soit complaisance, il
parvient à s'évader et se dirige sur Avignon. — Le soulèvement devient
général. — Gréoulx et Valensolles se prononcent également. — Marche
sur Digne. — A Oraison et aux Mées, les républicains se lèvent en
masse. — 1,800 arrivent à Malijay. — Le curé Chassan, du village de
Sainte-Croix, dirige les républicains de cette commune. — Le garde-
général des eaux et forêts Aillaud (de Voix), soulève Château-Arnoux.
— Il désarme les gendarmes de Volonne et s'empare de Sisteron. —
Riez, Mézel et Moustiers sont sous les armes. — Les troupes se concentrent à Malijay, puis battent en retraite sur Digne. — Les républicains occupent successivement la Mairie, le Palais de Justice et la
Préfecture. — Au lever du jour toute la ville est au pouvoir des républicains. — Entrée triomphale de huit mille combattants venus de
tous les points du département. — Enthousiasme général. — Constitution
d'un comité de résistance. — Désarmement de quarante gendarmes. —
Soumission du bataillon d'infanterie, commandé par le major Chevalier. — Barcelonnette se soulève. — Les gendarmes et les douaniers
sont désarmés. — Le procureur de la République, le sous-préfet et
quelques autres fonctionnaires sont arrêtés. — Quatre-vingts douaniers
et trois cents paysans appartenant aux villages de la frontière du Pié-
mont, suscités par la réaction, marchent à leur tour sur Barcelonnette et délivrent les prisonniers. — Irritation des républicains. —
Dispositions pour le combat. — Douaniers et paysans retournent dans

3

leurs villages, n'osant engager la lutte. — Le comité de résistance à Digne abolit l'impôt des boissons. — Les paysans républicains font un feu de joie des registres appartenant aux droits réunis. — Les troupes arrivent de Marseille. — Les républicains vont au-devant en chantant *la Marseillaise*. — Rencontre. — Les troupes surprises de l'audace des défenseurs de la Constitution qui les reçoivent à coups de fusils, se replient sur le bourg de Malijay. — Défaite des troupes. — Plusieurs officiers et soldats sont faits prisonniers. — Le colonel Parson ordonne la retraite. — Un grand nombre de républicains apprenant les événements de Paris se décident à déposer les armes. — Aillaud (de Volx) seul, entouré de quelques centaines d'hommes résolus, veut résister. — Jonction des colonnes commandées par les colonels Parson et Sercey. — Ils arrivent à Digne le 13 décembre. — Trois républicains sont pris et fusillés sommairement. — Une colonne mobile en fusille trois autres. — Aillaud, abandonné de tout le monde, parvient à s'échapper à l'aide d'un déguisement. — Il est arrêté à Marseille au moment où il allait s'embarquer. — Traduit devant un conseil de guerre, il est condamné à la déportation, et meurt à Cayenne. — Plus de mille républicains déportés. — Des villages entiers dépeuplés.

FUSILLÉ SOMMAIREMENT (le seul connu).

Gaubert dit Béguin, à Saint-Etienne-les-Orges.

MORTS A CAYENNE.

Aillaud (André) de Volx, garde général des eaux et forêts à Château-Arnoux.
Bonetti (Jean), cultivateur, à Manosque.
Chabrier (Pierre), terrassier, à Piernis.
Clément (Marius), berger, à Crueche.
Donnet (Pierre), cultivateur, à Lamotte-du-Caire.
Magnan (Pierre), id. à Manosque.
Nicolas (Jos. Pierre), id. à id.
Payan (Marius), id. à Dauphin.
Sarlin (Napoléon), maçon à Vannilh.

AUTRES DÉPORTÉS A CAYENNE.

Aliaud (François), cultivateur, à Cluret.
Auray (Gabriel), cultivateur, à Enêche.
Baron (Pancrasse), cultivateur, à Manosque.
Barthélemy, boulanger à Valonnes.
Blanc (Jean), boulanger, à Mâne.
Brémond (Louis), propriétaire, à Cartelet.
Bressier (Louis), cultivateur, à Manosque.
Bus, cultivateur, à Manosque.
Doux, teinturier, à Valernes.
Eisserie, cultivateur à Ernêche.
Fava (Joseph), peintre, à Oraison,

Frison (Adolphe), cultivateur, à Oraison.
Galabot (Grégoire), tailleur, à Château-Arnoux.
Gibert (Victor), négociant à Vergons.
Gondet (Auguste), maçon, à Champagne.
Guisgnerre (Antoine), marchand, à Manosque.
Joubert (Jacques), cultivateur, à Valensolles.
Julien (Joseph), boulanger, à Valonnes.
Lacour (François), relieur, à Sisteron.
Laugier (Eugène), cultivateur, à Oraison.
Laugier (Louis), cultivateur, à Oraison.
Margeri (Marius), marchand de vins, à Valensolles.
Prayre (Baptiste), cultivateur, à Curbanne.
Régnier (Joseph), cultivateur, à Oraison.
Richard (Paul), fondeur, à Barcelonnette.
Richard (François), cultivateur, à Manosque.
Rolland (Etienne), tisserand, à Bagon.
Rougon (Jean-Baptiste), serrurier, à Manosque.

FEMME POURSUIVIE (une seule connue).

Bondil, femme veuve Félicité, à Estoublon.

AFRIQUE. — EXIL. — INTERNEMENT. — PRISON.

Achard (Jean-Baptiste), cordonnier, à Manosque.
Ailhaud (Laurent), ex-commissaire de police à Forcalquier.
Aillaud (Pierre).
Allemand (Marius), médecin, à Manosque.
Allibert (Hon-Michel, cultivateur, à Saint-Tulle.
Amayenc (François), cultivateur, à Saint-Donnat.
André, libraire, à Barcelonnette.
André (François), berger, à Oraison.
André (Jean-Baptiste), cordonnier, à Sisteron.
Angerot, instituteur.
Armand (Victor), cultivateur, à Sisteron.
Arniaud (François), cultivateur, à Manosque.
Astoin, ex-s.-préfet du gouvernement provisoire, à Barcelonnette.
Aubergier (Alexis), cultivateur, à Pierrerue.
Aubert (Louis), fermier, à Digne.
Aubert (Jean-Baptiste), tailleur de pierres, à Sisteron.
Aubert (Louis-Marius), boucher, à Digne.
Aubet (Joseph), cultivateur, à Manosque.
Aubin (Alca), à Vannilh.
Aude (Jean-Joseph), aubergiste, à Manosque.
Audoyer (Antoine), tailleur de pierres, à Man.
Audoyer (Victor), tailleur de pierres, à Man.
Augustin (Joseph), cultivateur, à Manosque.
Aurin (Joseph), cultivateur, à Manosque.

Aurrières (Benjamin), cultisateur· à Mison.
Avon (Jean-Baptiste), potier, à Quinson.
Avril (Michel), serrurier, à Manosque.
Avril (Pierre), cultivateur, à Valansolles.
Baille (Gaspard-Pierre), pontonnier, à Volonnes.
Barbann (François), cordonnier, à Velensolles.
Barbarin (Antoine), cultivateur, à Moustiers.
Barneaud (François), avocat, à Sisteron.
Barral (Antoine), courtier, à Volx.
Barras (Jacques), aubergiste, à Valensolles.
Barthélemy (Marius), ex-maire de Manosque.
Beaumé, typographe, à Digne.
Beraud (Constantin), cultivateur, à Valonnes.
Bernard (François), id à Moutiers.
Bessan (Michel-Cas.) menuisier, à Gréoulx.
Bezançon (Joseph).
Bigny (Ch-Frédéric), piqueur des ponts et chaussées à Digne.
Blanc (Zéphirin), à Barcelonnette.
Blanc (Henri), cultivateur, à Montsalier.
Blanc (Pierre H.) sabotier, à Manosque.
Blanc (Joseph), cultivateur, à id.
Blanc (Jean-Jacques), père, Barcelonnette.
Blanc (Pierre), menuisier, à Puimoisson.
Blanc (Abraham), id à Leurs.
Bondil (Joseph), cultivateur, à Saint-Jurs.
Boniface (Alphonse), tonnelier, à Manosque.
Boniface (Jos-Marie), tourneur, à id.
Bonifosse (Alphonse), id à Digne.
Bonnet (Antoine), cultivateur, à Saint-Tulle.
Bonnet (Sébastien), id à Montfort.
Bosard (Pierre), id à Mirabeau.
Bouffier (Noël-Hip.) boucher, à Forcalquier.
Bouquet (François), cultivateur, à Saint Tulle.
Bourdin (Jean-Baptiste), maçon, à Manosque.
Bourdon (Gustave).
Bouveris (Pierre-André), charpentier, à Valbelle.
Bouveris (Jules), fermier, à id.
Brémond (Joseph-Adolphe), à Saint-Tulle.
Brémond (Antoine), scieur de long, à Noyers
Brémond (François), maçon, à Mane.
Brun (François), tisserand, à Barcelonnette.
Brun (Denis-Max), aubergiste, à Saint Etienne.
Bues (Jean), officier de santé, à Thoard.
Buffe (Pascal), horloger, à Barcelonnette.
Buisson, liquoriste, ancien maire de Manosque.
Buisson (Auguste), tuilier, à Saint Maime.

Burle (Louis-Victor), cultivateur, à Corbières.
Cabuz (Victor), instituteur, à Sisteron.
Cadet (Sylvain), à Manosque.
Camoin (Pierre), aubergiste, à Aubignac.
Carle (François), menuisier, à Forcalquier.
Castagnier (Victor), tisserand, à Sisteron.
Castor (Joseph), cultivateur, à Saint-Tulle.
Chabran (Louis-Séraph.), cultivateur, à Saint-Pons.
Chabran (Jean-Baptiste), cultivateur, à Manosque.
Chabrier (Joseph Ben.), boucher, à Payrius.
Chaix (Jacques-Mar.), cultivateur, à Auribeau.
Charbonnier (Ferdinand), cultivateur, à Saint-Tulle.
Charvin (Jean), cultivateur, à Ceyreste.
Chassan, curé de Sainte-Croix,
Chassan, officier de santé à Ceyreste.
Chaudony (Eug.-Etienne), officier de santé, à Meyel.
Chauvin, dit Moustache, cultivateur, à Saint-Etienne-les-Orges.
Chemin, (François), cordonnier, à Digne.
Chevalier (Antoine), cultivateur, à Manosque.
Colomb, président du tribunal de Barcelonnette.
Coriol (Auguste), cultivateur, à Sieyès.
Correnson, juge d'instruction, à Barcelonnette.
Corriol (Louis), propriétaire, à Sieyès.
Coste (Charles), avocat, à Digne.
Courbon (Toussaint), cultivateur, à l'Escall.
Criquet (Lazare-And.) conduct. de voitures, à Forcalquier.
Curnier (Barthélemy), cultivateur, à Forcalquier.
Dallier (Vidal), cultivateur, à Vaumeilh.
Danaüs (Louis), maçon, à Manosque.
Daumas (Odile), cultivateur, à Saint-Geniès.
Daumas (Jean-Baptiste), boulanger, à Manosque.
Davin (Alexandre), maréchal-ferrant, à Esparon-de-Verdun.
Debout (Marius), avocat, à Forcalquier.
Decory (Louis), perruquier, à Villeneuve.
Denoize (Jacques), notaire, aux Mées.
Denoize-Desmée, ex-constituant, à Digne.
Depieds (Antoine), postillon, à Manosque.
Depieds, dit Poilblanc, à Pierrerue.
Dessaud (Michel-Pascal), tisserand, à Mane.
Dethey (Joseph), ex-maire d'Oraison.
Drelaye, officier de gendarmerie en retraite, à Barcelonnette.
Duchaffault, (Casimir), ex-constituant, à Digne.
Dupont (César-Martial), major d'infanterie en retraite, à Barcelonnette.
Durand (Louis-Jean-Baptiste), cordonnier, à Castelles.
Dutron-Bormier, ex-sous-préfet du gouvernement provisoire.

Escoffier, horloger, à Forcalquier.
Esmangaud (Jules), paveur, à Barcelonnette.
Esmiel (Paul-Joseph), maréchal-ferrant, à Digne.
Estourmel (Jean-Baptiste), cultivateur, à Curbans.
Eyglument (Ferdinand), cultivateur, à Mirabeau.
Eyraud (Honoré-Ad.), menuisier, à Sisteron.
Eyriès (Marius), tonnelier, à Manosque.
Eyssautier (Antoine), cultivateur, à Melve.
Eyssautier (Gaspard), cultivateur, à Césat.
Eyssautier (Joseph), aubergiste, à Melve.
Fabre (Louis), marchand de bois, à Barcelonnette.
Fabre (Honoré), cultivateur, à Sisteron.
Fanfan (Bienvenu), maréchal-ferrant, à Salignac.
Fauchier (Jean).
Faure (Pierre), cultivateur, à Manosque.
Féraud (Benjamin), instituteur, à Barras.
Féraud (Pierre), cuisinier, à Sisteron.
Férevoux (Jean-Joseph), maçon, à Sisteron.
Ferrier (Paul-Bègun), bûcheron, à Barcelonnette.
Fortoul (Pierre-Jacques), maréchal-ferrant, à Onglès.
Franck (Bruno), cultivateur, à Manosque.
Frison, médecin, à Digne.
Gal (Jean), tailleur, à Riez.
Garcin (Ch.-Antoine).
Garcin (Pascal-Hip.), marchand de truffes, à Albion.
Garcin (André), cultivateur, à Saint-Jurs.
Carçin (Eugène), serrurier, à Gréoulx.
Garlier (Joseph), postillon, à Manosque.
Garon (Martin), cultivateur, à Saint-Jurs.
Garon (Louis), fendeur de bois, à Digne.
Gassend (Philippe), maréchal-ferrant, à Valonnes.
Gastinel (Jean-Pierre), cultivatteur, à Barcelonnette.
Gastinel (Jean-Jacques), armurier, à Barcelonnette.
Gaubert (Jos.-Justin), cultivateur, à Malfongasse.
Gaubert (Victorin), cordier, à Saint-Tulle.
Gaubert (Jos.-Benoît), cordonnier, à Forcalquier.
Gaubert (Jean-Antoine), propriétaire à Valonne.
Gaubert (Antoine), marchand de comestibles, à Oraison.
Gaubert (Pierre), portefaix, à Thoard.
Gaubert (Jean-Baptiste), cultivateur, à Manosque.
Gaudin (Pierre), cultivateur, à Nuzon.
Gay (Mathieu-Auguste), peigneur de chanvre, à Manosque.
Gay (Joseph), cultivateur, à Sigonne.
Gendron, à Saint-Etienne-les-Orges.
Geoffroy (Frédéric), géomètre à Sigones.
Giraud (Hyppolite), cultivateur, à Saint-Jurs.

Giraud (Joseph), menuisier, à Esparon-de-Verdun.
Giraud (Armand), préposé à l'octroi de Manosque.
Godefroy, charron.
Gombert (Pierre-Hon.), cultivateur, à Manosque.
Goudran (Alphonse), menuisier, à Dauphin.
Gourdès (Marius), à Fourcalquier.
Granger (Joseph), cultivateur, à Valbelle.
Grégoire (Joseph), ex-cantonnier, aux Mées.
Guibert (Aristide), avocat, à Gréoulx.
Guitton (Alfred), cultivateur, à Pierrerue.
Hermelin-Ferréol (Antoine).
Hermilte (Auguste), propriétaire, à Saint-Aulle.
Hodhe (Joseph), cultivateur, à Saint-Aulle.
Isnard (Alphonse-Désiré), tailleur, à Saint-Jurs.
Isnard (Joseph-Elzéar), cordonnier, à Barrême.
Isoard (Pierre), cultivateur, à Mirabeau.
Itard, Membre du Conseil général, notaire, à Digne.
Itard, médecin, aux Mées.
Itard, (François), propriétaire, aux Mées.
Jaloux (Joseph), cultivateur, à Manosque.
James (François), cultivateur, à Allemagne.
Jammes (Antoine-Toussaint), cultivateur, à Lurs.
Jaubert (François), cultivateur, à Barcelonnette.
Joly (Jean-Baptiste), bonnetier, à Manosque.
Jourdan (Auguste), ancien magistrat, à Gréoulx.
Jourdan (Antoine), cordonnier, à Brusquet.
Jourdan (Joseph-Pierre), cultivateur, à Valernes.
Julien (Paul), cultivateur, à Volx.
Lambert (Jean-Jourdan), cultivateur, à Saint-Etienne-les-Orges.
Lamothe, tailleur.
Lamy (Michel), apprenti bourrelier, à Mane.
Latil, Vice-Président du Tribunal de Digne.
Laugier (Joseph), préposé à l'octroi de Manosque.
Laugier (Jean), cultivateur, à Manosque.
Laugier (Frédéric), cultivateur, à Saint-Tulle.
Laugier (Louis), cultivateur, à Lurs.
Laugier (Pierre-François), préposé à l'octroi de Manosque.
Lebre (Désiré), horloger, à Barcelonnette.
Magnan (François), cafetier, à Valensolle.
Manuel, à Forcalquier.
Marc (Jean), bûcheron, à Barcelonnette.
Margaillan (Honoré), officier de santé, à la Motte.
Martin (Jean-Baptiste-Amédée), juge, à Forcalquier.
Martin (Honoré), négociant, à Saumane.
Martin (Jacques-Baptiste), manouvrier, à Forcalquier.
Masse (Félicien), cultivateur, à Saint-Etienne.

Masse (Fortuné-Jean-Baptiste), cultivateur, à Dauphin.
Mathieu (François-Nap.), cultivateur, à Simiane.
Maurel (Jean-Baptiste), cultivateur, à Château-Arnoux.
Maurel (François), cultivateur, à Manosque.
Maurel (Henri-François), aubergiste, à Salignac.
Meffre (Marius), maçon, à Banon.
Meissonnier (Louis), cultivateur, à Saint-Etienne.
Melje (Albert-Jean-Marie), ex-percepteur, à Digne.
Michel (François), cultivateur, à Lardières.
Michel (Jean-Pierre), cultivateur, à Manosque.
Michel (Jean).
Mille (Joseph), cultivateur, à Dauphin.
Mille (Auguste), cultivateur, à Dauphin.
Monnier (Guillaume), cultivateur, a Manosque.
Montel (François), cultivateur, à Oraison.
Montjallard (Étienne), cultivateur, à Vachères.
Morizot (Claude), cordonnier, à Riez.
Moulard (André), cultivateur, à Manosque.
Moulet (André-Jean), cultivateur, à Lurs.
Moult (Louis), cultivateur, à Sisteron.
Mouranchon (Albert), cordonnier, à Escale.
Mouthe (Sauveur), cultivateur, à Sisteron.
Moutte (Jean-Baptiste), aubergiste, à Lardiers.
Nadaud (Pierre), forgeron, à Oraison.
Nalin (Valéry-Joseph), menuisier, à Manosque.
Nalin (Honoré), tourneur en chaises, à Digne.
Nalin (Laurent), cultivateur, à Saint-Maimes.
Nalin (Jean), cultivateur, à Dauphin.
Nicolas (Antoine), cordonnier, à Manosque.
Paris (Antoine), cultivateur, à Manosque.
Pascal, instituteur.
Palin (Jean-Bernard), cultivateur, à Manosque.
Pelestoi (Jean), propriétaire, à Manosque.
Peyron (Joseph), propriétaire, à Rovert-en-Faujon.
Pierrimard (Jean), à Manosque.
Plonton (Jean-Baptiste), cultivateur, à Saint-Maime.
Pontet (Marius), cultivateur, à Mane.
Proriol (Jules), scieur de long, à Valonnes.
Proriol (Jean-Antoine), scieur de long, à Valonnes.
Rabanin (Théophile-Pierre), maréchal ferrant, à Peyruis.
Rabanin (Joseph-Marq.) cultivateur, à Château-Arnoux.
Raoust (Jean-Joseph), perruquier, à Manosque.
Raybaud (Etienne), cultivateur, à Volx.
Raymond (Alfred), propriétaire, à Sisteron.
Rayne (Gustave), propriétaire, à Lisnan.
Rayne (Dom-Joseph), propriétaire, à Peyruis.

Regeinbault (François), à Puymickel.
Reyb aud (Joseph-Antoine), cabaretier, à Mezel.
Reybaud (André), cultivateur, à Valensolles.
Reybaud (Jean), cultivateur, à Valensolles.
Reynier (Pierre-Roch), maréchal ferrant, à Montpezat.
Ricard (Pierre-François), notaire, à Peyruis.
Ricard, docteur en médecine, à Peyruis.
Richaud (Pierre-François), cultivateur, à l'Escale.
Richaud, dit masse cultivateur, à Château-Arnoux.
Richaud (Ambroise), tailleur, à Valonnes.
Richaud (Benony), cultivateur, à Valernes.
Richaud (Alexis), cultivateur, à Cruie.
Richaud (Paul), à Barcelonnette.
Roman (Séverin), cultivateur, à Valonnes.
Roman (Antoine), cultivateur, à Saint-Etienne.
Romand (Jean-Baptiste), maire de Reillane.
Rominos (Louis), cultivateur, à Ongles.
Roubaud (Joseph), cultivateur, à Montfort.
Rouchon (Auguste), cultivateur, à Liman.
Roume (Fortuné), cultivateur, à Brunet.
Roumière (Jean-François), cultivateur, à Peyruis.
Roustan, à Digne.
Ruire (Antoine), machiniste, à Valensolle.
Sarraire (Joseph), maçon, à Mane.
Saye (Jean-Lazare), charretier, à Dauphin.
Senglar (Alexandre), commissaire de police à Barcelonnette.
Serre, officier de santé à Reillanne.
Silvy (André), préposé à l'octroi de Manosque.
Silvy-Roch (Jean), cultivateur, à Manosque.
Soustre, jeune,
Sube (Joseph), cultivateur, à Mane.
Succaud (Gustave), cultivateur, à Sisteron.
Taillandier (Jean-Baptiste), serrurier, à Forcalquier.
Tartanson (Alphonse), notaire, à Castellanne.
Tartanson (Lucien-Etienne), notaire, àClumanes.
Testanière (Joseph), cultivateur, à Montsalier.
Thomas (Jean-Pierre), maçon, à Volx.
Tiran (François), cultivateur, à Lurs.
Tiran (Jean-Baptiste), cordonnier, à Château-Arnoux.
Touche (Hilarion), aubergiste, à Ongles.
Toupet (Antoine), typographe, à Digne.
Tourniaire (Dauphin), à Manosque.
Tourniaire (Hippolyte), à Saint-Etienne.
Turcan (Joseph-Barthélemy), cultivateur, à Valonnes.
Turiets (Benjamin), cultivateur, à Mison.
Turin (Antoine), ménuisier, à Peyruis.

3.

Vial (Alexis), maréchal ferrant, à Rochegiron.
Villedieu (Émile), proposé à la garde du pont suspendu sur la Durance.
Villemuse (François), buraliste, à Montferron.
Vœva (Pierre-Antoine), relayeur de diligences, à Manosque.
Yvan, docteur en médecine ex-représentant du peuple, à Digne.

CHAPITRE XI.

ALPES (HAUTES).

Ce département, limitrophe des Basses-Alpes, ne s'est pas soulevé ; il y a eu dans certaines localités quelques symptômes d'agitation, principalement à Gap, agitation qui a été suivie d'un grand nombre d'arrestations : je n'ai pu recueillir que les vingt-et-un noms qui suivent :

DÉPORTÉ A CAYENNE.

Brulot (Joseph), horloger, à Serre.

AFRIQUE — EXIL — INTERNEMENT — PRISON.

Amayon (François), cultivateur, à Ventavon.
Bermond (Joseph), aubergiste, à Asprès-les-Vignes.
Bonnet (Jean-Baptiste), cultivateur, à Ventavon.
Bourgeois (Antoine), sellier à Gap.
Brunet (Daniel), cafetier, à Gap.
Chugnard (Jacques), huissier, à Aspremont.
Daumas (Jean-Baptiste), menuisier, à Barcelonnette.
Durnon (Louis-Ed.), menuisier à Ribiers.
Ferralin (Désiré), aubergiste, à Ribiers.
Figuières (Joseph), cultivateur, à Ribiers.
Gonnet (Jacques), cultivateur, à Ribiers.
Millau (Victor), domestique, à Ventavon.
Morel (Vincent), restaurateur, à Gap.
Moüller (Joseph), cultivateur, à Ribiers.
Pech (Victor), marbrier, à Gap.
Pelloux (Jean-Joseph), serrurier, à la Saulce.
Provençal (Alfred-François), étudiant, à Lavagne.
Renoux (François), cultivateur, à Ventavon.
Thomas (Joseph), voyageur de commerce, à l'Argentière.
Vincent (Louis-Lazare), tailleur, à Aspres-les-Vignes.

CHAPITRE XII.

ARDECHE.

Résumé des événements : Les républicains de Saint-Vincent, Barrès, Saint-Léger, Bressac, Baix, Cruas et Saint-Symphorien se soulèvent et marchent sur Privas. — Après un combat assez vif, ils sont repoussés par le général Faivre. — La Voulte et les Charmes se lèvent également. — Saint-Péray et Guillerand suivent le même exemple. — Les républicains attaquent Largentière. — Les troupes ripostent avec vigueur. — Défaite et retraite des républicains.

LISTE DES VICTIMES CONNUES.

MORT A CAYENNE.

Plavarès (Eugène), cultivateur, à Salavas.

AUTRES DÉPORTÉS A CAYENNE.

Béalet, cultivateur, à Lamiot.
Fargin (Henry), cultivateur, à Labagne.
Merlin, propriétaire, à Saint-Laret.
Pisan (Régis), maçon, à Saint-Laret.
Sillol (Albert), charron, à Mézanne.
Tournaire, cultivateur, à Villeneuve-en-Berg.
Vigouroux, médecin, à Vals.

CONDAMNÉS AUX TRAVAUX FORCÉS.

Blanc (Louis) domestique, à Lagorie.
Martin (Michel), journalier, à Lagorie.
Monneyron (Pierre), cultivateur, à Lagorie.

AFRIQUE — EXIL — INTERNEMENT — PRISON.

Argaud (Frédéric), propriétaire, à Chomérac.
Audouard (Laurent).
Baume (Victor), à Vallon.
Beaumette, ouvrier en soie, à Roziers.
Beolet, mégissier, à Annonay.
Berard père, propriétaire, à Saint-Lager.
Bertrand (Hippolyte), cabaretier, à Chomérac.
Besson (Joseph), serrurier, à Bais.
Blisson (Henri), maréchal-ferrant, à Vallon.
Boissin-Laroche (Théodore), géomètre, à Saint-André de Cruy.
Bolze (Jean), cultivateur, aux Vans.
Bounaure, ex-maire de Saint-Michel de Boulogne.

Boulle (Jacques), plâtrier, à Sacaras.
Boyer (Jacques), cultivateur, à Saint-Julien.
Breysse (Pierre), cultivateur, à Largentière.
Briant (Louis), juge de paix, à Aubenas.
Brunet (Jean-Baptiste), à Largentière.
Carrail (Antoine), instituteur, à Genestelle.
Chalmeton (Joseph), cultivateur, à Assiens.
Champagnet (Jean-Louis), cultivateur, à Antragues.
Champetier (François), propriétaire, à Sampzons.
Charmasson (Henri), cultivateur, à Labastide.
Charon (Hippolyte), géomètre, à Privas.
Chasson (François-Régis), à Theil.
Chaunadant (Laurent), cordonnier, à Saint-Vincent.
Chave (Louis), propriétaire, à Chomérac.
Chazallet (Antoine), ex-garde champêtre, à Saint-Laurent.
Clot, à la Voulte.
Coulet, ancien notaire.
Conlomb (Jean-Louis), cultivateur, à Largentières.
Coulomb dit Combettes, à Laurac.
Courbier (Victor), cultivateur, à Laurac.
Court (Casimir), mouleur, à Aisac.
Courtin (Jean-Pierre), tailleur, à Largentières.
Constaury (Joseph), père, cultivateur, à Largentières.
Constaury (Victor), fils, cultivateur, à Largentières.
Crotte (Maurice), commis, à Joyeuse.
Delenne, à La Blachère.
Deschanel (Jean-Pierre), boulanger, à La Blachère.
Donède, dit Montier, à Villeneuve-de-Berg.
Dumas (Jean-Pierre), cultivateur, à Largentières.
Dumas (Antoine), cultivateur, à Balazuc.
Durand (Philippe), teinturier, à Labegade.
Durand, à Saint-Andéol.
Durand (Louis), ouvrier tanneur, à Vallon.
Dutronc fils, cordonnier, à Alboustières.
Eldin (Auguste), à Salavas.
Eldin (Alexandre), à Lagorie.
Espic, à Aijoux.
Fay (Joseph), propriétaire, à Saint-Léger-Bressac.
Fayolle (Louis), cultivateur, à Joyeuse
Feaugier (Jean-Pierre), aubergiste, à Saint-Julien du-Gua.
Feaugier (Noël), cultivateur, à Saint-Vincent-de-Boulogue.
Feschet (Pierre), menuisier, à Saint-Symphorien.
Fialon (Jean-Victor), instituteur, à Sainte-Eulalie.
Fournier,
Froment (François), cultivateur, à Nans.
Gauthier (Jean-Antoine), facteur rural, à Privas.

Gilles (Etienne), propriétaire, à Saint-Marcel.
Gilles fils, à La Blachère.
Gleizal, ouvrier en soie, à Largentières.
Goutail (Félix), teinturier, à Largentières.
Gravier, fils d'huissier, à Largentières.
Grel (Paul), ouvrier en soie, à Largentières.
Guigne (Jean-André), cultivateur, à Chomérac.
Guiramand, médecin, à Vivien.
Hugon,
Jacques père, menuisier, à Salavas.
Joanny (Pierre-Joseph), cabaretier, à Genestelle.
Lacombe (Germain), étudiant, à Brunnezet.
Largier (Noël), fils, tailleur, à Lagorie.
Lèbre (François), cultivateur, à Vallon.
Lèbre-Théron (Victor), cultivateur, à Aumières
Lemaire (Emile), avocat, à Largentière.
Maleval, à Privas.
Mansard (Jean-Baptiste), tuilier, à Saint-Ambroise.
Marchier (Auguste), propriétaire, à Chomérac.
Martin (Jean), cultivateur, à Vallon.
Martin (Joseph), cultivateur, à Chandolas.
Martin (Etienne), cultivateur, à Vagnas.
Martin (Numa-Théophile), brigadier au troisième escadron du
        train.
Martin (Henri), à Vals.
Mazon, docteur en médecine, à Largentières.
Millet, (Michel),
Morel (Joseph), plâtrier, à Vallon.
Mouraret (Pierre), à Laurac.
Mourrier (Pierre), scieur de long, à Paule.
Mouron (Jean-Antoine), propriétaire, à Saint-Vincent.
Mur, à Tournon.
Pelier (Henri Etienne), propriétaire, à La Bastide de Virac.
Perrin (Honoré), cultivateur, à Saint-Vincent-de-Barrès.
Perruchon, à Saint-Andéol.
Peschaire (Scipion), à Vallon.
Picon (Jean), tailleur, a Berrias.
Planet (L. Etienne), garde-champêtre, à Chomérac.
Prat (Florentin), mangonnier, à Largentières.
Quiot (Clair), tailleur de pierres, à Chomérac.
Ranc (François), mineur, à Guilherand.
Ranc, père, tailleur, à Chomérac.
Revire (Frédéric), cultivateur, à Saint-Vincent-de-Barrès.
Salavert (Jean-Pierre), cultivateur.
Salet, père.
Saquiel (François), maire, à Saint-Laurent-du-Pape.

Sarramajeanne (Jean), fils.
Seboul (Auguste), ferblantier, à Theil.
Serre (Cyprien), tailleur, à Theil.
Silhol (Pierre), mouleur en soie, à Lagorie.
Souchon, à Vallon.
Suchet (François), chauffournier, à Largentières.
Terrasse, à Genestelle.
Valette (Frédéric), tisserand, à Brune.
Varenne (Louis), cultivateur, à Chomérac.
Varennes (Charles), tailleur de pierres, à Chomérac.
Vezian (Claude), cultivateur, à Chomérac.
Victor (Amédée-André), sans profession, à Largentières.
Vincent, cafetier, à Chassière.
Zicher (Jacques), potier, à Vagnas.

CHAPITRE XIII.

ARDENNES.

Un peu d'agitation à Sédan et à Charleville, et beaucoup d'arrestations, tel est le bilan de ce département. — Ci-après les vingt-cinq noms des victimes connues :

Bontemps (Charles), à Montchentin.
Caseneuve (Joseph), tailleur, Signy-l'Abbaye.
Collignon, médecin, à Tagnon.
Cuif (Adolphe), brasseur, à Vouziers.
Georges (Joseph), ébéniste, à Charleville.
Gilbert (Louis), instituteur, à Breaux.
Grand-Jean-Godel (Gérard), tisseur, à Illy.
Guéry (Jean-Baptiste), arquebusier, à Réthel.
Huart (Jules), homme de lettres, à Mézières.
Lallemand (Gustave), ferronnier, à Etion.
Lambin (Louis), cordonnier, à Illy.
Manceaux-Duport (Auguste), bourrelier, à Rocroy.
Massiaux (Joseph), aubergiste, à Mohon.
Neveu, négociant en vins, à Rethel.
Perdrizot (Jean-Baptiste), cordonnier, à Grandpré.
Petitot (Etienne), sans profession, à Vouziers.
Roland (Jules-Renacle), avocat, à Réthel.
Role (Auguste), menuisier, à Sédan.
Rousseau (E.), propriétaire, à Charleville.

Souin, à Chesne
Steimer, à Givet.
Toupet (Thomas), aubergiste, à Nouzon.
Vinot (Simon-Gab.), libraire, à Mézières.
Wilmot (Jean-Baptiste), cafetier, à Sédan.
Wilmot (Paul), cafetier, à Sédan.

CHAPITRE XIV.

ARIÉGE.

Résumé des événements : Rassemblements nombreux et très-tumultueux à Pamiers. — Le sous-préfet M. Louis Dupan est blessé d'un coup de bouteille. — Foix, Saint-Girons et Tarascon sont également très-agités. — De nombreuses arrestations sont opérées dans tout le département.
Le chiffre des victimes connues n'est que de 23, dont voici les noms :

Balagué (Jean-Baptiste), maître d'étude au collége de Saint-Girons.
Barbier (Antoine), à Pamiers.
Barrère, serrurier, à Saint-Girons.
Bénos, peintre, à Saint-Girons.
Bénos, ex-commissaire de police, à Engomer.
Bonneau (Jules), peintre, à Pamiers.
Boué, relieur, à Saint-Girons.
Bretod (Jean-François), avocat, à Foix.
Brunet (Jean), armurier, à Saint-Girons.
Cambon (Sébastien), commis, à Vic-Dessos.
Cassaigne (Pierre), à Pamiers.
Chenot (Adrien), ingénieur civil.
Dupuy, cuisinier, à Castelnau-Durban.
Durrieu (Jean-Pierre), perruquier, à Saint-Girons.
Ferrié (Cadet), tanneur, à Saint-Girons.
Francs, négociant, à Saint-Girons.
Ille (Jean), à Argein.
Mesplie (Alexandre), boucher, à Tarascon.
Petit (Joachim), à Pamiers.
Peycaire (Pierre-Faustin), à Tarascon.
Pilhes (Aubin), marin retraité, à Tarascon.
Pilhes (Aristide), à Foix.
Ronais (Jean-Elisabeth), avoué à Castelnau-Durban.

CHAPITRE XV.

AUBE.

Résumé des événements : Commencement de résistance à Bar-sur-Aube. — On essaie d'enlever les dépêches de vive force. — Une faible agitation se produit à Troyes et dans quelques autres localités comme partout on opère d'assez nombreuses arrestations.

LISTE CONNUE DES VICTIMES

DÉPORTÉ A CAYENNE.

Simard (Noël), tisserand, à Evry.

FEMME POURSUIVIE (une seule connue).

Sidière (Joséphine), femme Broché, à Essoyes.

AFRIQUE. — EXIL. — INTERNEMENT. — PRISON.

Barrat (Lazare), tisserand, à Lagesse.
Basset, avoué, à Troyes.
Berault (Jean-Baptiste), rentier, à Bar-sur-Aube.
Berger (Berthier), commis-greffier au tribunal de Troyes.
Berges, cultivateur, à Villechétif
Bersin (Alexandre), cordonnier, à Lusigny.
Beugnot (Jean-Baptiste), cultivateur, à Lagesse.
Bignon (Jules), clerc de notaire, à Estissac
Bonnin (Gustave), journaliste. à Troyes.
Bourgeot (Pierre), plâtrier, à Troyes.
Bregeat, ancien huissier, à Piney.
Brown (Louis-George), receveur des contributions, à Ervy.
Caillot (Hilaire), bonnetier, à Estissac.
Calmus (Pierre), charpentier, à Estissac.
Canneaux (Alphonse), tourneur, à Troyes,
Carlier (Eugène), épicier, à Bar-sur-Aube.
Carlot (Jen-Joseph), médecin, à Bar-sur-Aube.
Chambert (Arsène-Antoine), charpentier.
Chardin, menuisier, à Bertignolles.
Cottet, professeur de mathématiques, à Troyes.
Déguilly (Joseph), couvreur, à Juilly-sur-Sarre.
Déguilly (Jean-Baptiste), manouvrier, à Juilly-sur-Sarre.
Deschez (Jean-Baptiste), à Juilly-sur-Sarre.
Dorbais, vigneron, à Villemar.
Durupt (Jean-Baptiste), vigneron, à Barre-sur-Aube.

Farjasse (Denis-Dominique), avocat, à Courtinot.
Fèvre (Ch.-Auguste), serrurier, à Troyes.
Fisseux (Adolphe), propriétaire, à Arentières.
Frérot, cultivateur, à Montiéramey.
Frévot (Jean-Baptiste),
Gadan, teneur de livres à Troyes.
Garnerin (Edme), laboureur, à Lagesse.
Gauthier (Louis-Jean-Léon), propriétaire, à Bar-su-Aube.
Geoffroy (Pierre-Victor), vigneron, à Chervey.
Gervais (Louis-Nicolas), bonnetier, à Troyes.
Gombaut (Pierre-Jean-Baptiste), entrepreneur, à Juilly.
Habert (Jean-Claude), architecte, à Troyes.
Heudelot, menuisier, à Troyes.
Hù (Nicolas-Léandre), marchand de bois, à Bar-sur-Aube.
Hubert (Elie), manouvrier, à Eguilly.
Isselin (François), tourneur, aux Riceys.
Jacquin (Louis), couvreur, à Juilly-sur-Sarre.
Jacquinot, charpentier, à Estissac.
Jolibois (Sébastien), vigneron, à Bar-sur-Aube.
Labosse (Pierre), avocat, à Troyes.
Lefebvre, notaire, à Troyes.
Legrand (Jean-Baptiste), ex-percepteur, à Bar-sur-Aube.
Lemoine, mécanicien, à Losches.
Lespagnol, pâtissier, à Troyes.
Marot, marchand de vin aux Bordes-d'Isle-Aumont.
Naudet, tailleur, à Arcis-sur-Aube.
Noël (Charles-Casimir), limonadier, à Saint-Mards-en-Othe.
Paron, notaire, à Estissac.
Perthuisot, tisserand, à Bertignolles.
Phelizot (Prosper), vigneron, à Arrentières.
Philippe (Sébastien), tailleur,
Puech (Eugéne), menuisier, à Estissac.
Raveau (Joseph), maçon, à Villeneuve.
Redève (Alexandre), cordonnier, à Estissac.
Regnier (Jean-Baptiste), bourrelier, à Chaource.
Remoëhl (Michel), soudeur, à Arasbourg.
Revené (Alexandre), cordonnier, à Lusigny.
Riottot-Guenin (Auguste), maçon, aux Riceys
Rivage-Legonest, chapelier, à Troyes.
Silvestre (Alexandre), instituteur, à Arganson.
Socard (Louis-Charles), cordonnier, à Saussolte.
Souriau (Pierre-Philippe), relieur, à Troyes.
Stock, peintre, à Troyes.
Thierry-Verpillot (André), à Bar-sur-Aube.
Vaillier (Joseph-Jean-Baptiste), tisserand, à Lagesse.
Vendeuvre-Lutrat (Nicolas), vigneron, à Landreville.

Véry-Mainès, receveur des contributions aux Riceys.

CHAPITRE XVI.

AUDE.

Si je consulte les dépêches du *Moniteur officiel*, dépêches très-laconiques, comme tout le monde sait, je ne vois rien de bien précis sur ce département, sinon qu'un peu d'agitation à Narbonne et à Carcassonne ; néanmoins quarante-et-une victimes connues sont à enregistrer :

Affiac (François-Joachim), propriétaire, à Rieux-Minervois.
Alberny, aîné, à Carcassonne.
Armet (Paul), cultivateur, à Saint-Marcel.
Barbieux, fils médecin, à Carcassonne.
Barbieux, ancien trapiste, Carcassonne.
Bernard (Hugues), professeur, à Carcassonne.
Bernard, pharmacien, à Carcassonne.
Besse, Sous-Préfet du gouvernement Provisoire, à Castelnaudary.
Bezard, père, ex maire de Chalabre.
Bezard, fils, fabricant de tuiles à Chalabre.
Bixandis (Jean), cultivateur, à Trèbes.
Breugnier (Louis), à Villerouge.
Castans (Jean-Baptiste), à Villerouge.
Castres (Auguste), tailleur, à Cuxac-d'Aude.
Cros (Jean), boucher, à Saint-Marcel.
Durand (Michel), propriétaire, à Comignes.
Fabre (Vincent), tonnelier, à Sigean.
Fontanil (François), à Villerouge.
Fort (Jean-Baptiste), à Villerouge.
Fort (Guillaume), à Villerouge.
Gary (Théodore), à Arquettes.
Homps (Henri), avocat, à Limoux.
Issanjou (Henri), cafetier, à Fleury.
Julia (Jean), à Villerouge.
Julia (Jacques), agent de remplacement militaire, à Villerouge.
Lignon (Jean), à Villerouge.
Lignon (Guillaume), à Villerouge.
Lignon (Charles), dit le prince, maire de Villerouge.
Lucet (Marcel-Jean), à Carcassonne.
Marcou, avocat, à Carcassonne.
Mercier (Martin), menuisier, à Trèbes.

Miquel (Antoine), taillandier, à Trèbes.
Petit (Michel), cultivateur, à Narbonne.
Peyronnet (Prosper), propriétaire, à Lesignan.
Pierre (Jean), cultivateur, à Mas-Sainte-Puelles.
Pontidevi, retorseur, à Carcassonne.
Pratx (Martin), instituteur, à Salles-d'Aude.
Raynal, ex-constituant, à Carcassonne.
Roques (Jean-André), à Escales.
Sibot (Célestin), cordonnier, à Sigean.
Wralier, officier de santé, à Moux.

CHAPITRE XVII.

AVEYRON.

Résumé des événements : Rassemblements nombreux à Rodez. — Le préfet soumet les dépêches aux républicains. — La résistance s'organise. — Prise de la préfecture par les défenseurs de la Constitution. — Les troupes commandées par le général Gouvenain la reprennent. — La résistance se maintient. — Le tocsin se fait entendre dans les campagnes. — Soulèvement de Marcillac. — Retraite volontaire des républicains. — Saint-Affrique et Millau se prononcent également. — La résistance cesse sur les mauvaises nouvelles reçues de Paris.

LISTE DES VICTIMES CONNUES DU DÉPARTEMENT.

FEMME POURSUIVIE. (Une seule connue.)

Conly (Marianne) servante, à Marcillac.

AFRIQUE. — EXIL. — INTERNEMENT. — PRISON.

Audouard (Pierre-André), propriétaire, à Réquista.
Barre (Reymond), vigneron, à Marcillac.
Beaumevielle, à Vital-au-Monastère.
Benezech (P.-Frédéric), fabricant de chandelles, à Millau.
Boisse (Marc-Isidore), médecin, à Aubin.
Bonafou (Pierre), tailleur, à Saint-Afrique.
Bonhomme, banquier, à Millau.
Bonnal, professeur, à Sainte-Eulalie.
Bonteaumet (Antoine), à Castanet.
Boulommié, avocat, à Rodez.
Bousquet (Eugène), cordonnier, au Monastère.
Buisson (Auguste), sans profession, à Sauveterre.

Cabantons (Alexandre), ingénieur civil, à Aubin.
Caussanel, maire de Sauveterre.
Claude (Victor), ex-officier au 10e dragons, à Millau.
Corchand (Antoine), coutelier, à Millau.
Couderc (François), boucher, à Millau.
Couffignal (Baptiste), cloutier, à Villefranche.
Couffinal (Julien), cultivateur, à Sauveterre.
Crespy (Jean), chapelier, à Rodez.
Dalous, (Jean-François). ébéniste, au Monastère.
Dalquié fils, maçon, au Monastère.
Daudé (Jean-Baptiste), tisserand, au Monastère.
Delmont (François), tailleur, à Rodez.
Drulhe (Antoine), cordonnier, à Sauveterre.
Elie (François), cordonnier, à Villefranche.
Fabre (Jean-Baptiste) cultivateur, à Castenet.
Fabre (Jules), président du tribunal de Rodez.
Flottes (Victor), agent-voyer, à Saint-Afrique.
Fraissines (Edouard), ingénieur des mines, à Villefranche.
Fraissinet (Jean-Louis), agent d'assurances, à Belmont.
Fuzier (Louis), ouvrier gantier, à Millau.
Galtayries (L.-Emile), banquier, à Rodez.
Garrigues (Jacques), commis, à Rodez.
Garrigues, médecin, à Marcillac.
Gausserand, marchand de primes, à Villefranche.
Geneste (Etienne, colporteur, à Millau.
Ginestan (Pierre), géomètre, à Lacroix.
Grand (Louis), à Saint-Afrique.
Guy (Pierre-Aimé), ouvrier gantier, à Millau.
Imbert, cultivateur, à Lher, commune de Gastanet
Issaly (Jean-Antoine), propriétaire, à Bosc.
Labarthc, avoué, à Rodez.
Lacalm (François), avocat, à Aubin.
Lacase (Amans), perruquier, à Millau.
Ladet (Adrien), jardinier, à Marcillac.
Lakouski (Ignace), chef d'atelier, à Villefranche.
Laurent (Joseph), cultivateur, à Robertin.
Magne (François). propriétaire, à Sauveterre
Marcillac (Lucien), limonadier, à Millau.
Markini, ouvrier tanneur, à Millau.
Marty (Auguste), cultivateur, au Monastère.
Maury.
Mazenq (Jean-Pierre), maçon, à Castanet.
Moins (Casimir), imprimeur, à Villefranche.
Montseignat, ex-conseiller de Préfecture, à Rodez.
Mouly (Francois), serrurier, à Villefranche.
Nozon (Léon-Théophile), ouvrier gantier, à Millau.

Oustry (Louis), journaliste, à Rodez.
Pascal, propriétaire, à la Rouerie.
Pègues (Bernard), à Marcillac.
Prunier (Régis), huissier, à Rodez.
Puech (Augustin), avocat. à Saint-Afrique.
Pueche (Etienne), mégissier, à Millau.
Ramendenc (Pierre), fermier, à Camarès.
Ricard (Jean-Louis), chaudronnier, à Rodez.
Rozier, propriétaire, à Millau.
Singlard (Auguste), forgeron, à Villefranche.
Tastayre (Pierre-Eugène), clerc d'avoué, à Villefranche.
Tiquet(Léon), cordonnier, à Millau.
Turayre, membre du conseil général, à Millau.
Valibouze, membre du conseil général, à Millau.
Vareilles (Jean), coutelier, à Rodez.

CHAPITRE XVIII.

BOUCHES-DU-RHONE.

Résumé des événements : Les ouvriers abandonnent les travaux dans la journée du 3 décembre. — Une vive agitation règne dans tout Marseille. — Rassemblements nombreux et menaçants. — Des groupes d'ouvriers parcourent les rues au chant de *la Marseillaise* et au cri de *Vive la République* ! — Les chefs républicains s'abstenant de toute initiative, empêchent le mouvement général qui était sur le point d'éclater. — Arrestations nombreuses opérées dans la nuit du 4 au 5. — Résistance complètement paralysée.

LISTE DES VICTIMES CONNUES.

MORTS A CAYENNE.

Agenon (Antoine), journaliste, à Marseille.
Ferrat (François), tanneur, à Marseille.

AUTRES DÉPORTÉS A CAYENNE.

Cadenel (Louis), formier, à Marseille.
Cassan (Jean-Louis), marbrier, à Marseille.
Castagnol (Jean-Baptiste), chaudronnier, à Marseille.
Curet (Joseph), ajusteur-mécanicien, à Marseille.
Gancel (Jean-Pierre, marchand d'habits à Marseille.

Hollet, commis négociant, à Marseille.
Michel (Georges), garçon boucher, à Marseille.
Riques (Louis), agent d'affaires, à Marseille.
Serigaldi (Philippe), maçon, à Marseille.
Susini (Antoine, chaudronnier, à Marseille.
Vanasco (Louis), formier, à la Ciolat.

AFRIQUE. — EXIL. — INTERNEMENT. — PRISON.

Aginnos (Jean), scieur de long, à Marseille.
Allègre (Désire), à Marseille.
Allemand (Médard), à Salon.
Allemand, propriétaire, à Aurons.
Amubart (Charles), tanneur, à Cuges.
André (Antoine), à la Ciotat.
Arnaud (Frédéric), cordonnier, à Marseille.
Arnaud (Henri), à Marseille.
Arnaud, instituteur, à Grans.
Arribert (Jacques), à Marseille.
Artaud (Casimir), à Marseille.
Astouin (Louis), ex-constituant, portefaix, à Marseille.
Auzières (Alexis), à Marseille.
Baille (François), portefaix, à Marseille.
Baille (François-Antoine), à Marseille.
Barges (François) dit Cognador, à Marseille.
Barnier (Gilles), marchand de vin, à Marseille.
Barrielle, perruquier, à Marseille.
Baud, cordonnier, à Marseille.
Berard (Joseph) dit Tacet, à Marseille.
Bertrand (Toussaint), cultivateur, à Chateauneuf.
Bèze (Pierre), à Marseille.
Billon (Pierre), perruquier, à la Ciotat.
Blanc (Henri), à Marseille.
Blanc (Joseph), à Marseille.
Blanc (Allart), à Marseille.
Bondilh, journaliste, à Marseille.
Bonfillon (Marius-Antoine), à Marseille.
Bonnefoy, architecte, à Marseille.
Bonnet (François), dit Martin, à Marseille.
Bonty (Jean-Baptiste), à Marseille.
Bourrelier (Hilarion) à Marseille.
Boyer (Jacques), boulanger, à Marseille.
Bremond (Jean-Mayol), à Marseille.
Brun (Simon), à Arles.
Brun (Romain), à Marseille.
Butin (Louis), à Marseille.
Calandra (Antoine-Marie), à Marseille.

Canton (Jean), à Marseille.
Carcassonne (Edouard), à Marseille.
Carle (Marcellin), à Marseille.
Caron (Louis), épicier, à Marseille.
Cauvin (Joseph-Michel), à Aubagne.
Cavarello (Jacques), à Marseille.
Chabaud (Désiré), à Marseille.
Chabrier (Pierre), journalier, à Marseille.
Chauvin (Augustin), à Arles.
Châve (Jérôme), recors, à Marseille.
Cheylan (Marius-Mathieu), à Marseille.
Comio (Jean-Baptiste), raffineur, à Marseille.
Constant (André), maréchal-ferrant, à Saint-Savournin.
Coperet (Jules), à Marseille.
Cordeil (Louis), forgeron, à la Ciotat.
Coulon (Etienne), à Marseille.
Coustier (Auguste-Joseph), à Marseille.
Couturat (Eugène), commis libraire, à Marseille.
Dallest (Marius-Jean), à Marseille.
Dallest (Lazare-Marius), à Marseille.
Darbès, revendeur, à Point-Chamas.
Darracq (P.-Ulysse), pharmacien, à l'Esprit.
Davin (Jacques), à Marseille.
Depouzier (Joseph), à Marseille.
Donnat (Jean-Jacques), à Sennac.
Dubois (Jean), à Marseille.
Dubosc (Prosper), journaliste, à Marseille.
Dumas (Etienne), quincallier, à Arles.
Dupuy, tanneur, à Marseille.
Durbec (Antoine), portefaix, à Marseille.
Falcon (Jean), cafetier, à la Ciotat.
Fallen (Hippolyte), boulanger, à Marseille.
Feret (Jean), à Marseille.
Ferrat (Gaspard), aubergiste, à Marseille.
Ferry, (Antoine), boulanger, à Marseille.
Fournier (Augustin), chapelier, à Aix.
François (Dominique), dit Boulière, à Marseille.
Gadet (Valentin), à Marseille.
Garcin (Antoine), cordonnier, Cabrières.
Gauthier (Auguste), à Marseille.
Georges (Jean-Grégoire), instituteur, à Roquevaire.
Ghigini (Ambroise), cordonnier, à Marseille.
Ginoux (Jean-Pierre), à Marseille.
Giraud (Noël-Ath.), à Marseille.
Girot (Joseph), à Marseille.
Givaudan (Antoine-Jean), à Marseille.

Gleize-Crivelli, ex-sous-préfet du gt provisoire, à Arles.
Gouiraud (Joseph), à Marseille.
Gras (Jean-Joseph), à Marseille.
Grenouillot (François), à la Ciotat.
Gueydon (Augustin), cultivateur, à Vitrolles.
Guichard (Louis), boucher, à Marseille.
Guillache (Louis-Antoine), à Aubagne.
Guillotier (Charles), tailleur de pierres, à Marseille.
Guis (Jean-François), à Marseille.
Guyot (Frédéric-André), menuisier, à la Ciotat.
Henri (Marc), à Marseille.
Hubaud, tourneur en chaises, à Marseille.
Jacquet (Etienne-Pascal), à Marseille.
Jacquier (Marius), tailleur de pierres, à Marseille.
Jean (Joseph), dit Justinari, à Marseille.
Jeanselme (Jules-César), à Marseille.
Job, le mulâtre, à Marseille.
Jonquille (Jean-Baptiste), maçon, à Marseille.
Jourdan (François), à Marseille.
Lambert (Ferdinand-Henri), à Marseille.
Laurent (François), journalier, à Marseille.
Laty, (Joseph), ouvrier, à Roque.
Laurin (Antoine), fils aîné, à Marseille.
Legros (Jacques), peigneur de chanvre, à Marseille.
Lesueur (Jean-Antoine), à Marseille.
Liautaud (Michel), à Marseille.
Lieutaud (Jean-Claude), boulanger, à Martigues.
Lotard (Jean-Baptiste), marbrier, à Marseille.
Lucet (Frédéric), à Marseille.
Macary, balayeur de rues, à Marseille.
Magnan (Jean-Louis), cultivateur, à Manosque.
Magnier (Jean-Baptiste), à Marseille.
Marbeau (François-Camille), cafetier, à Marseille.
Marrot (Jean), à Marseille.
Martel, à Marseille.
Martel (Amable), à Aix.
Martinet (Jean-Michel), propriétaire à Barbantanne.
Mathieu (Andre-V.); à Marseille.
Maurin (J.-B-Adolphe), à Marseille.
Maurin (Antoine), à Marseille.
Mazonni (Philippe), à Marseille.
Menut (Bruno), à Marseille.
Meunier (François), ouvrier, à Marseille.
Meynier (Joseph), conseiller municipal, à Marseille
Michaud (David) ex-maire de Tarascon.
Motte (P.-André), employé à l'octroi de Marseille.

Moulin (Jacques), à Marseille.
Moustier (Joseph), à Marseille.
Mussano (Gaspard), scieur de long, à Marseille.
Nicaise (P. Marius), à Marseille.
Nicaise (Louis-François), à Marseille.
Nury (Joseph), garde-champêtre, à Sieyès.
Olivier (Auguste), à Marseille.
Orgnon (Antoine), à Marseille.
Parandié (Joseph), à Marseille.
Payan (Bienvenu), à Marseille.
Payan (Jean-Baptiste), chapelier, à Aix.
Peisson, ancien garde particulier, à Jonques.
Pellore (Célestin), à Marseille.
Pequillon (Pierre), à Marseille.
Perpagnac, boulanger, à Marseille.
Perrimont (Louis), jardinier, à Marseille.
Peyran (Gustave), à Marseille.
Philip (Joseph), dit Parache, à Marseille.
Philippe (Pierre), négociant, à Marseille.
Pitioux (Michel-M.), à Marseille.
Planchet (Jean), à Marseille.
Ploquin (Louis), dit le Nantais, à Marseille.
Poumicou, journaliste, à Marseille.
Pugnari (Joseph), à Marseille.
Quinquin (Louis), portefaix, à Marseille.
Reymond (Joseph), portefaix, à Marseille.
Richaud (Antoine-Pierre), cafetier, à Arles.
Richaud, libraire, à Aix.
Rives, journaliste, à Marseille.
Roch (Marius), tanneur, à Marseille.
Roche (Pierre), mécanicien, à Endomme.
Roche (Pierre), à Marseille.
Romanille (Laurent), marchand de comestibles, à Marseille.
Rossi (Jean-Baptiste), charretier, à Marseille.
Rougon (Jean-Baptiste, journalier, à Marseille.
Roumieu (Jacques), à Marseille.
Rousset (André), à Marseille.
Roux (Joseph), à Saint-Savournin.
Roux (Jean), à Marseille.
Roux (Pierre-Grégoire, à Marseille.
Sabatier (Joseph-Alexis), à Marseille.
Sallières (Jacques), de Caudresse, à Marseille.
Santhonax (Louis-Alexandre), à Marseille.
Sarrazin (Louis), cafetier, à Barbentame.
Sauvan (Charles), à Marseille.
Savoni, homme de lettres, à Marseille.

Secrétan (Marius), à Marseille.
Serre (Joseph-François), à Marseille.
Sirvan (Jean-Pierre), tailleur d'habits, à Marseille.
Sulan (Louis-André), à Marseille.
Suzan (André-Dominique), à Marseille.
Tassel (Pierre-Hippolyte), à Marseille.
Thé (Antoine), boulanger, à Marseille.
Thurin (Hippolyte), journalier, à Marseille.
Tronche (Philippe), à Marseille.
Ture (Alfred), à Marseille.
Vincent aîné, chaudronnier, à Marseille.
Vouture (Georges), à la Ciotat.

CHAPITRE XIX.

CALVADOS.

Il n'y a à constater dans ce département qu'un léger mouvement à Curcy, canton d'Evrecy, promptement réprimé par les gendarmes ; je n'ai pu trouver dans les journaux de l'époque que deux victimes dont voici les noms :

Josse, à Caen.
Mezaize, à Caen.

CHAPITRE XX.

CANTAL.

Ce département, quoique très-républicain, n'a pas donné signe de résistance. — Cependant une agitation assez vive s'est manifestée à Saint-Flour, à Aurillac et à Murat. — Je n'ai pu trouver qu'un nom, celui du citoyen :

Fénoilhac (Emile), officier de santé, à Trizac.

CHAPITRE XXI.

CHARENTE

Vive émotion à Angoulême, ainsi qu'à Confolens et à Cognac.

TROIS VICTIMES CONNUES.

Chavanand, à Genac.
Lassauzais, coutelier, à L'Hommeau.
Reniller, pêcheur, à Villogmon.

CHAPITRE XXII.

CHARENTE-INFERIEURE.

Le port de Rochefort seul a manifesté quelques velléités de résistance, mais qui n'ont pas eu de suite. — Quelques arrestations ont été opérées dans le département ; mais je ne puis transcrire que les quatre noms suivants, trouvés dans les journaux officieux :

MORT A CAYENNE.

Robin (Charles), teinturier, à Saintes.

AFRIQUE — EXIL — INTERNEMENT — PRISON

Berolla, horloger, à Marennes.
Bessède, homme de lettres, à Saint-Jean d'Angély.
Fourestier (Louis), coutelier, à Jonzac.

CHAPITRE XXIII.

CHER

Résumé des événements : Essai de résistance à Saint-Amand, — Le peuple veut sonner le tocsin. — Des groupes nombreux entonnent *la Marseillaise.* — Les républicains se portent sur la sous-préfecture. — Une lutte s'engage. — Le citoyen Boileau est tué à bout portant d'un coup de pistolet tiré par le commissaire de police. — L'arrivée de la troupe met fin à la résistance. — Arrestations opérées sur une vaste échelle.

LISTE DES VICTIMES CONNUES :

TUÉ PENDANT L'ACTION.

Boileau, père, à Saint-Amand.

DÉPORTÉS A CAYENNE.

Cahier, charpentier, à Bourges.
Lemaître (Louis), fondeur, à Saint-Honoré.

FEMMES POURSUIVIES

Buffet (Jeanne-Cather.), femme Georges Demay, à Saint-Amand.
Tarnat (Marie), femme Etienne Demay, à Saint-Amand.
Tisserand (Marguerite), femme Antoine Verneuil, à Saint-Amand.

AFRIQUE — EXIL — INTERNEMENT — PRISON

Abonnet, maçon, à Sancerre.
Achet (François-Alphonse), propriétaire, à Sancoins.
Agogné (Pierre), domestique, à Assigny.
Allaguillaume (Charles), boulanger, à Germigny.
Allemoz (Jacques-Victor), médecin, à Sancoins.
Alliot (Jean), journalier, à Précy.
Amartin (François), charpentier, à Nérondes.
Anceaux (Paul), à Saint-Amand.
André (Hippolyte), charpentier, Germigny.
Apart (Pierre-Jean), secrétaire de la mairie de Chateaumaillant.
Argile (Armand), à Saint-Amand.
Arturion (Denis), sellier, à Croisy.
Aubonnet (Pierre), propriétaire, à Sancoins.
Auchère (Jules), fabricant de formes, à Henrichemont.
Audebrand (Frédéric), adjoint de Dun-le-Roi.
Audebrand (Henri-Lenturel), à Dun-le-Roi.

Audet (Jean), cabaretier, à Germigny.
Augery (Etienne), à la Celle-Bruere.
Augy (Jean), marchand de bois, à Sury-ès-Bois.
Aulin (Louis), propriétaire, à Lagonne.
Aupetit (François), à Noirlac.
Auroir (Louis), charron, à Châtelet.
Balardier (Antoine), à la Guerche.
Bâle (Georges), à Meillant.
Barbeau (Michel), journalier, aux Loges de Charentonnais.
Barbeau (Jean-Etienne), charpentier, à Bessais.
Barbereau (Jacques-Et.), aubergiste, à Charentonnais.
Barbier (André), tisserand, à Meneton.
Barrat, carrossier, à Saint-Amand.
Barraud (Louis), vigneron, à Châteaumeillant.
Barrault (François), forgeron, à Saint-Amand.
Barreau (Eugène), bourrelier, à Surry.
Beaudelin (Ferdinand), menuisier,
Beaufol (Jean), journalier, à Barlieu,
Beaumet (Nicolas), couvreur, à Nérondes.
Béchetès (Fabien), menuisier, à Blet.
Bedu (Symphorien), cantonnier, à Barlieu.
Berger (François Joachim), charron, à Germigny.
Bernard (Etienne-Léon), menuisier, à Dun-le-Roi.
Bernard (Jean), menuisier, à Nérondes.
Berton (Louis), cabaretier, à Barlieu.
Bertrand (François), fondeur, à Surry-ès-Bois.
Beurthe (Etienne), à Torteron.
Bidault (Théodore), clerc de notaire, à Dun-le-Roi.
Bidault (Nicolas), à Dun-le-Roi.
Bidaut (Léon), à Dun-le-Roi.
Bigot (Auguste), boucher, à Sancergues.
Biron (Félix-Abel), cordonnier, à Léré.
Bischoff (L.-Sébastien), à Graçay.
Blanchet (Charles), marinier, au Bec-d'Allier.
Blat (Charles), tanneur, au Châtelet.
Blondron (Jean), dit Manchot, à Patinges.
Blot (Louis), à Patinges.
Boileau (Laurent) fils, à Saint-Amand.
Boisguillaume, maréchal ferrant, à Bourges.
Boissereau (Nicolas), à Meillant.
Bondignon (Jean-François), sabotier, à Bessais.
Bondonneau (Gabriel), tailleur de pierres, à Saint-Amand.
Bonneau (François), sabotier, à Bessais.
Bonnefond (Constant), ouvrier coutelier, à Saint-Amand.
Bonnet (Théophile), couvreur, à Sancoins.
Bordier (François), charpentier, à Sancerre.

Bordreuil (François), tourneur, à Saint-Amand.
Boucher (Napoléon), tonnelier, à Sancerre.
Boulé, serrurier, à Sancerre.
Boulet (Jean), journalier, à Argentières.
Boulet (Etienne), cabaretier, à Argentières.
Bourdeaux, maçon, à Sancerre.
Bourgeois, banquier, à Bourges.
Bourget (Auguste), boulanger, à Vailly.
Bourin (François), à Saint-Amand.
Bourre (Jean-Baptiste), clerc de notaire.
Boussart (Martin), à la Guerche.
Boutron (Jean-Ovide), greffier de la justice de paix de Bougy.
Bradu (Victor-Lucien), journalier, à Barlieu.
Branchereau (Julien), à la Guerche.
Branchereau (P.-Jules), négociant, à Sancoins.
Broust (Antoine), à Patinges.
Brunet (Pierre), à Saint-Amand.
Brunet (Jean), sabotier, à Nérondes.
Bureau (Pierre), fermier, à Sancoins.
Cailler (Jean), charpentier, à Saligny.
Camus (Hippolyte), serrurier, à Sancoins.
Carré (Sylvain), à Saint-Amand.
Carreau (Antoine), journalier, à Germigny.
Cartot (Louis), maçon, à Sury.
Cassiot (Claude), tonnelier, à Sancerre.
Cavard (Jacques), aubergiste, à Barlieu.
Chambon, serrurier, à Bourges.
Chapavière (Etienne), chapelier, à Aubigny.
Chapon (Jean-Baptiste), taillandier, à Sancerre.
Chappier (Jean), journalier, à Précy.
Charbonnier (Pierre), dit Maurice, à Dun-le-Roi.
Charmillon (Pierre), journalier, à Savigny-le-Vif.
Charpignon (Sulpice), manœuvre, à Savigny-le-Vif.
Charpin (Louis), à Saint-Amand.
Charrault (Denis), à Saint-Amand.
Chauveau (Louis), tuilier, à la Charnage.
Chauveau Jacques), tuilier, à Jussy.
Chemeneux (Louis), journalier, à Nérondes.
Chesneau (Jacques), tourneur, à Aubigny.
Chevrier-Giganon (Gilbert-Fréd.), à Saint-Amand.
Chirade (Gilbert), charron, à Girardon.
Coffin (Etienne), charpentier, à Saint-Germain-des-Foins.
Coing (Jean), journalier, à Précy.
Colas (Antoine), charpentier, à Germigny.
Collin (François-Eugène), dit Corbillon, à Saint-Amand.
Conet (Henri), sabotier, à Concressault.

Cornette (Louis), à la Guerche.
Cornillat (Edme), cabaretier, à Savigny.
Couillebeau (Christophe), à Germigny,
Coutant (Gilbert), tailleur, à Neuilly-en-Dun.
Coutureau (Philippe), boulanger, à Saint-Amand.
Crestin (L.-Réné), à Saint-Amand.
Crochet, aubergiste, à Veaugues.
Cuperoux (Jean), menuisier, à Nérondes.
Cuvellier Jean-Baptiste), cloutier, à Saint-Amand.
Dagois (Louis), propriétaire, à Givardon.
Daguin (François), charron, à Germigny.
Dalbœuf (Claude), à Patinges.
Damboise (Jean), coiffeur, à Nérondes.
Daniel (Pierre), à Saint-Amand.
Daniel (Jean-Baptiste), tailleur, à Saint-Amand,
David (Antoine), maréchal, à Blanafort.
Debain (Joseph), sabotier, à Santranges.
Deboisse-Royer, à Meillant.
Decaudin (Jules), peintre, à Vierzon.
Dedieu (Jean), cafetier, à Saint-Amand.
Delacoste (Sylvain-L.), à Dun-le-Roi.
Delorme (Sylvain), marchand, à Saint-Amand.
Delouche (Jean), journalier, à Germigny.
Delouche (Claude), journalier, à Germigny.
Delouche (Louis), journalier, à Germigny.
Demay (Jean-Baptiste), à Jouet,
Demay (Etienne), à Saint-Amand.
Demay (Georges), journalier, à Saint-Amand.
Demay (Jean), à Saint-Amand.
Depatin (Jean), journalier, à Germigny.
Deponcelle (P.-Denis), épicier, à Vailly.
Desmoineaux (Edme), aubergiste, à Précy.
Desroy (Antoine), sabotier, aux Aix.
Devallière (Antoine), journalier, à Saint-Hilaire.
Devierne (Pierre), boulanger, à Sancoins.
Deville (Thomas), propriétaire, à Givardon.
Diard (Martin), épicier, à Aubigny.
Donet (Jean-Ursin), menuisier à Nérondes.
Drault (François), cabaretier, à Saligny-le-Vif.
Dubois (Jean-Batiste), à Saint-Amand.
Dubost (Victor), plâtrier, à Sancerre.
Dubuisson (Jean), cordonnier, à Sancoins.
Ducloux (François), fabricant d'instruments aratoires, à Sancerre.
Ducloux (Etienne), taillandier, à Sancerre.
Duhoussey (Edme), ex-cantonnier chef à Sancergues.
Dumas (Jean), limonadier, à Sancoins.

Duparc (Pierre), à Saint-Amand.
Dupeyroux (Jacques), mineur à Saint-Hilaire-de-Gondilly.
Durand (Jacques), sabotier, à Germigny.
Dureau (Etienne), à Dun-le-Roi.
Durrieu (Jean), bourrelier, à Saint-Amand.
Emmanuel (Louis-François), propriétaire, à Dun-le-Roi.
Epervier (Philippe), menuisier, à Léré.
Everard (Adolphe), bourrelier, à Saint-Satur.
Fabre (Félix), cabaretier, à Dun-le-Roi.
Fabvre (Jean-Gustave), colporteur, à Givandino.
Faracoin (Jean), à Saint-Hilaire.
Fassiot (Louis), à Germigny.
Fauveau (François), cordonnier, à Sancoins.
Feurtez (Louis), chapelier, à Aueigny.
Fève (François), à la Guerche.
Fioux (Jacques), à la Guerche.
Foquet (Louis), terrassier, à Barlieu.
Foucher (Sylvain), cordonnier, à Blancafort.
Foucher, horloger, à Bourges.
Foultier (Gilbert), à Meillant.
Fouquet (Pierre), journalier. à Saint-Hilaire-de-Gondilly.
Fournerat (Jean), laboureur, à Belleville.
Fournier (Louis), scieur de long, à Saint-Amand.
Froment, cordonnier, à Bourges.
Fromentin (Antoine), vigneron, à Saint-Amand.
Gadel (Marc), cantonnier, à Germigny.
Galland (Pierre), tailleur de pierres, à Dun-le-Roi.
Galoty (Jean), tailleur de pierres, à Cuffry.
Gannetan-Gannait (François), maréchal ferrant, à Givaudon.
Gâteau (François), à Saint-Amand.
Gaucher, cordonnier, à Sancerre.
Gaümain (François), charretier, à Argentières.
Gebel (Pierre), aubergiste, à Aubigny.
Gessé (Auguste), garde particulier, à Meillant.
Geton (Jean), sabotier, à Nérondes.
Gigot (Gabriel), journalier, à Givaudin.
Gillet (Jean-Baptiste), pharmacien, à Sancerre.
Gillon (Jean-François), à Jouet.
Girardin (Louis), peaussier, à Sancerre.
Girardin (Jean-Baptiste), charpentier, à Germigny.
Gouault, ancien clerc de notaire, à Bourges.
Gouault fils aîné, à Baugy.
Goubelière, Bourges.
Grand (Léon) aîné, fermier, à Germigny.
Grand (Emile) cadet, fermier, Germigny.
Grave (Sylvain), menuisier, à Nérondy.

Graves (Claude), à Garigny.
Griveau, typographe, à Bourges.
Guay-Baudon (Antoine-François), à Dun-le-Roi.
Guemeau (Etienne), domestique, à Barlieu.
Guémy (Edmond-François), à Saint-Amand.
Guérin (Alexandre).
Guignard (Pierre), garde particulier à Orval.
Guillaume dit mimi, à Léré
Guindollet (Vincent) fils, à Saint-Amand.
Hardy (Charles-Joseph) dit Nantais, à Saint-Amand.
Herpin (Jean), laboureur, à Savigny.
Hervet (Louis), journaliste, à Bourges.
Hubert (Jean-Baptiste), ferblantier, à Sancoins.
Hugot (Joseph), à Henrichemont.
Hytier (Gilbert), à La Guerche.
Jaime (Gilbert), charron, à Saint-Germain-des-Fossés.
Jobiniot (Jacques), cultivateur, à Charentonnais.
Jombert (Louis), négociant, à Sancoins.
Josset (Gilbert), à Sancerre.
Labarre (Claude), peintre en bâtiments, à Sancoins.
Labaume (Pierre), journalier, à Sury-près-Léré.
Labrune (François), journalier, à Baume-Renard.
Lacroix (Gaspard), voiturier, à Saint-Amand.
Lamouroux (Jean), tailleur, à Beuset.
Lancelot (Jean-Baptiste), à la Guerche.
Langon (Jean-Baptiste), à Saint-Satur.
Lapaire (Pierre), boulanger, à Sancoins.
Laurent (Gabriel) père, vigneron, à Saint-Léger.
Laurent (Pierre), vigneron, à Beffes.
Laurent (Louis), à Saint-Amand.
Lauvergeat (Hippolyte), à Jouet.
Laverdet (Ferréol), à Dun-le-Roi.
Leblanc-Boulé, à Beffes.
Lebœuf (François-Louis), négociant, aux Aix.
Lebrun, notaire, à Charost.
Lecouvrieux (Pierre), cordonnier, à Sury-ès-Bois.
Leduc (Isidore), propriétaire, à Barlieu.
Leduc (Philippe), à Saint-Satur.
Lefèvre (Pierre), cultivateur, à Sancergues.
Lefort (Antoine), vigneron, à Saint-Amand.
Lempereur (Julien), boulanger, à Léré.
Lépin (Jacques), menuisier, à Saligny-le-Vif.
Levêque (Pierre), tonnelier, à Saint-Amand.
Lognon (Elie), tisserand, à Léré.
Luzier (Etienne-Oliv.), à Dun-le-Roi.
Macquard (Jean-Baptiste), menuisier, à Nérondy.

Mannoir (Jean-Baptiste), libraire, à **Aubigny**.
Maréchal (Hilaire), cordonnier, à Concressault.
Maréchal (Eugène), cordonnier, à Concressault.
Marin (François), journalier, à Concressault.
Martinet (Jean), tailleur, à Saint-Hilaire-de-Gondilly.
Martinolty, à Bourges.
Massé (François) dit la gueule noire, à Gérmigny.
Mauguin (François), sabotier, à Nérondes.
Mazet (Julien), menuisier, à Saint-Amand.
Melin (Denis), ouvrier porcelainier, à Noirlac.
Ménagé (Faançois), journalier, à Verrières.
Menesson (Charles), ex-commissaire du gouvernement Provi-
  soire dans l'Aisne, à Bourges.
Merceret, à Dun-le-Roi.
Mercier (Sébastien), menuisier, à Vailly.
Métivier (Auguste), serrurier, à Henrichemont.
Meunier (François), à Dun-le-Roi.
Micaleff propriétaire, à Bourges.
Michel (Thomas), teinturier, aux Chaumes-de-Saint-Aignan.
Michelct (François), à Argentières.
Migeon (André), sabotier, à Sury-ès-Bois.
Millet père, à Aubigny.
Millet fils, à Aubigny.
Millet (Etienne), tisserand, à Sury-ès-Bois.
Millien, horloger, à Sancerre.
Monny, terrassier. à Bourges.
Montot (Etienne), à Sury-en-Vaux.
Morand (Nicoles), à Dun-le-Roi.
Moreux (Paul), journalier, à Saint-Hilaire-de-Gondilly.
Mouton (François), journalier, à Saint-Hilaire-de-Gondilly.
Nardon, maître brasseur, à Pignoux.
Offroy (Louis-François), peintre en bâtiments, à Sancoins.
Palliant-Gorec (Antoine), à Saint-Amand.
Pasdeloup (Joseph), menuisier, aux Aix.
Pasdeloup (François), menuisier, à Santrouges.
Pasdeloup (Etienne), sabotier, à Sury-ès-Bois.
Pasquet-Bouroux, marinier, au Bec d'Allier.
Pasquier (Joseph), sellier, à Sancoins.
Paturel (Edme), cultivateur, à Argentières.
Paviot (François), taillandier, à Saint-Amand.
Peloille (L.-Désiré), cabaretier, à Sury.
Penanille (Edme) père, à Saint-Amand.
Perrin (Pierre, à la Guerche.
Perriot (René-P.), à la Guerche.
Perrot (Etienne-Isidore), marinier, à Léré.
Perruchon (Gilbert) dit Gros-Jean, à Saint-Hilaire.

Petit (Sylvain), à Saligny.
Petit (Fançois), coutelier, à Saint-Amand.
Philippe (Édouard), cultivateur, à Villequier.
Pidant (Théodore), à Dun-le-Roi.
Pillet (Nicolas), cabaretier, à Villequier.
Pinault (Etienne), vigneron, à Saint-Amand.
Pinault (Pierre), vigneron, à Saint-Amand.
Pinsard (Désiré), à la Guerche.
Pirard (Jean-Baptiste), tisserand, à Saint-Satur.
Piren (Louis), propriétaire, à Nérondes.
Poisle-Chaput (Silvain).
Polycard (Charles), à la Guerche.
Ponvesle (Louis), boulanger, à Sancerre.
Prellier (Ursain). propriétaire, à Concressault.
Protat (Hugues), à Girardon.
Quentin-Limousin, à Saint-Amand.
Radureau (Antoine), chaudronnier. à Lurcy-Levy.
Ragon (François), cafetier, à Bourges.
Ragonat (Aléxis), à Précy.
Raillard (Alphonse), à Germigny.
Raisin (Jean), à la Guerche.
Raltillon (Michel) fils, à Saint-Amand.
Ravard (Louis), journalier, à Argentières.
Raymond ouvrier horloger, à Bourges.
Regnault (Jean-Antoine), journalier, à Aubigny.
Renaud (Mathieu), à Saint-Amand.
Renaud (Jean-Baptiste), vigneron à Saint-Amand.
Renou (Jean), sabotier, à Bessais-le-Fromental.
Renoux (François), journalier, à Saint-Hilaire.
Reverdeau (Napoléon), à la Guerche.
Ribouté (Vincent), à Dun-le-Roi.
Ricard (Alexandre-Claude), facteur, à Vailly.
Robillard (Zacharie), maraicher, à Concressault.
Robin (Auguste), coiffeur, à Saint-Amand.
Rochet (Claude), à la Guerche.
Rollet, propriétaire, membre du Conseil général à Saint-Amand.
Romillat (Alphonse), boulanger, à Léré.
Rotillon (François), ex-huissier, à Léré.
Rousseau (Nicolas), menuisier, à Germigny.
Rousseau (Pierre), maréchal-ferrant, à Dun-le-Roi.
Routy (Pierre), marinier, au Bec d'Allier.
Roy (Jean-Germain), sabotier, à Belleville.
Ruchon (Jean), maçon, à Nérondes.
Ruellé (Jean-Baptiste), tisserand, à Aubigny.
Sabardin (Auguste), charpentier, à Saint-Amand.

Sadrin (Barthélemy), vigneron, à Saint Amand.
Sadrin (Louis), à Saint-Amand.
Sarreau (Jean), à Dun-le-Roi.
Savard (Charles), à la Guerche.
Séguret (Antoine). à Saint-Amand.
Semelet (Eugène) boulanger, à Sancerre
Semoux (Claude), journalier, à Bessais.
Servat, avocat, à Bourges.
Simon père.
Simon (Claude).
Sirot (François), journalier, à Saint-Hilaire.
Sollet (Charles), jardinier, à Saint-Amand.
Sommereau (Philibert), à Dun-le-Roi.
Soulat (Jean-Pierre), à Nancay.
Tatereau (Jules), à Dun-le-Roi.
Thibaudat (Elie), à Tortcron.
Thomas (Michel), teinturier, à la Guerche.
Thomas (Jean-Baptiste), horloger, à Léré.
Thomas (Pierre), ancien maire de Jussey.
Thomiard (Charles), maçon, à Léré.
Thomiau (Jean-Baptiste), menuisier, à Saint-Amand.
Tinette (Léon). à Patinges.
Torte (Etienne), terrassier, à Savigny.
Turpin (André), à Blancafort.
Vallot (Louis-El.), imprimeur, à Saint-Amand.
Vannier (Sylvain), Aubergiste, à Barlieu.
Vargnon (Pierre), journalier, à Saint-Hilaire.
Veigniat (Jean), journaller, à Bessais.
Verdy (Louis), à Saint-Hilaire de Gondilly.
Verneuil (Antoine), botteleur, à Saint-Amand.
Verny (Louis), journalier, à Saint-Amand.
Vétois (Jean), cordonnier, à Villequier.
Vial, propriétaire, à Nérondes.
Vilain (Claude), à Jvory-le-Pré.
Vincent, ex-adjoint de Bourges.
Voitier (Lucien), cordonnier, à Sancoins.
Vollet (Lambert), marinier, à Saint-Amand.
Vrinat.

CHAPITRE XXIV.

CORRÈZE.

Ce département qui n'avait envoyé à la Chambre des représentants que des montagnards, n'a pas protesté très-énergiquement contre le coup d'Etat. — Les dépêches officielles de l'époque se contentent de dire : « vive émotion à Tulle, Brives-la-Gaillarde et Ussel, mais tranquillité parfaite. — Trois arrestations seulement sont connues d'après le *Moniteur* :

Ballet (Jean-Baptiste), sabotier, à Brives.
Bosch (Charles), avocat à Brives.
Elie (Camille), marchand, à Juillac.

CHAPITRE XXV.

CORSE.

Je ne connais rien de bien précis sur ce département, sinon la suppression d'un journal républicain qui se publiait à Bastia, appelé le *Progressif de la Corse*. — Cette île, quoique étant la patrie de la famille Bonaparte, n'en a pas moins un noyau de républicains assez considérable. — J'ignore complètement s'il y a des victimes à enregistrer.

CHAPITRE XXVI.

COTE-D'OR.

Résumé des événements : La résistance est prêchée à Dijon par quelques hommes influents du parti républicain. — Ils se réunissent dans l'imprimerie de Mme veuve Noëllat. — La maison est cernée et tous les membres de la réunion arrêtés. — Châtillon-sur-Seine se prononce et l'hôtel-de-ville tombe entre les mains des républicains. — Sur les injonctions du maire et du sous-préfet, les républicains se débandent et cessent toute résistance. — A Nuits, le maire, Marey-Monge est tué d'un coup de pistolet au moment où, lui-même allait faire usage du sien.

LISTE DES VICTIMES CONNUES.

DÉPORTÉ A CAYENNE.

Rigaud (François), ébéniste, à Nuits.

AFRIQUE. — EXIL. — INTERNEMENT. — PRISON.

Baut, à Dijon.
Benardet (Jean-Etienne).
Berryer (Léon), négociant. à Dijon.
Berthet, cafetier, à Dijon.
Bodin (Jean-Bernard), cordonnier, à Nuits.
Boissemin (François-Louis), cloutier, à Dijon.
Bolotte, à Dijon.
Bornier (J.-Claude), cultivateur, à Guétigny.
Bouillet-Deshalliers, avocat, à Dijon.
Bruillard, perruquier, à Bligny-sur-Ouche.
Carion (Jules), ex-commissaire du gouv. provisoire, négociant, à Dijon.
Caumont.
Cheral.
Chevalier.
Chevannes (Joseph), à Dijon.
Chevriot, à Montbard.
Chiquelin, greffier de justice de paix.
Chopin.
Collardot (Eugène), horloger, à Nuits.
Collos (Louis), baigneur, à Dijon.
Coste (Ferdinand), à Dijon.
Couchot (Jean), propriétaire, à Echalot.
Dallée, ancien huissier, à Dijon.
Damas, à Dijon.
Delune, à Dijon.
Dufoulon (Pierre), à Dijon.
Dumez, journaliste, à Dijon.
Dutron, propriétaire, à Nuits.
Eschalié (Bernard), propriétaire, à Dijon.
Ferrain (Jean-Baptiste), courtier d'assurances à Beaune.
Flasselière (Gédéon), licencié en droit, à Dijon
Gaguet-Rennevey, commissaire de police, à Nuits.
Garreau, couvreur, à Beaune.
Gauret, avocat, à Dijon.

Gavot, à Dijon.
Gédéon-d'Jvory, propriétaire, à Châtillon-sur-Seine.
Gelyot.
Gobriel (Gustave), propriétaire, à Nuits.
Gueswiller aîné, à Dijon.
Gueswiller cadet, à Dijon.
Guignon (Ch.-Emile), commis négociant, à Dijon.
Guillier (Joseph), négociant, à Dijon.
Japiot (Charles), médecin, à Is-sur-Tille.
Jourdeuil, cafetier, à Châtillon-sur-Seine.
Krick (Louis-Joseph), pharmacien, à Châtillon-sur-Seine.
Lambert (Jean-Baptiste), tailleur de pierres, à Châtillon-sur-Seine.
Lavocat, confiseur, à Nuits.
Léger, vigneron, à Beaune.
Limaux, avoué, à Beaune.
Luce-Villard, à Dijon.
Lucotte, à Dijon.
Maire, à Dijon.
Maire-Neveu, ex-constituant, à Montbard.
Maître-Jean (Rémy), manouvrier, à Dijon.
Mangin (Dominique), cabaretier, à Arce-sur-Tille.
Marchand, géomètre.
Michot (Frédéric), à Arnay-le-Duc.
Mittaut, à Dijon.
Mongin (Paul), à Dijon.
Monniot (Jean-Baptiste), mécanicien, à Couternon.
Monnoirot (Pierre), serrurier, à Beaune.
Monnot (Pierre), graveur, à Dijon.
Montansolo.
Moreau (Louis-Henry), notaire, à Censerey.
Moreau (Charles), ancien maire de Saulieu.
Morizot.
Mulot (Louis), à Lux.
Noël (Ernest), ancien président de club, à Dijon.
Noël, à Thil-le-Châtel.
Pataille (Auguste), coiffeur, à Semur.
Pelletret (Antoine), fondeur en cuivre, à Dijon.
Pierrot (Constant), artiste musicien, gérant du *Courrier de la Côte-d'Or*, à Dijon.
Poupon, huissier, à Beaune.
Prudhon (Pierre Ant.), boulanger, à Dijon.
Quinet (Thomas-François), fabricant de potasse, à Dijon.
Rasse, médecin, à Nuits.
Rémond (Georges), notaire, à Semur.
Renardet, notaire, à Beaune.

Richard.
Robinet, à Dijon.
Rodier (Jean-Baptiste), menuisier, à Beaune.
Rousseau (Claude), carrier, à Beaune.
Rousseau (François), carrier, à Beaune.
Roy (Louis-François), aubergiste, à Beaune.
Souillé (Jean-Baptiste), agent d'assurances, à Beaune.
Spuller, à Dijon.
Viard (Jules), à Dijon.
Viochot (Pierre-Victor), journaliste, à Dijon.
Vitu (Paul), cordonnier, à Dijon.
Trevey (Louis), clerc d'avoué, à Beaune.
Welter (Henri), ancien maire de Beaune.

CHAPITRE XXVII.

COTES-DU-NORD.

Ce département fait partie de l'ancienne province de Bretagne, et par conséquent est encore dominé en grande partie par les légitimistes et les cléricaux. — L'élément républicain y comptait certainement d'intrépides champions, mais en trop petit nombre pour pouvoir lutter avec avantage contre les réactions coalisées de décembre 1851. — Trois noms seulement sont signalés par les journaux de l'époque.

Geistdoerfer, brasseur et négociant en vins, à Dinan.
Leroy, prêtre interdit.
Leray (Emile) aîné, chapelier, à Dinan.

CHAPITRE XXVIII.

CREUSE.

Le calme le plus complet n'a pas cessé de régner, malgré une agitation assez prononcée à Guéret, à Boussac et à Aubusson. — Ce département qui n'avait envoyé à la Chambre que des républicains éprouvés, fait exception à la règle. — Néanmoins les poursuites ont été exercées avec vigueur. — Voici quelques-uns des citoyens inquiétés.

Aubergier (Louis), ancien maire de Chambon.

Barret (Etienne), menuisier, à Chenevaillé.
Bonichon (Jean-Auguste), instituteur, à Mazenat.
Borde (Jean-Baptiste), marchand de bois, à Bourganeuf.
Chavannet, maçon, à Soubrebost.
Cocq (François), cordonnier, à Bourganeuf.
Constant, à Bourganeuf.
Désétivaux, ex-préfet du gouvernement provisoire, à Guéret.
Fourignon.
Gallien (Marius), clerc de notaire, à Chambon.
Gorgin.
Jourdain (Gustave), avocat, à Boussac.
Junien, huissier, à Sardent.
Lassoury (Jean), maçon, à Ceyrous.
Lebrun (Léonard), maçon, à Monteil-le-Vicomte.
Morand (Antoine), tailleur, à Bourganeuf.
Moreau, à Sardent.
Moreliéras (Jean-Baptiste), boulanger, à Bourganeuf.
Mosnier, dit la Pougade.
Peyroux (Abraham), ancien adjoint de Paisac.
Ploquin (André), aubergiste, à Fourneau.
Queyrat, notaire, maire de Felletin.
Rouchon (L.-M.), notaire, à Bourganeuf.
Salmet (Jean), porcelainier, à Bourganeuf.
Soullier (Martial), meunier, à Bourganeuf.

CHAPITRE XXIX.

DORDOGNE.

Résumé des événements : Tentative de résistance à Bergerac. — Le conseil municipal en permanence. — Le sous-préfet y est mandé. — Le citoyen Sarrasin harangue le peuple. — Il fait appel à la résistance. — Le commissaire de police l'arrête. — Pendant le trajet il est délivré de vive force par la population. — Tous les gendarmes de l'arrondissement se concentrent sur Bergerac. — Cessation de toute résistance.

CITOYENS POURSUIVIS.

Barrot-aîné, à Cendrieux.
Barrot cadet, à Cendrieux.
Bellanger, scieur de long, à Périgueux.
Benoît (François), tailleur, à Périgueux.
Berbineau (Abraham), à Egmet.

Bersac, instituteur, à Mussidan.
Berlet (L.-Urbain), peintre, à Périgueux.
Boyer fils, avocat, à Bergerac.
Brise (Jean-Baptiste), teinturier, à Périgueux.
Buisson, ex-sous-préfet du gouvernement provisoire, médecin, à Bergerac.
Chabert (Joseph), plâtrier, à Périgueux.
Chapeyron (Jean), propriétaire, à Puycousin, commune de Sorges.
Compaingt (Jean-Adrien), tanneur, à Bergerac.
Couleau (Jean), tailleur, à Périgueux.
Creté, à Sainte-Livrade.
Daniel, ancien bottier, à Périgueux.
Darnat (Léonard-Adolphe), sans profession.
Delbos (Jean), domestique.
Desolme (Charles), journaliste, à Périgueux.
Ducluzeau fils, maire de Montagrier.
Dulac (Alcide), fermier, à Saint-Léon.
Dupoux, à Bergerac.
Fournié, perruquier, à Cendrieux.
Géraud (Pierre-Jos.), avocat, à Sarlat.
Goursolle, marchand de chiffons en gros, à Périgueux.
Graffeille (Bertrand), géomètre, à Saint-Cyprien.
Grandchamp, propriétaire, aux Réjoux, commune de Mayac.
Jay, à Saint-Pierre-de-Chignac.
Labat (Léonard), dit Laval, à Cendrieux.
Labrousse-Bosredon fils, propriétaire, à Montignac.
Lapalisse, commis-voyageur, à Périgueux.
Lestrade, instituteur, à Périgueux.
Monteil (Pierre), dit Naillac, à Cendrieux.
Monteil fils aîné, à Cendrieux.
Montoroy, sacristain, à Antonne.
Pasquet, forgeron, à Cendrieux.
Roumillac, avocat, à Bergerac.
Royer, notaire, à Rouffignac.
Sarrazin, à Bergerac.
Valleton (Jean-Jacques), horloger, à Bergerac.
Vige (Marcellin), boulanger, à Excideuil.

CHAPITRE XXX.

DOUBS.

Les événements de ce département se bornent à des rassemblements assez nombreux à Besançon, à Beaume-les-Dames et à Montbéliard. — Malgré cela beaucoup de poursuites à enregistrer.

LES VICTIMES CONNUES SONT :

André (César-Rap.), tailleur, à Beaume-les-Dames.
Béliard (Constant), prêtre, à Monthier.
Besson (Claude-Ant.), à Villiers-Saint-Georges.
Bidal (Hippolyte), à Besançon.
Billotet (Timothée), à Besançon.
Bouchot (Claude-Jos.), à Ecot.
Boujon (Claude-Ant.), à Méry-Vicilly.
Brocart, à Guyans-d'Uruy.
Chaillet (Etienne), à Blamont.
Chambard, avocat, à Pontarlier.
Cheval (Georges-Cél.), à Abbenans.
Collin (Auguste), médecin, à Jougne.
Crénot (Urbain-Jean), à Ornans.
Dournier (Léonard), jardinier, à Rougemont.
Faivre (Jean-Baptiste), à Cour-Saint-Maurice.
Fournier (Adrien), à Marchand.
Gaarnery (Louis), secrétaire de la mairie de l'Isle.
Gachod (Jacques), à Chenecey.
Gainnet (Pierre-François), serrurier, à Rougemont.
Kobbe, horloger, aux Verrières-de-Joux.
Landet (Pierre-François), officier de santé, à Besançon.
Laurens (Paul), libraire, à Besançon.
Lidoine (Stéphane), à Montrond.
Maizières (Louis-Alphonse), entrepreneur des messageries, à Pontarlier.
Mollière (Louis), lieutenant des douanes en retraite, à Morteau.
Montenot, ancien notaire, à Besançon.
Oudet, avocat, à Besançon.
Pertuisier, rentier, maire de Morteau.
Peissière (Alphonse), architecte, à Pontarlier.
Petit (Célestin), à l'Isle.
Poupier (Charles), ex-contrôleur des contributions, à Besançon.
Rénaud (Claude-H.), médecin, à Goux-les-Usiers.

CHAPITRE XXXI.

DROME.

Résumé des événements : Le 3 décembre, essai de résistance légale à Valence. — La ville de Crest donne l'exemple de la résistance armée. Toutes les communes environnantes se préparent au soulèvement. — Le canton tout entier de Saillans prend les armes. — Celui de Crest suit le même exemple. — Beaufort et Mirabelle se sont prononcés. — Les maires, en écharpe, sont à la tête du mouvement. — Il se généralise. — Grane et Chabrillant sont en armes et marchent sur Crest. — Le curé et son vicaire sont faits prisonniers. — Les républicains attaquent Crest, défendu par la troupe. — Ils sont repoussés avec perte. — Des renforts nombreux arrivent à la troupe, principalement de l'artillerie. — Le combat recommence. — Retraite des républicains. — Dieu-le-Fit, Bourdeaux et Marsanne se soulèvent. — Rendez-vous général fixé à Saou. — Le maire de Poët-Célarde sonne lui-même le tocsin. — L'aspect des volontaires républicains est admirable. — L'enthousiasme est à son comble. — Femmes et enfants applaudissent. — Un clerc de notaire qui ne s'était pas joint aux défenseurs du droit, hué par les jeunes filles et les femmes est obligé de se cacher. — Le citoyen Comte entraîne la commune de Puy-Saint-Martin-Saou est soulevé. — Le paysan Marcel est à la tête des républicains. — Darier marche bravement à la tête des volontaires à la rencontre de l'artillerie. — Le chef de cette troupe est le commandant Delamothe. — Confiance des républicains. — Ils crient : *Vive la République! vive l'artillerie! vivent nos frères!* — En échange ils sont acceuillis par un coup de canon qui emporte la tête du républicain Tariot. — Moment d'hésitation. — Les républicains, la plupart paysans, indignés de la conduite de la troupe, s'élancent comme électrisés et assaillissent les soldats. — L'artillerie bat en retraite. — Elle arrive et se fortifie près du pont de Crest. — Toutes les fenêtres sont garnies de soldats prêts à faire feu. — Les républicains encouragés par un premier succès, ne calculent plus. — Ils s'élancent au chant de la *Marseillaise*! sur la formidable redoute.— Arrivés à cent pas, ils sont littéralement coupés en morceaux par une décharge de mitraille. — Le premier rang est complétement anéanti. — Les débris s'embusquent dans les jardins et engagent contre la troupe un feu assez nourri. — Ce combat dure plus de trois heures. — Les républicains, accablés, ne pouvant plus résister abandonnent la partie. — 150 seulement veulent tenter un dernier effort. — Ils s'élancent et arrivent sur les derrières de la redoute. — Une charge de cavalerie culbute ces 150 braves. — Sur un autre point du département, Mirmande, Cliousclat et d'autres communes se soulèvent. — 1800 républicains s'emparent de Loriol. — Le représentant Combier et 15 autres citoyens sont arrêtés à Montélimart. — L'agitation gagne Pierrelatte. — On désarme la population. — Rochegude tombe au pouvoir des républicains. — Le citoyen Futtel soulève tout le canton de Marsanne.

— auzet, Beaulieu, la Batie-Roland, Montbouché et Savasse fournissent leurs contingents. — Arrivée de la troupe commandée par le capitaine de la Pommerais. — Le républicain Futtelv eut parlementer. — Le capitaine, après deux sommations fait tirer sur lui. —Futtel crie : *la République ou la mort!* — La fusillade s'engage. — Les soldats fuient en désordre devant les paysans. — Le lieutenant Casabianca essaie de les rallier. — Il en groupe une trentaine. — Les soldats sont saisis de terreur. — Ils s'enfuient pour la seconde fois. — Le capitaine ordonne la retraite. — Il arrive à Montélimart avec ses blessés. — Le lendemain matin, la troupe réorganisée et renforcée sort de nouveau de la ville. — Le sous-préfet l'accompagne. — Les républicains se forment en trois colonnes. — L'expédition militaire rentre à Montélimart sans succès. — De nouvelles troupes arrivés de Lyon forment des colonnes mobiles et désarment toutes les communes soulevées. — La tour de Crest est encombrée de prisonniers. — Quelques républicains parvenus à se soustraire et à se cacher livrent un dernier combat dans les premiers jours de janvier, à la Chapelle de Saint-Brancas.

Liste des victimes connues.

Tués pendant l'action.

Liénard, à Bourdeaux.
Tariot, à Puy-Saint-Martin.

Exécuté d'après jugement le 13 juin 1852.

Richer (Benjamin), matelassier, à Valence.

Condamnations a mort prononcées.

Drumigny (Jules-Augeste), sergent au 63ᵉ de ligne. (Pris la fuite avec 40 soldats.)
Paoletti, sergent au 63ᵉ de ligne. (Pris la fuite avec 40 soldats.)
Bressieux, journalier, à Cliousclat.
Courty, cultivateur, à Cliousclat.
Famite, propriétaire, à Cliousclat.
Garay, propriétaire, à Cliousclat.
Houstain, propriétaire, à Cliousclat.
Julien, cultivateur, à Cliousclat.
Romegon, propriétaire, à Cliousclat.
Soulier (Louis), cultivateur, à Chabrillan.

Déportés a Cayenne.

Bonfils (Martin-Th.), sergent au 13ᵉ de ligne, à Valence.
Bret (Frédéric), propriétaire, à Chavannes.
Brun, propriétaire, à Grane.
Chabon, chaufournier, à Tcin.

Faure (Pierre), cultivateur, à Dix.
Latard, marchand de vin, à Saoux.

CONDAMNÉ A 10 ANS DE DÉTENTION POUR AVOIR CACHÉ UN RÉPUBLICAIN CHEZ LUI.

Astier, garde champêtre, à Loriol.

AFRIQBE. — EXIL. — INTERNEMENT. — PRISON.

Abert (Pierre), maréchal-ferrant, à Chantemerle.
Abraham (Joseph), maçon, à Puy-St-Martin.
Achard (Jean), cultivateur, à Pilhan.
Achard (Jean-Pierre), aubergiste, à Aupié.
Adam (Jean-Antoine), propriétaire, à Mirmande.
Albrand (Jean-Joseph), propriétaire, à Pont-de-Basset.
Alibert (François), cultivateur, à Montboucher.
Alvier (Etienne-Nicolas), notaire, à Saoux.
Améric (Casimir), cordonnier, à Pilhan.
Améric (Alexandre), cultivateur, à Graves.
André (Simon), fabricant de pointes, à Loriol.
Arbaud (Antoine), cultivateur, à Grasse.
Archer (Joseph), instituteur, à Montjaux.
Argand (Louis), tailleur, à Mirmande.
Armand (Antoine-Jacques), tisserand, à Châteauneuf.
Armand (Eugène), cultivateur, à Sous-Pierre.
Arnaud (Aimé), cultivateur, à Espenel.
Arnaud (François), cultivateur, à Espenel.
Arnaud (Louis), aubergiste, aux Touils.
Arnaud (Auguste), aubergiste, à Montélimart.
Arnaud (Joseph), cultivateur, à Saou.
Arsac (Auguste), cultivateur, à Grave.
Artaud (Joseph), boulanger, à Chantemerle.
Augier (Emile), tailleur, à Bourdeaux.
Augier (François), cultivateur, à Bourdeaux.
Aunet (Thomas), cultivateur, à Bagnac.
Avol (Joseph), maçon, à Grave.
Avon (Jean-Pierre), cultivateur, à Espenel.
Aymé, à Cliousclat.
Bachasse (Salomon), instituteur, à Saint-Romans.
Barbe (Alexandre), cultivateur, à Douzère.
Barbe (Joseph), tailleur, à Savasse.
Baret (Jean-Pierre), cultivateur, à Autichamp.
Barnavon (Auguste), cultivateur, à Mirabel.
Barnier (André), cultivateur, à Bezaudun.
Barral (Antoine), cordonnier, à Dieulefit.
Barral (Lucien), cordonnier, à Framillon.
Barthelemy (Jean), cultivateur, à Chantemerle.

Barthélemy (Jean), menuisier, à Glardaye.
Basset (Pierre), cultivateur, à Sous-Pierre.
Bastide (Casimir), cultivateur, à Montélimart.
Battu (Etienne), maçon, à la Concourde.
Baudrand (Alexandre), contre-maître, à Bourg-lès-Valence.
Baume (Joseph), maréchal-ferrant, à Rognac.
Beaumont (Joseph), cultivateur, à Concourde.
Bec (Auguste), cultivateur, à Saint Gervais.
Bec (François), cultivateur, à Saint-Gervais.
Bêche (Charles), cultivateur, à Allez.
Bégond (Maurice), cultivateur, à Menglon.
Belle (Joseph), maçon, à Chanarscurson.
Bellier (Albert), sergent au 13ᵉ de ligne, à Valence.
Béranger (Jean-Pierre.), cultivateur, à la Beaume-Cornil-
    lanne.
Bermond (Louis-Hippolyte), instituteur.
Bermond (Raymond), bourrelier, à la Croix-Haute.
Bernard (Jean-Joseph), cultivateur, à la Rochette.
Berne (Antoine), cultivateur, à Mirmande.
Berthe (Pierre-M.), cultivateur, à Marmans.
Billard (Auguste), cultivateur, à Châteauneuf-de-Mazéac.
Blanc (Pierre), jardinier, à Combovin.
Blanchard (Antoine), domestique, à Alixou.
Boffart (François-Benjamin), maire de Chavannes.
Boffart fils, à Chavannes.
Bompart (François), cultivateur, à Suze.
Bonnet (Louis) fils aîné, maréchal-ferrant, à Combovin.
Bonnet (P.-Louis), cultivateur, à Combovin.
Bonnet (André), boulanger, à Derbiers.
Bosmegrand (Jean-Pierre), cultivateur, à Crupies.
Bouchard (Joseph), propriétaire, à Saint-Barthélemy-de-
    Vals.
Bouillanne (Julien), cafetier, à Montoison.
Bouillard (P.-Sébastien), tourneur, à Crest.
Bourgans (P.-Antoine), cordonnier, à Montélimart.
Bouthier, dit le Parisien, journalier, à Dieulefit.
Bouvier, instituteur, à Crest.
Boyer (Jean-Baptiste), cultivateur, à Chabrillan.
Brennal (Pierre), cultivateur, à Crupies.
Brès (André), cultivateur, à Combovin.
Brochier (Jean), cultivateur, à Grane.
Brochier (Jean), cultivateur, à Condillac.
Brochier (Pierre), cultivateur, à Grane.
Bronsard (Antoine), cultivateur, à Montoison.
Brun (Louis-D.), cultivateur, à Espeull.
Brunier (Antoine), maréchal-ferrant, à Saou.

Buisson (Jean-Pierre), cultivateur, à Mirmande.
Bunot (Auguste), sergent au 13e de ligne, à Valence.
Bussolin, cafetier, à Châtillon.
Caban (Claude), fils du maire de Suze.
Cailat (Joseph), à Labatie.
Caillet (Jean-Baptiste), tailleur de pierres, à Puygiron.
Caillot (Joseph), à Labatie.
Canot (Louis), aubergiste, à Saou.
Carré (Jean), propriétaire, à Chavans.
Cauré (Antoine), perruquier, à Chabeuil.
Cavet, à Bourdeaux.
Cerclerat (Jean-Jacques), menuisier, à Malissard.
César (Régis-Jean), maçon, à Manas.
Chabas (Joseph), cultivateur, à Jarasse.
Chabas (Jean-François), cultivateur, à Jarasse.
Chabert (Joseph), cultivateur, à Combovin.
Chaffois (Jean-Louis), cultivateur, à Autichamp.
Chaix (Joseph), cultivateur, à Autichamp.
Chaland (Jules), cultivateur, à Puygiron.
Chalavan (Joseph), propriétaire, à Eysahut.
Chamboucal (Louis), cultivateur, à Saulces.
Champion, épicier, au Bourg-du-Péage.
Chanal (Henri), bourrelier, à Montoison.
Chanal (Jacques), à Lachamp.
Chapus (Jean), instituteur, à Bourdeaux.
Chastel (Jean-Pierre), tisserand, à la Concourde.
Châtaignier.
Châtelet, chapelier, à Valence.
Chaudier (Jean-Pierre), cultivateur, à la Concourde.
Chauvin (Henri), cultivateur, à Crupies.
Chavagnac (Hippolyte), cultivateur, à Dieulefit.
Chavanet (Prosper), cordonnier, à Saint-Gervais.
Cheissière (Louis), cultivateur, à la Beaume-Cornillanne.
Cherfils (L.-Certrand), à Mirabel.
Chevalier (Jean-Antoine), cultivateur, à la Beaume-Cornillanne.
Chevalier (Jean-François), perruquier, à Châteauneuf-de-Mozon.
Chirouze (Pierre), cultivateur, à Montvendre.
Clément (Frédéric), cultivateur, à la Beaume-Cornillanne.
Clément (Jean-Louis), cordonnier, à Montvendre.
Colet (Jean-Pierre), tailleur, à Valence.
Collet (Jean-Pierre, cultivateur, à Valence.
Combe (Louis), à Montoison.
Comblafaux (Jean-Pierre), cultivateur, à Manas.
Comte, épicier, à Puy-Saint-Martin.

Comte, à Cliousclat.
Corbel (Casimir), ex-huissier, à Crest.
Cordel (Louis), cordonnier, à Dieulefit.
Cordet (André), cultivateur, à Cliousclat.
Coste (J.-Louis, tisserand, à Cliousclat.
Courbassier (M. Théophile), fileur, à Mirmande.
Courtois (Jean-Pierre), cultivateur, à Montelard.
Courty (Jean-Claude), à Cliousclat.
Crouson (Casimir), boisselier, à Manas.
Crozat (Jean), bourrelier, à Saint-Barthélemy-de-Vals.
Crozet (Victor), bourrelier, au Bourg-du-Péage.
Culty (Jean-Louis), homme d'affaires de M. Crémieux.
Dain (François), dit Troillon, à Marsanne.
Danjou, menuisier, à Crest.
Danson (Réné), dit Tanosseau, à Crest.
Dardel (Auguste), cultivateur, à Chamalat.
Darier, pharmacien, à Dieulefit.
Danthel (Al.-Adolphe), perruquier, à Montélimart.
Decès (Henri), cultivateur, à Montvendre.
Deffaisse (J.-Pierre), cultivateur, à Montelard.
Deffaysse (Jean), propriétaire, à la Beaume-Cornillanne.
Delègue (Joseph), propriétaire, à Piégros.
Delhomme (Jean), cultivateur, à la Roche-de-Glun.
Delhomme (Jean), ex-conseiller de préfecture, à Montméyan.
Deliant (Pierre), fabricant de balais, à Montélimart.
Deloulle (Antoine), tuilier, à Puygiron.
Demas, dit Musique, à Cliousclat.
Demas (Joseph), dit Graillon, à Cliousclat.
Desfonds (Jean), cultivateur, à Montméyan.
Devaux (Jean-Baptiste), cultivateur, à Montelder.
Didier (Elisée), cultivateur, à Combovin.
Doisy (Joseph), aubergiste, à Montélimart.
Dorellon (J.-Pierre), cultivateur, à Montméyan.
Dorellon (J.-Ferréol), instituteur, à Saint-Marcel.
Dorille (Louis), domestique, à Saou.
Dorille, (Joseph), domestique, à Saou.
Dourille (Henri), chef de station, à Crest.
Doux (Denis-François), aubergiste, à Rochegude.
Dumas (J.-Simon), cultivateur, à Cliousclat.
Durand (J.-François), chapelier, à Crest.
Durozet-Néry (Ant.-Edouard), médecin, à Montméyan.
Emery (François), cultivateur, à Châteauneuf-de-Maz.
Eraud (François), dit le Capitaine, à Montelard.
Evêque (J.-Louis), domestique, à Chabrillan.
Extran (Jean), cultivateur, à Combovin.
Eyme (François), tuilier, à Montvendre.

Eyraud (Antoine).
Fabry (P.-Daniel), menuisier, à Valence.
Fageol (Théodore), cordonnier, à Montboucher.
Faleti (Baptiste), tailleur de pierres, à Glandage.
Fallot (J.-Louis), cafetier, à Livron.
Faquin (J.-Pierre), cultivateur.
Farre (Denis)' boulanger, à Marsanne.
Faucon (Camille), clerc de notaire, à Montmeyran.
Faure (Joseph), presseur d'huile, à Montmeyran.
Faure (Pierre), cultivateur, à la Beaume-Cornillanne.
Faure (François), cultivateur, à Châtillon.
Favet (Jacques), cultivateur, à Mirmande.
Ferrand (Joseph), cultivateur, à Montalier.
Ferriol (Jean), cultivateur, à Chamaloc.
Flachaire (Florian), propriétaire, à Montboucher.
Flachaire (J.-Pierre), cultivateur, à Parjeran.
Fontbame (Simon), cultivateur, à Cliousclat.
Format (Antoine), cultivateur, à Omblèze.
Fourcheygu (Pierre), propriétaire, à Bourdeaux.
Freydier (Antoine), maréchal-ferrant, à Saint-Gervais.
Futtel, à Marsanne.
Gary (Louis), cultivateur, à St-Julien-en-Quint.
Gaude (François-Victor), instituteur, à Bonneval.
Gaudy (Victor), menuisier, à Châteauneuf-du-Rhône.
Gauthier (Adolphe), chef d'usine à Chabeuil.
Gauthier (Antoine), cultivateur, à Montclard.
Gauthier (Antoine), cultivateur, à Crest.
Gauthier (Joseph), cultivateur, à Montclard.
Gauthier (Auguste), cultivateur, à Marsanne.
Geneston (Casimir), tailleur de pierres, à Puygiron.
Genot, fils.
Gerente (François-Louis), à Labatie-Rolland.
Germain (Joseph), cultivateur, à Romans.
Gervis (Alphonse), à Lachamp.
Girard (Abel), négociant, à Montélimart.
Girard (J.-Auguste), négociant, à Sauzet.
Giraud (Morin).
Giraud (François), cordonnier, à Die.
Gonthier (J.-Louis), cultivateur, à Suze.
Gory (J.-Joseph), cultivateur, à Tessières.
Goutard (Théodore), cultivateur, à Boulieux.
Granjon (J.-Pierre), cultivateur, à Beaufort.
Granon (J.-Jacques), cultivateur, à Suze.
Gras (Camille), liquoriste, à Montélimart.
Gras (Cyprien), cordonnier, à Puygiron.
Grimaud (Jean), propriétaire, à Saint-Julien-en-Quint.

Grivel (Antoine), cultivateur, à Aouste.
Gros (Pierre), plâtrier, à Cléon-d'Audran.
Groubet (Henri), à Loriol.
Groubet (J.-Pierre), cultivateur, à Montmeyran.
Guémard (Joseph), à Créot.
Guercin (J.-Louis), serrurier, à Saillans.
Gueyraud (Pierre), cultivateur, à Hus-la-Croix-Haute.
Guigne (Antoine), cultivateur, à Rochegude.
Guiton (Nicolas), tisseur, à Crest.
Habrard (André), à Larnage.
Hausner (Jérôme), médecin, à Saint-Vallier.
Imbert (François), cultivateur, à Douzers.
Jardin (Joseph), menuisier, à Chabrillan.
Jaubert (Amédée), propriétaire, à Bourdeaux.
Jean (Florent), cabaretier, à Soyans.
Jossand (J.-David), à Saint-Julien-en-Quint.
Jourdan (Joseph), cordonnier, à Sous-Pierre.
Julien, ferblantier, à Loriol.
Jullian (Crépin-Ch.), instituteur, à Crest.
Lafond (Paul), cultivateur, à Piégros.
Lambert (J.-Henri), cultivateur, à Soyans.
Lambert (J.-Mathurin), cultivateur, à Soyans.
Lanthéaune (Jacques), cultivateur, à Montmeyran.
Lanthéaume (J.-Baptiste), cultivateur, à Montboucher.
Lanthéaume (Etienne), maçon, à Grane.
Larger (Victor), régisseur, à Saoux.
Larger (Charles), ébéniste, à Montélimart.
Lassagne (François), garde-champêtre, à Vannaveys.
Latard (François), domestique, à Montélimart.
Lattard (Toussaint), aubergiste, à Adriples.
Laurie (J.-Jacques), cultivateur, à Grane.
Laurie (Benjamin), horloger, à Dieulefit.
Lavier (Jean), cultivateur, à Chantemerle.
Lazare (Alexandre), cultivateur, à Puy-Saint-Martin.
Levet (Pierre), charron, à Livron.
Liotard (Casimir), cultivateur, à Crupies.
Lombard (Michel), cultivateur, à Grane.
Long (Pierre), cultivateur, à Montmeyran.
Lubac (François), cantonnier, à Mirmande.
Magnet (Joseph), cabaretier, à Pont-de-Barret.
Maillet (François), cultivateur, à Suze.
Manonas (Fabien), cultivateur, à Ancône.
Marce (J.-Pierre), cabaretier, à Emblize.
Marce (Jean), cultivateur, à Saint-Julien-en-Quint.
Marcel (J.-Louis), cultivateur, à Saoux.
Marcel (J.-Pierre), cultivateur, à Crupies.

Marcel (Pierre), propriétaire, à Crupies.
Marmy (J.-Louis), dit Baptiste, à la Roche-de-Glun.
Martin (J.-François, garde-champêtre, à Crupies.
Martin (Louis), cordonnier, à Beaufort.
Masserol (J.-Pierre), cultivateur, à Montmeyran.
Matton (J.-Antoine), cafetier, à Luc-en-Divis.
Mercier (Joseph), tailleur d'habits, à Montélimart.
Merlin-Dupré (Jacques), cafetier, à la Concourde.
Mestron (Casimir), perruquier, à Grave.
Molinier (Faustin-L.), sergent au 13e de ligne, à Valence.
Moncheaux (J.-Pierre), cultivateur, à la Beaume-Cornillanne.
Moniet (Joseph), boulanger, à Bourdeaux.
Montal (Louis), marinier, à Donzers.
Montarnal (Jean), fusillier au 13e de ligne, à Valence.
Montassu (Alexandre), cabaretier, à Lomans.
Motte (Daniel), propriétaire, à Saint-Roman.
Mottin (J.-Fleury), à Valence.
Mourgaud (Antoine), propriétaire, à Sous-Pierre.
Moulin (Louis), cultivateur, à Bourdeaux.
Mouton (Casimir), tailleur, à Manas.
Nalpowich (Joseph, menuisier, à Saoux.
Nivet (Gilbert), charron, à Pont-de-Barret.
Nogaret (J.-François), propriétaire, à St-Barthélemy-de-Vals.
Novat (J.-Laurent), tuilier, à Hautereines.
Nublat (François), tisserand.
Nublat (Pierre), charron.
Oddon (François), cultivateur, à St-Roman.
Odoard (Henri), à Valence.
Pascal (François), à Cliousclat.
Pascal (Joseph), à Cliousclat.
Pascal (Auguste), à Cliousclat.
Pastory (Alexandre), à la Roche-de-Glun.
Patonnier (Etienne), cordonnier, à Bourdeaux.
Pazin (Eugene-François), cafetier à Montélimart.
Pellegrin (Frédéric), cultivateur, à Sauzet.
Pellegrin (J.-Louis), cultivateur, à Sauzet.
Pellerin (Régis), cafetier, à Valence.
Perpoint (Jean) fils, propriétaire, à Châteaudouble.
Perossier (Pierre), aubergiste, à Mercurol.
Perret (P.-Gabriel), commis d'assurances, à Valence.
Perrier (Louis), sergent au 13e de ligne, à Valence.
Perrier (Aug.-Elie), cultivateur, à la Beaume-Cornillanne.
Perrier (Louis-J.), cultivateur, à Grave.
Perrin (L.-Bonnet), tisserand, à Puygiron.
Petit (Benoît), quincaillier, à Bourdeaux.
Peysson, dit Grane.

Philippon (Joseph), tailleur, à Montélimart.
Pic (Daniel), cultivateur, à Manas.
Pichon (François), caporal au 13e de ligne, à Valence.
Piel (Julien), sergent au 13e de ligne, à Valence.
Pinet (Jacques), propriétaire, à Chabrillant.
Pipal (Antoine), cultivateur, à Donzers.
Planel (J.-Etienne), instituteur, à Félimes.
Planel (François), cultivateur, à Combovin.
Plêche (A.-Etienne), maire de Crupiès.
Point (J.-Pierre), cordonnier, à Beaumont.
Pons (Auguste), charron, à Châteauneuf-de-Maze.
Portier.
Ponpon (Pierre), cultivateur, à Marsanne.
Régnier (André), cultivateur, à Manans.
Rey (Baptiste), maréchal-ferrant, à Chavannes.
Reynaud (Antoine), propriétaire, à Glandage.
Reysset (Antoine), chef cantonnier, à Glandage.
Richard (Jacques), ex-maire de Saint-Andéol-en-Quint.
Rigaud (Jean-Pierre), propriétaire, à Savsse.
Robert (François-Sylvestre), fabricant d'allumettes, à Romans.
Robert (Paulin), cordonnier, à Manas.
Roche (Isaac), moulineur en soie, à Bourdeaux.
Rolland (Jean-Louis), cultivateur, à Saint-Julien-en-Quint.
Romezat (Joseph), marchand de fruits, à Montélimar.
Rori (Jean), conseiller municipal, à Luz.
Rosier (Paulin), clerc de notaire, à Bourdeaux.
Rougit (Siméon), aubergiste, à la Croix-Haute.
Roussin (Etienne), chaufournier, à Manas.
Roussin (Antoine), cultivateur, à Pont-de-Basset.
Roustan (François), trilleur, à Dieuleifi.
Rouveyre (Joseph), cultivateur, à Mirmande.
Rouveyre (Alexis-Louis), propriétaire, à Romans
Rouvier (Pierre), cultivateur, à Dieulefit.
Roux (Auguste-François), cordonnier, à Saint-Julien-en-Quint.
Roux (dit Lapierre), maçon, à Châtillon.
Roux (Antoine), tisserand, à Loriol.
Rouy (Auguste), maréchal-ferrant, à Soyans.
Salle (Louis), cultivateur, à Vannaveys.
Sarraillon (François) fils, cultivateur, à Chavannes.
Sarraillon (Jean-François) père, cultivateur, à Chavannes.
Sausse (Louis-Ferdinand), sergent au 13° de ligne, à Valence.
Sausse (Léon), graveur sur métaux, à Valence.
Sauvageon (Joseph), cultivateur, à Vannaveys.
Savet (Jean-Louis), chapelier, au Bourg-de-Péage.
Sayn (Simon), propriétaire, à Montmeyran.
Serre (Jacques), cantonnier, à Mirmande.

Servian (Jean-Pierre), cultivateur, à Montmeyran.
Silliac (Henri), maçon, à Montélimar.
Silliac (Pierre), maçon, à Montélimar.
Simard (Hiacynthe), cultivateur, à Grâne.
Souchard (Adolphe), cultivateur, à Chabeuil.
Souchard (Pierre), cultivateur, à Montmeyran.
Soulier (Frédéric), domestique, à Roynale.
Sylvestre (Jacques), cultivateur, à Chavannes.
Sylvestre (Jacques) père, cultivateur, à Chavannes.
Talon (Jacques), cultivateur, à Grave,
Tardieu (Félicien), tailleur de pierres, à Puygiron.
Tardieu (Joachim), tailleur de pierres, à Puygiron.
Tarel, cultivateur, à Chantemerle.
Tauril (Jean-André), cultivateur), à Bourdeaux.
Terras (Jean-Jacques), cultivateur, à Montélimar.
Terras (Jean-Pierre), cultivateur, à Montélimar.
Testier, à Gliousclat.
Thibaud (Pierre), cultivateur, à Montiorson.
Tivolet (Adrien), cultivateur, à Suze.
Topie (Jean-André), tailleur de pierres, à Puygiron.
Topie (Jean-Baptiste, tisserand, à Puygiron.
Topie (Louis), tuilier, à Puygiron.
Tratte (Antoine), cultivateur, à Montmeyran.
Tutier (Pierre), cultivateur, à la Beaume-Cornillanne.
Ulrich (Thiébaut), commis négociant, à Monswiller.
Valette (Charles-Félix), cordonnier, à Châteauneuf-du-Rhône.
Vattelier (François), propriétaire, à Mereurol.
Vattelier (Jean), domestique, à Chavannes.
Vernet fils, employé au parquet d'Alger à Bourdeaux.
Viret, clerc d'avoué, à Die.
Wisocki, employé des ponts et chaussées, à Valence.

CHAPITRE XXXII.

EURE.

Peu ou point de renseignements sur ce département, sinon une liste de victimes connues bien restreinte, dont voici les noms :

Anselin (Pierre), à Vernon.
Aroux (Félix), ancien commandant, à Montanne.
Asselineau (Léon-Auguste, libraire, à Pacy.

Avignon de Morlac (Achille), avocat, à Verneuil.

Barguet.

Bonhomme, maître clerc d'avoué, à Evreux.

Carpentier, peintre, à Goupillières.

Cheval (Auguste), employé, à Evreux.

Chevrel (Maxime), menuisier, à Pacy.

Davy, ex-constituant, à Evreux.

Fléau, avoué, à Evreux.

Gavelle (Jean-Pierre), serrurier, à Evreux.

Grandin (Françio), ouvrier de fabrique, à Fleury-sur-Andelise.

Grosfillay (Claude-François) médecin, à Nonancourt.

Houllier (Edmodd), à Evreux.

Hubert (Julien), géomètre.

Imbert (Philibert), cordonnier, à Pont-Audemer.

Lefort (Jean-Marie), peintre, à Nonancourt.

Martin la-Rivière.

Messier (Victor), menuisier, à Pacy.

Monteil (Charles-Constant), cultivateur, à Saint-Germain-la-Campagne.

Papon (Alexandre), avoué, à Evreux.

Papon (Ernest), négociant, à Evreux.

Soyer (Charles-Louis), mécanicien, à la Chapelle.

Verney, président du tribunal d'Evreux.

Viret (Charles), cordonnier, à Pacy.

CHAPITRE XXXIII.

EURE-ET-LOIR.

Légère agitation à Chartres et à Nogent-le-Rotrou. — Quatre citoyens poursuivis. — Pas d'autres renseignements.

Leclair (Joseph-Alfred), clerc d'huissier, à Saint-Lubin-des-Joncherest.

Legrand (Jean-Honoré), menuisier, à Piat.

Letellier (Charles-Frédéric), tisserand, à Saint-Lubin-des-Joncherest.

Menou, fermier, à Chartres.

CHAPITRE XXXIV.

FINISTÈRE.

Ce département ressemble en tous points à celui des Côtes-du-Nord, — Mêmes éléments. — Même attitude. — Une arrestation connue. — Voila le bilan.

Lombard (Antoine), à Brest.

CHAPITRE XXXV.

GARD.

Résumé des événements : Le 4 décembre, Vauvert, Cordognan et Langlade donnent l'exemple du soulèvement. — Boncoiran, Ners, Parignargues et Fons se soulèvent également. — Marche sur Nîmes. — Vive émotion dans la ville. — La troupe va à la rencontre des républicains. — Ces derniers se débandent sans combat. — Tentative d'attaque sur Uzès. — Jonction des républicains de Saint-Chaptes, Lussan et de Saint-Laurent-Laremède avec ceux de Larnac. — L'attitude menaçante de la troupe les empêchent d'agir. — Ils se dispersent. — L'arrondissement d'Alais se remue. — Saint-Jean-du-Gard, Gaujac, Boisset, Miollet, Ribaute, Anduze, Lédignan, Bogard et beaucoup d'autres communes ont pris les armes. — La gendarmerie est désarmée à Quissac. — La troupe écrase partout les soldats du droit. — Les mauvaises nouvelles de Paris contribuent à faire cesser la résistance. — Bon nombre de victimes.

LISTE APPROXIMATIVE DES VICTIMES.

DÉPORTÉ A CAYENNE.

Bourelly, aubergiste, à Alais.

AFRIQUE. — EXIL. — INTERNEMENT. — PRISON.

Arnaud (Jean), cafetier, à Durfort.
Aubanel (Maurice), homme de lettres, à Lassalle.
Barès (Pierre), maçon, à Quissac.
Béchard (Jules), cultivateur, à Ledignon.
Boissier (Alphonse-Henri), cultivateur, à Lognon.

Bonnel (Auguste-Jacques), instituteur, à Redegnan.
Cabanis (Pierre), à Fons.
Carrieu fils, médecin à Ledignan.
Cavalier (Louis-Charles), instituteur, à Saint-Marcel-du-Fons-
 Pierre.
Chastanier de Boisset (Louis), maire de Lusson.
Chemillion, peintre, à Nîmes.
Compan (Jean-Antoine), cultivateur, à Maruéjols.
Condongnan (Adolphe) négociant, à Alais.
Delord (François-Antoine), clerc de notaire, à Alais.
Ducamp (Eugène), propriétaire, à Vazenobre.
Dumas (Samuel), sabotier, à Saint-Mamers.
Durand (Louis), cultivateur, à Lezans.
Esperandieu (Louis), aubergiste' à Ribaut.
Favand (Casimir), à Alais.
Foissac (François), perruquier. à Aigremont.
Gras (Eugène), à Barsol.
Gras (Félix), maçon, à Anduze.
Houtier (Jean), joaillier, à Nîmes.
Julien (Gabriel), à Sanne.
Lafont (Paul), cultivateur, à Cassagnole.
Lange (Jean-Baptiste), médecin, à Vauvert.
Larrey (Ulysse), médecin, à Montfuin.
Laurent (Jules), cultivateur, à Anduze.
Lebois (Louis), à Beaucaire.
Malaval (Antoine), cultivateur, à Boïsset.
Mejean (Pierre), tailleur, à Mialet.
Mouret (Pierre), à Dannesargues.
Mourgues (Jacques), tailleur, à Logrian.
Pallier (Auguste), cordonnier, à Logrian.
Plantier (Auguste), cordonnier, à Mialet.
Roche (Samuel), maçon, à Saint-Mamert.
Rose (Pierre-Marie), menuisier, à Alais.
Roux (Jean), cultivateur, à Gardet.
Teissier (Auguste), journalier, à Mialet·
Véran (Berthomy), cafetier, à Saint-Laurent.
Viaud (Jean), cafetier, à Vauvert.
Vigier (Louis), tuilier, à Saint-Ambroise.
Vigne (André), garde champêtre, à Mialet.

CHAPITRE XXXVI.

GARONNE (HAUTE).

Résumé des événements : Le 4 décembre une protestation signée par 60 républicains est répandue dans Toulouse. — Cette protestation produit une grande sensation. — Des groupes considérables se portent sur l'Hôtel-de-Ville. — Un aide-de-camp est assailli par le peuple. — L'artillerie braque ses canons sur les places publiques. — Des charges de cavalerie s'opèrent et dispersent les groupes. — De nombreuses arrestations sont faites dans la nuit. — Fin de la résistance.

LISTE DES VICTIMES CONNUES.

AFRIQUE. — EXIL. — INTERNEMENU. — PRISON.

Abadie (Joseph), à Toulouse.
Abadie (Jean-Baptiste), à Toulouse.
Achard (Marie), journaliste, à Toulouse.
Alba, cordier, à Gardouche.
Albert (Dominique), limonadier, à Muret.
Amiel, à Toulouse.
Bauguel, ex-préfet, à Toulouse.
Bayard (Dominique), géomètre, à Muret.
Beaudéau (Aristide), à Toulouse.
Beaux (Jean), à Toulouse.
Belon, tailleur, à Villenouvelle.
Berét (Raymond). cordonnier, à Toulouse.
Berrat (Antoine), plâtrier, à Muret.
Bonnassiole (Jean), à Toulouse.
Bordes, à Toulouse.
Broussouse (Jean), huissier, à Muret.
Brun.
Capdeville (Jacques), cordonnier, à Muret.
Carolis (François-Jean), à Toulouse.
Cartier (Louis), teinturier, à Toulouse.
Cassan (Jean), à Toulouse.
Castex (Jacques), à Toulouse.
Cau (André), à Toulouse.
Cazelas (Paul), à Toulouse.
Cazeneuve (François), journaliste, à Toulouse.
Cazeneuve, praticien, à Villenouvelle.
Chauroux, boucher, à Caraman.
Chauvin (Eugène), marchand quincaillier, à Toulouse.
Clair (Simon), à Toulouse.

Condom, à Toulouse.
Crubailles (Paul), journaliste, à Toulouse.
Debernat (Bernard), médecin, à Toulouse.
Dubernat (François), à Toulouse.
Dubernes (Jean), tourneur, à Muret.
Duportal (Armand), journaliste, à Toulouse.
Durand (Guillaume), à Toulouse.
Estrade (Jean), à Toulouse.
Fox, à Toulouse.
Gaillard (Gabriel), à Toulouse.
Garde (Jacques), tailleur, à Muret.
Germier, praticien, à Villenouvelle.
Godoffre (Henri-Noël), à Toulouse.
Gottreux (Alphonse), à Toulouse.
Janot (Isidore), journaliste, à Toulouse.
Jerla (Jacques), à Toulouse.
Koulinski (Henri), à Toulouse.
Laflèche, phaemacien, à Caraman.
Lafont (Guillaume), à Toulouse.
Lange, à Toulouse.
Lavigne (François), à Toulouse.
Laygues (Armand), à Toulouse.
Loubeau (Bernard), carrossier, à Toulouse.
Lucet (Marcel), journaliste, à Toulouse.
Melet (Philippe), maçon, à Muret.
Mendement (Michel), à Toulouse.
Mondomis.
Monnié (Frédéric).
Moré (Clément), huissier, à Muret.
Montfraix, à Calmont.
Mulé (Aimé), ex-constituant, à Toulouse.
Noyès (André), cultivateur, à Seyres.
Pebernat.
Pech (Pierre), à Toulouse.
Pégot-Ogier (Jean-Baptiste), ex-constituant, à Toulouse.
Pellegry, négociant, à Saint-Bernard.
Pitorre, propriétaire, à Caraman.
Ratviel, à Toulouse.
Rey, commissaire priseur, à Toulouse.
Rivière, ouvrier, à Toulouse.
Rolland (Etienne), à Toulouse.
Saint-Gresse, avocat, à Toulouse.
Sondom, à Toulouse.
Tachoire, journaliste, à Toulouse.
Talour (Thomas), à Toulouse.
Taupiac, dit Mirandol, à Toulouse.

Troy (Antoine), A Toulouse.
Turon (Jacques), chèvrier, à Muret.
Vidal (Laurent), à Toulouse.
Vincent (Pierre), épicier, à Muret.
Weillé (Barthélemy), à Toulouse.

CHAPITRE XXXVII.

GERS.

Résumé des événements : le 3 décembre, proclamation des autorités. — Vive émotion dans la ville. — Le journal *l'Ordre* proteste contre cette nouvelle désastreuse. — Les républicains influents se réunissent dans les bureaux du journal *l'Ami du peuple*. — La résistance au coup d'Etat est décidée. — Les uns veulent soulever la population immédiatement. — D'autres, plus timides trouvent cette résolution intempestive. — Le citoyen Victor Prieur réunit et entraîne la majorité à cette dernière considération. — Néanmoins une protestation assez vive, engageant les républicains à se tenir prêts, est signée sur le champ par 64 membres présents. — Au moment où cette résolution se signe, les plus énergiques de la réunion reviennent à la charge, et poussent à une résistance armée immédiatement. — Le citoyen Benjamin Gastineau se range complétement à cet avis. — Le citoyen Victor Prieur quitte la réunion ainsi que plusieurs autres. — Après leur départ on décide d'envoyer un mot d'ordre à tous les affiliés du département. — Il consiste à prendre les armes et à marcher sur Auch. — L'autorité est inquiète. — Le commissaire de police se présente aux bureaux de *l'Ami du peuple*. — Il est reçu par de vives protestations. — Victor Prieur indigné, suit le commissaire de police à la mairie, et, en présence de toutes les autorités réunies, une vive altercation s'engage entre le procureur de la République et lui. — Il répond à ce premier qui se prévaut de sa qualité de magistrat : « Vous n'êtes plus que le magistrat d'un magistrat déchu. » — Nuit assez calme. — Le lendemain, 4 décembre, une réunion de républicains modérés se tient dans les bureaux du *Démocrate*. — On y remarque deux anciens constituants, les citoyens Alem-Rousseau et Th. Boubée. — Au même instant une seconde réunion se tenait au journal *l'Ami du peuple*. — Un appel aux armes y est imprimé. — On l'affiche. — Des groupes nombreux se forment. — Quatre escadrons du 6ᵉ hussards sont sous les armes. — A onze heures le commissaire de police fait une descente aux bureaux du *Démocrate* pour y opérer la saisie de la protestation. — La rue est encombrée de républicains. — Le citoyen Alem-Rousseau, debout sur la porte d'entrée, veut empêcher le commissaire de pénétrer. — Le commissaire n'insiste pas et retourne auprès du procureur. — Ce dernier prend la résolution d'y aller en personne, en se faisant accompagner d'un escadron de hussards, commandé par le capitaine Michel. — Le capitaine de gendarmerie et le juge de paix Tarbourich se joignent à lui. — Sur le passage de la colonne des républicains crient : *Vive la Constitution ! Vivent les hussards !*—Le citoyen Alem-Rousseau, toujours en sentinelle devant les bureaux du *Démocrate*, harangue le peuple. — Sommé de se retirer, il refuse et dit : « Je proteste au nom de la loi ! » — Le procureur parle de l'obéissance qu'il doit aux magistrats. — « Si vous êtes magistrat, répond-il, votre devoir est de faire respecter la loi fondamentale du pays, la Constitution ; si vous trahissez ce devoir, vous n'êtes plus rien, vous êtes déchu de vos fonctions ! » — Les agents de police se jettent sur lui et tentent de l'arrêter. — Il résiste. — Son habit est percé d'un coup de sabre. — Il se dégage toujours en protestant. — « Citoyens, soldats, magistrats, officiers, peuple, je vous rappelle tous au respect de la loi ! » s'écrie le républicain Alem-Rousseau. — Le procureur fait les sommations. — Une charge est ordonnée. — L'escadron tout entier s'élance. — La foule fuit en désordre. — Quelques pierres sont lancées sur la troupe. — Un hussard fait feu. — Le citoyen Alem-Rousseau tombe renversé sous les pieds des chevaux. — On saisit les numéros du *Démocrate*. — Sur la place de l'Hôtel-de-Ville le procureur est entouré de groupes nombreux qui crient : *Vive la République !* — Le commissaire, suivi d'un détachement de hussards se dirige vers les bureaux de *l'Ami du peuple* pour y saisir la proclamation. — Un coup de feu retentit. — Il est tiré d'une fenêtre. — Un gendarme riposte.— M. Louis Solon, officier en congé se joint à la troupe, brise la fenêtre et s'élance à l'intérieur. — On le suit. — Un fusil déchargé est trouvé sur le parquet. — L'agitation redouble. — De nouveaux cris de : *Vive la République! à bas les les hussards!* se font entendre. — Les plus intrépides se décident à descendre en armes dans la rue. — L'ancien commandant de la garde nationale donne l'exemple. — Les républicains Arexy, B. Gastineau et d'autres se joignent à lui. — Ils traversent la ville en criant : *aux armes!* — Sur la place de l'Hôtel-de-Ville la cavalerie fait des évolutions pour contenir la foule. — Une députation du peuple n'obtient rien des autorités. — On apprend tout à coup l'arrivée aux portes de la ville des républicains de la campagne. — Le capitaine Michel est envoyé avec un détachement de hussards, en reconnaissance. — Le tocsin sonne dans cinquante villages à la fois. — Vic-Fezensac vient de prendre les armes. — Le citoyen Cassaët est à la tête du mouvement. — Le soulèvement a lieu également à Jégun. — Le notaire Lagrave soulève l'Ile de Noé et rallie sur sa route une foule de combattants.— Bassoues imite le mouvement. — Le colonel Courby de Cognord se dirige à son tour, à la tête de tout un escadron à l'entrée du faubourg où les paysans sont concentrés. — Une suspension d'armes est convenue entre les autorités et le délégué du peuple, Victor Prieur.— On envoie des vivres aux républicains en armes. — On cherche des deux côtés à éviter l'effusion du sang pour le lendemain. — Les républicains se disposent à allumer des feux de bivouac. — Une fusillade se fait entendre en tête de la colonne. — C'est la troupe qui, malgré la convention commence le feu sur l'ordre du colonel Courby de Cognord. — Elle vient de faire une décharge générale de carabines. — Elle s'élance ensuite au galop, colonel en tête. — Les paysans ripostent. — Ils se jettent sur les deux côtés de la route et s'abritent derrière les talus. — Leur feu devient meurtrier. — Le colonel

6

Courby de Cognord est blessé, ainsi que le chef d'escadron Delaloge.
— Le major Dufau tombe également. — Les hussards poussent une
charge de plus de 500 mètres. — Les paysans épouvantés prennent
la fuite dans toutes les directions.— Les hussards sont victorieux,
malgré des pertes sérieuses qui montent à 24 hommes et 12 chevaux tués ou blessés. — Un prisonnier, le citoyen Virginat est sabré
pendant le trajet par les hussards. — Les républicains des villes et
des campagnes semblent désespérés après cette lutte. — Les visites
domiciliaires ont lieu toute la nuit. — Les citoyens B. Gastineau et
Viollet sont arrêtés. — Pendant ce temps la ville de Fleurance prend
les armes. — Prise de la mairie. — Une barricade est construite à
l'entrée de la route d'Auch. — Arrivée de la malle-poste. — Le nouveau préfet du Gers, M. de Lagarde et le sous-préfet de Bayonne sont
parmi les voyageurs. — Ils sont arrêtés par les défenseurs de la Constitution. — Ils sont traités avec beaucoup d'égards. — Arrivée de
M. Lacoste, sous-Préfet de Lectoure, ainsi que le procureur de la République et le juge d'instruction. — Les républicains sont l'arme au
bras sous les arceaux de la place. — Le sous-préfet Lacoste va droit
au tambour, l'empoigne au collet et le somme de faire le roulement
qui précède les sommations. — Le tambour, peu courageux,
obéit. — La voix de M. Lacoste est malheureusement écoutée. —
Les républicains déposent les armes et délivrent les gendarmes. —
Un détachement de hussards arrive pour appuyer le sous-préfet. —
Les arrestations sont nombreuses. — « L'ordre règne à Fleurance. »
— Les républicains sont conduits en masse à Lambessa. — Mirande
est très-agité. —'Dans la soirée du 4, 50 à 60 républicains se
réunissent au café Pech. — Tous les hommes connus assistent à cette
réunion. — Ils prennent la résolution de faire arrêter pour le lendemain toutes les autorités. — Le sous-préfet Grabias, mal renseigné·
est surpris par le soulèvement. — A sept heures du matin le tocsin
retentit et deux tambours battent la générale. — Quatre républicains
connus, les citoyens Boussés, Pascau, Passama et B. Lasserre sont
sur la place. — Ils s'emparent de la mairie. — Un nouveau groupe de
républicains arrive. — Il est commandé par un jeune homme très-
courageux, du nom d'Eugène Terrail. — Il frappe à la porte de la
sous-préfecture. — Le sous-préfet paraît ceint de son écharpe. —
Quelques personnes l'escortent. — « Au nom du peuple, dit Terrail,
je vous somme de vous joindre à nous pour défendre la Constitution.»
— « Je n'ai pas de sommation à recevoir de vous, vous êtes en ré-
bellion, et mon devoir est de réprimer l'émeute, reprend le sous-
préfet. — Aussitôt, Terrail s'écrie : — « Bien ! vous vous rendez com-
plice du Président; je vous arrête, au nom du peuple; suivez-moi à
la mairie ! » En même temps il le saisit par son écharpe. — Un coup
de pistolet part et le sous-préfet est blessé. — On le cache dans une
maison voisine. — Le penple enfonce une fenêtre et se précipite dans
l'intérieur de la sous-préfecture. — Le citoyen Boussés est acclamé à
l'unanimité par les républicains, comme sous-préfet. — La retraite de
M. Grabias est découverte. — Les défenseurs du droit lui ordonnent
de crier : *Vive la Constitution !* — Il obéit. — Il est conduit sous bonne
escorte à la maison d'arrêt. — MM. Daste, juge d'instruction, Chevert,
procureur de la République et Laurent, substitut sont également arrêtés. — Le citoyen Passama est acclamé comme nouveau maire. —
Les républicains songent à se fortifier. — Des barricades sont élevées

sur tous les points de la ville. — Une barricade formidable commande le pont de la Baïse.—Arrivée d'un détachement de hussards.—Le juge de paix de Mirande, M. Comte, l'accompagne. Le cri *aux armes!* fait accourir un nombre considérable de républicains. — B. Lasserre prend le commandement de la barricade du pont de la Baïse. — Un colloque s'établit entre le chef de la troupe et Lasserre. — Il n'aboutit à rien. — La troupe bat en retraite et retourne à Auch. — Rencontre sur la route entre deux brigades de gendarmerie et les paysans des communes de Pouy-le-Bon et Saint-Christan, lesquels, au son du tocsin, arrivent à Auch pour la défense de la Constitution. — Quelques gendarmes sont blessés et les autres faits prisonniers. — Le sous-préfet de Bayonne revient. — Il est fait prisonnier. — Prise de la poudrière. — On fabrique des cartouches. — Pendant la journée du 4, le soulèvement a lieu dans presque toutes les communes de l'arrondissement. — Les citoyens Breuil et Laporte soulèvent Masseube. — Ils s'emparent de la mairie et des gendarmes. — Le tocsin rallie toutes les communes environnantes. — Les villages faisant partie des cantons de Mirande, Montesquiou et Miélan prennent les armes. — Le chef-lieu de canton Marciac suit le même exemple. — Pendant toute la journée les paysans ne cessent d'arriver en masse à Mirande. — Le chiffre des défenseurs de la Constitution s'élève à plus de 6000 citoyens. — N'ayant plus rien à faire à Mirande, les républicains influents décident qu'il faut marcher sur Auch. — B. Lasserre, Boussés, Pascau, Passama et d'autres prennent la tête des colonnes. — Le préfet, averti, prend ses mesures de défense. — Arrivée de Toulouse d'un bataillon de chasseurs à pied et de plusieurs batteries d'artillerie. — Le découragement commence. — 800 républicains de Merciac battent en retraite. — Les chefs républicains tiennent conseil. — Les uns veulent résister. — Les autres sont pour la soumission. — Les citoyens Boussés, Pascau, Passama et Lasserre prennent la résolution de ne pas fuir, et de prendre la responsabilité du mouvement. — Ils annoncent cette résolution au peuple. — Ils ordonnent la démolition des barricades et la mise en liberté des personnes incarcérées. — Ils se constituent prisonniers. — Trop de confiance. — Ils sont récompensés par l'Afrique. — Entrée des troupes dans Mirande. — Arrestations en masse. — Pendant ce temps, les républicains de Condom s'étaient soulevés. — Les citoyens Lamarque, Dallmième et Delair prennent la tête du mouvement. — Ils somment les conseillers municipaux de céder la pce.—Ces derniers obéissent.—Prise de possession de l'hôtel-de-ville. — Déchéance des autorités, décrétée en vertu de l'art. 68 de la Constitution. — Prise de la sous-préfecture. — Le lendemain, apprenant que tout était fini à Paris, les républicains déposent les armes. — Desarmement général du département. — Représailles de la part des soldats. — Le citoyen Soumabielle essayant de fuir est abattu par un coup de fusil. — Plus de 2000 républicains arrêtés. — Des villages entiers dépeuplés. — Déportation en masse.

LISTE DES VICTIMES CONNUES.
CONDAMNÉS A MORT.

Cantaloup, vétérinaire, à Mirande.
Pujos, forgeron, à Vic-Fezensac.

Dupont (Elisa), demoiselle, limonadière, à Auch.

Afrique. — Exil. — Internement. — Prison.
Abadie (Joseph), à Saint-Lary.
Abadie (Pierre-J.), ébéniste, à Condom.
Abeilhé, à Montesquiou.
Agut (Bernard), cultivateur, à Bairan.
Agut (Jean) père, cultivateur, à Bairan.
Alem-Rousseau, ex-constituant, à Auch.
Alonzo (Just.), dit Louis, à Masseube.
Arexi, journaliste, à Auch.
Arnaudy (Pascal), cordonnier, à Mirande.
Arrivets (Martin), à Auch.
Aylies (Joseph), fabricant de casquettes, à Fleurance.
Bacqué (Alexandre), propriétaire, à Castelnaret.
Bacqué (Baptiste), cultivateur, à Condom.
Bacqué (Jean), charpentier, à Marciac.
Bajon (Michel) fils, épicier, à Gondrin.
Barbé (Jean-Baptiste), à Mirande.
Baron (Barthélemy), maire de Pouy-le-Bon.
Bartares (Noël), cultivateur, à Casteron.
Bartharès (Jean-Marie), propriétaire, à Jegun.
Baylet (Joseph), tuilier, à Condom.
Bazax (Joseph), propriétaire, à Bezolles.
Bazax (Pierre), menuisier, à Justian.
Béchon (François), propriétaire, à Bonus.
Bères, médecin, à Castelnau-d'Auzun.
Bergès (Jean), à Barran.
Bergès (Joseph), boulanger, à Mirande.
Bessagnet (Jean-Joseph), graveleur, à Marciac.
Bilières (Joseph), négociant, à Coursenson.
Blanc (Joseph), cultivateur, à Banagnon.
Blousson (Louis), boulanger, à l'Ile-de-Noé.
Bondonnet (François), à Barran.
Bordère (Augustin), propriétaire, à Montfort.
Bordère (Auguste), sans profess, à Puissental, comm. de Homps.
Bordes (Théodore), tisserand, à Jegun.
Boubée (François), ex-constituant, à Auch.
Bousquet (François), tisserand, à Marciac.
Boussès, avocat, à Mirande.
Branna (François), tisserand, à Maciet.
Breuil, à Masseube
Breuils (Orens), aubergiste, à Lassauvetat.
Brisset (Jean), boulanger, à Lupiac,
Brune (Hippolyte), jardinier, à Condom.

Cabos (Joseph), propriétaire, à Bassoues.
Cadours (Jean), tailleur, à Mauvezin.
Cadours (Louis), coutelier, à Mauvezin.
Campardon (Charles), cafetier, à Seissan.
Canteloup, avocat, à Auch.
Carrier (Henri), cordonnier, à Saint-Clair.
Cassaët, à Vic-Bezensac.
Castagnel (Pierre), épicier, à Correnson.
Castaing (Jean), serrurier, à Condom.
Castera (Pierre), cultivateur, à Montbert.
Caubet, journaliste, à Auch.
Caussade fils, à Saint-Christagd.
Chabaud (François), sans profession, à Clary-le-Bon.
Chabrière (Joseph), mégissier, à Vic-Fézensac.
Chalons (Omer), carrier, à Mirande.
Chaubin (Pierre), à Caillau.
Clausale (Léon), étudiant, à Marciac.
Claverie (Jean), ancien maire de Saint-Médard.
Comminge (Pierre), à Auch.
Conté, menuisier, à Auch.
Corby (Joseph), maçon, à Fleurance.
Corrèges (Jean), cultivateur à Pouy-le-Bon.
Cortade (Jean-Marie), charron, à Ségur.
Couget (Jean-Joseph), cultivateur, à Bisan.
Cougomble (Pierre), instituteur à Saint-Michel.
Coulan, à Biran.
Courtrade (Augustin), charpentier, à Vic-Fesenzac.
Dagé, avocat, membre du conseil général, à Miélan.
Dalas (Joseph), praticien, à Auch.
Dassis (Gabriel), chiffonnier, à Auch.
Daulhiéme (Jean-Baptiste), avocat, à Condom.
Daussos (Henri-Joseph), ex-commandant de la garde natio-
    nale d'Auch.
Delair, professseur, à Sondom.
Délas, dit comté, charpentier, à Auch.
Delfès (Edouard), marchand drapier, à Mirande.
Delsol, à Mirande.
Despaux (Maurice), cultivateur, à Saint-Justinien.
Desplats (Louis), fils, à Miélan.
Doazan (François), cantonnier, à Fleurance.
Donau (Augustin), ancien militaire, à Mirande.
Druillet (Anselme) à Auch.
Dubert (Raphin) à Roquefort.
Dublanc (Nicolas), manœuvre, à Mirande.
Duchen (Guillaume), chiffonnier, à Condom.
Dufour (Jean-Baptiste), charron, à Pouy-le-Bon.

Dugarson (Guillaume), propriétaire, à Condom,
Dumoulin (Louis), propriétaire, à Lectoure.
Dupetit, banquier, à Auch.
Duputz (Edouard), ex-représentant du peuple, à Auch.
Dupux (Auguste).
Dupuy (Raphaël), clerc d'avoué, à Condom.
Dur (Bernard), maçon, à Mirande.
Duran (Eugène), commis voyageur.
Durand (Joseph), cafetier, à Condom.
Dutrey (Louis), à Barran.
Duville (Jean), menuisier, à Auch.
Esquinance (François), menuisier, à Masseube.
Estingoy (Bertrand), cultivateur, à Castillon-Massas.
Faure, à Auch.
Faurès (Bernard), perruquier, à Auch.
Final, à Ordan-Larroque
Foget (Jean-Marie), cultivateur, Préneron.
Forgues (Raymond), charcutier, à Condom.
Fouraignan (Etienne), tourneur, à Lupiac.
Fourmigné (Lucien), serrurier, à Mirande.
France (Jean-Louis), médecin, à Miélan.
Galland (Baptiste), cordonnier, à Mirande.
Gallut (Charles-François), ex-percepteur, à Montastruc,
Gardères (Ambroise), ex-maire de Lavardans.
Gardères (Jean), coutelier, à Auch.
Garros (Bernard), maçon, à Courenson.
Gastineau (Benjamin), journaliste, à Auch.
Giron (Louis), à Auch.
Giron (Jean), a Auch.
Gohon (Alphonse), cordonnier, à Mirande,
Gondoulin (Joseph), maréchal-ferrant, à Bézolles.
Gouzanta (Henri), à Auch.
Léra (Joseph), sans profession, à Vic-Fenzensac.
Labérencg (Nisdore), tanneur, à Vic-Fezensac.
Laclavère (Jean), aubergiste, à Fleurance.
Lacombe (Laurent), à Beaumont.
Lacoste, à Montesquiou.
Ladonès (François), maçon, à Fleurance.
Laffargue (Simon-Joseph), ex-adjoint de Saint-Christand.
Lagardère (François), instituteur, à Castillon.
Lagrave (Prosper), notaire à l'Ile-de-Noë.
Lamarque (Jean), à Broinl.
Lamarque (Lucien), avocat à Condom.
Lanave (Louis), à Jegun
Langa, cultivateur, à Omezan.
Lannes, à Auch.

Laporte (Adolphe), à Masseube.
Laredan (Jean-Marie), charpentier, à Mirande.
Larrieu (Bertrand), perruquier, à Auch.
Lascotte à Roquelaure.
Laspalles (Vincent), tailleur à Masseube.
Lassalle (Joseph), avocat, à Condom.
Lasserre (Benjamin), négociant, à Mirande.
Laurent (Pierre), à Auch.
Laurent (François), à Barran.
Lauzin (Pierre), teinturier, à Masseube.
Lavergne (Joseph), à Auch.
Lebrun (Léon), armurier, à Mirande.
Lestrade (Jean-Baptiste), cordonnier, à Auch.
Loubère (François), propriétaire, à Saint-Paul-de-Blaize.
Lourties (Jean-Marie), cordonnier, à Mirande.
Lussan (Jacques) propriétaire à Laas.
Macary (Barthélemy).
Macary (Pierre), fils aîné, ex-agent voyer, à Castora-Verduzon.
Magné (Dominique), à Auch.
Manabera (Guillaume), carrier, à Roquelaure.
Maquin (Pierre).
Marès (Joseph), carrier, à Savardin.
Marès (Maurice), charpentier, à Fleurance.
Marsaud (Jean), cultivateur, à Bassoul.
Massignac (Pierre), cafétier, à Vic-Fezensac.
Meudan, à Auch.
Merle fils aîné, dit Merlon, charpentier, à Vic-Fezensac.
Merochenick (André), tanneur, à Auch.
Mollas (Joseph), à Barran.
Mollo (Élie), fondeur, à Condom.
Mondin (Blaise), entrepreneur, à Lausact.
Monicol (Pierre), à Auch.
Montaigut (Cadet), teinturier, à Miélan.
Montaut (Paul), à Saint-Jean-le-Comtal.
Mothé, ancien maire de Saint-Christand.
Mouchet (Marie), maçon, à Saint-Puy.
Nabos, membre du conseil général, maire de Marciac.
Nabos (Charles), propriétaire, à Mascaras.
Noté (Joseph), menuisier, à Mirande.
Noulens (Jean-Marie), journaliste, à Condom.
Palaso (Bertrand), cordonnier, à Terrarbe.
Pascau, avocat, à Mirande.
Passama, avocat, à Mirande.
Pepet (Jean), charpentier, à Fleurance.
Perès (Jean), cantonnier, à Vic-Fezensac.
Perès (Jean-Marie), tonnelier, à Lupiac.

Perez (Pierre), châtreur, à Condom.
Peyrussan (François), officier de santé, à Auch.
Piquenil (Baptiste), cordonnier. à Mirande.
Pondes Joseph) fils, tailleur, à Castillon-Desbats.
Prieur (Victor), médecin, à Auch.
Pugens (Jean-Marie), maréchal-ferrant, à Lavardons.
Pujos (Jean-Marie), tailleur, à Marciac.
Pujos (Louis), à Bassones.
Reynal, à Auch.
Rizon, forgeron, à Rignepeu.
Rozès-Salles, propriétaire, à Auch.
Sabathé (Joseph), tisserand, à Jegun.
Saint-Anthonin (Ambroise) pharmacien, à Maudube.
Sainte-Colombe, docteur en médecine, à Vic-Fezensac.
Salinet (Jean), serrurier, à Fleurance.
Sant (François), aubergiste, à Auch.
Sarrau (Sernin), cultivateur, à Sant-Sernin.
Scailles (Jacques), forgeron, à Eauze.
Sembrès (François), limonadier, à Miélan.
Sénac (Jean), instituteur, Mirande.
Santoux, épicier, à Roquefort.
Soumabielle (Alphonse), hongreur, à Marciac.
Soulé (Jean-Louis), instituteur, à Roquelaure.
Soulès (Pierre), à Miélan.
Souque-d'Auch (Jean-Marie), serrurier, à Auch.
Souque d'Auch (Victor), tailleur de pierres, à Auch.
Souquère fils, à Lavardens,
Subran (Joseph), quincaillier, à Jegun.
Terrail (Eugène), à Mirande,
Terrail (Jean-Baptiste), praticien, à Auch.
Toré (François), cordonnier, à Montastruc.
Traverse (Joseph), négociant, à Cassagne.
Trouette (Jean-Marie), boulanger, à Labéjan.
Tyvet (Sylvain), carillonneur, à Roquelaure.
Viatopski (Alto), à Auch.
Vigue (François), cordonnier, à Miélan.
Violet, officier réformé, à Auch.
Virginat, perruquier, à Auch.
Vivès (Théophile), cultivateur, à Belloc-Saint-Clément.
Weymont (Jean-Louis), cuisinier, à Marciac.
Zeppenfeld (Edouard), statuaire, à Auch.

CHAPITRE XXXVIII.

GIRONDE.

Résumé des événements : Réunions nombreuses à Bordeaux. — Résistance prêchée par les ouvriers et les jeunes gens du commerce. — Les chefs républicains repoussent jusqu'à nouvel ordre toute tentative. — Le peuple insiste. — Les cris de . Vive la république ! Vive la Constitution se font entendre devant la Préfecture, le théâtre, les allées de Tourny et les fossés du Chapeau-Rouge. — Des charges de cavalerie dispersent les groupes. — Le préfet, M. Haussmann, menace la population d'employer la force et les rigueurs des lois de la guerre. — La ville continue à être vivement agitée. — Le peuple ne croit pas à la tranquillité de Paris. — Il se rassemble de nouveau dans la soirée et c'est avec peine que la troupe peut le disperser. — Le calme se rétablit à la longue. — Beaucoup d'arrestations.

LISTE DES VICTIMES CONNUES.

DÉPORTÉ A CAYENNE.

Arquier, ex-cantonnier à Bazas.

AFRIQUE. — EXIL. — INTERNEMENT. — PRISON.

Achard, avoué, à Lesparre.
Arnaud, garde-champêtre, à Villeneuve-d'Ornans.
Barrelon, ouvrier armurier, à Libourne.
Beldet, à Bourdeaux.
Bellot des Minières, juge au tribunal, de Bordeaux.
Berton, aubergiste, à Libourne.
Blanc (François), tonnelier, à Bouscat.
Blois (Jean), tailleur de pierres, à Galgon.
Bontin, avoué, à Libourne.
Boucherez, à Bordeaux.
Bourgeois, tailleur à Libourne.
Boyer-Fonfrède.
Cabanet, propriétaire de carrières à Bourg-sur-Gironde.
Castandet (Robert), defenseur au tribunal de commerce de Bordeaux.
Campan, journaliste, à Bordeaux.
Causit, médecin, à Castillon.
Causit, médecin, à Saint-Philippe.
Cellerier (Charles), juge au tribunal de première instance de Lesparre.
Crugy (Emile), journaliste, à Bordeaux.
De Avila (Eugène), négociant, à Bordeaux.
Denical (Alexandre), à Bordeaux.

Désarnault (Télémaque), journaliste, à Bordeaux.
Desbats fils, propriétaire, à Langon.
Doré (Pierre), perruquier, à Blaye.
Doureau, ancien instituteur, à Bordeaux.
Duzan, ancien cafétier, à Bordeaux.
Gillard (Jean).
Gornet, propriétaire, à Blaye.
Guimard, ex-instituteur, à Bordeaux.
Jouannet, professeur, à Bordeaux.
Jouffre (Hugues), ébéniste, à Bordeaux.
Lac de Boisredon, médecin, à Verdeluis.
Lalaurie, médecin, à Bazas.
Langlard (Daniel), sans profession, à Bordeaux.
Laroque, peintre, à Bordeaux.
Lenoir, marchand de bois.
Lhermuitte, journaliste, à Bordeaux.
Magne (Raymond), membre du conseil général.
Maître, employé aux messageries de Blaye.
Martin (Eugène), porteur de contraintes, à Blaye.
Merlet du Grava (Romain), propriétaire, à Clairac.
Ollière, propriétaire, à Blaye.
Ossudre (Pierre).
Patrouilleau (Charles), mécanicien, à Bordeaux.
Reclus (Elisée), homme de lettres, à Bordeaux.
Reguron, tailleur, à Libourne.
Renou, à Bordeaux.
Robert (Jean), propriétaire, à La Réole.
Roumazeilles, forgeron, à Lavazan.
Royer, avoué, à Blaye.
Salles.
Sansas, avocat, à Bordeaux.
Sarlandier, à Bordeaux.
Simiot, ex-constituant.
Soyer, propriétaire, à Blaye.
Thomas (Clément), ex-constituant, à Bordeaux.
Tissandier, boulanger, à Bégadas.
Vialle, négociant, à Bazas.
Vigier, tonnelier, à Bordeaux.

CHAPITRE XXXIX.

HÉRAULT.

Résumé des événements : Les républicains les plus influents de Mont-pellier sont arrêtés dans la journée du 4 décembre. — Par suite, toute tentative de résistance est paralysée. — Après la lecture des affiches annonçant le coup d'État, la ville de Béziers est vivement agitée. — La résistance est décidée. — L'ancien maire de la ville, le citoyen Peret, y donne son adhésion. — Rendez-vous donné au cimetière Vieux, près Bédarieux. — Les autorités trompées par leur propre po-lice. — De minuit à six heures du matin, tous les villages des envi-rons de Béziers se sont soulevés en masse. — A six heures, 3,000 républicains était déjà réunis dans la ville. — Sommation est faite au sous-préfet de vouloir bien se démettre de ses fonctions. — Les ci-toyens Redon et Pujol sont chargés de cette mission. — Le sous-préfet vient à leur rencontre. — Il répond aux délégués du peuple qu'il ne cèdera pas à l'émeute. — Après des pourparlers sans succès, les dé-légués se retirent. — Ils vont rendre compte de leur mission aux républicains. — Ces derniers s'ébranlent. — Ils marchent sur la sous-préfecture au chant de la Marseillaise. — Un piquet de soldats arrive, commandé par le capitaine Lehongre. — Les défenseurs de la Cons-titution se présentent la crosse du fusil en l'air et en criant : Vive la ligne ! Vivent nos frères ! Vive la république ! — Les soldats, la plu-part très-jeunes, paraissent très-émus. — Le commissaire de police adjure le capitaine Lehongre de commander le feu de peloton, s'il ne veut pas être perdu. — Le capitaine suit ce conseil barbare et fait faire feu. — Une décharge épouvantable a lieu sur toute la ligne. — 70 républicains jonchent le sol. — Trois des chefs connus, Jean-Jean, Cœurdacier et Farret sont au nombre des tués et blessés — Une panique effroyable s'empare des républicains non-disciplinés. — Ils fuient dans toutes les directions. — De plus braves finissent par les rallier et reviennent à la charge. — Une vive fusillade s'engage. — Elle dure une demi-heure environ. et fait quelques victimes à la troupe. — On dépave les rues pour faire des barricades. — La cava-lerie fait des charges et disperse tout ce qu'elle rencontre. — Le calme se rétablit. — Toutes les campagnes environnantes de Béziers sont entre les mains des républicains. Pézenas, Marseillan, Viat, Servian, Capestang et Florensac se sont soulevés. — Les gendarmes arrêtent huit citoyens à Caux. — Pézenas devient un centre de résistance. — Les défenseurs du droit demandent que les troupes restent consignées ainsi que les gendarmes, puis que les prisonniers soient relâchés. — Les autorités cèdent. — Des renforts de troupes arrivent. — Des arrestations nombreuses s'opèrent aussitôt. — Le citoyen Maxime Chambert est le chef reconnu à Capestang. — Deux autres républi-cains très-énergiques, André Roux et Jean Pech, forment avec lui le comité dirigeant d'action. — Prise de la mairie. — Les gendarmes sont accueillis à coups de fusil. — Le brigadier et quelques autres sont blessés. — Ils battent en retraite. — Les républicains sont maîtres de la ville pendant six jours. — Arrivée des troupes. — Elles ne rencontrent aucune résistance. — Le citoyen Raucoul est tué au moment où il prend la fuite. — Deux autres sont blessés de la même manière. — Les arrestations s'élèvent à un tel chiffre que la population valide n'existe plus dans la ville. — Saint-Chinian et Clermont-l'Hérault ont eu aussi leur mouvement. — Dans la matinée du 3 décembre, les ouvriers abandonnent en masse les ateliers à Bédarieux. — Réunion nombreuse au café Villebrun. — On décide le soulèvement. — Le maire, M. Vernazobres, convoque les honnêtes et modérés à la mairie. — Une trentaine seulement se présentent. — A quatre heures de l'après-midi, une forte colonne de républicains arrive devant la mairie. — Les citoyens Bonnal, Lignon, Rabant, Combes, etc., marchent à la tête. — Le maire est sommé de résilier ses fonctons. — Il s'y refuse. — Les gendarmes menacent de faire feu. — Après quelques moments d'entretien, les soldats du droit se séparent en criant : Aux armes ! — Le maire, le commissaire et les gendarmes, craignant une nouvelle irruption, se décident à abandonner la mairie. — Pres que aussitôt, le peuple revient et s'en empare. — Une nouvelle commission est nommée par acclamation. — Elle se compose des citoyens Belugon, Bonnal et Caux. — Provocations insensées de la part des gendarmes. — Le maréchal des logis Léotard fait tirer sans sommation sur les sentinelles républicaines. — Un jeune homme est blessé. — e gendarme Bruguière le secoue lâchement en le traitant de cochon. — Au même instant, le maréchal des logis tue à bout portant un vieillard de soixante-dix ans, nommé Etienne Cabrol. — Après ces beaux exploits, les deux gendarmes retournent dans leur caserne. — Une fureur épouvantable s'empare de toute la population. — On se rue sur la caserne en criant : Vengeance ! mort aux assassins ! mort à ces brigands ! — Les femmes surtout se font remarquer par leur exaltation. — Une fusillade terrible est engagée de part et d'autre. — Un jeune républicain, Philibert Marcoiné, tombe percé de six balles. — La fureur est à son comble. — On apporte des fagots et on les entasse contre la porte de la caserne. — Je feu y est mis. — Une scène poignante de tristesse se passe pendant quelques temps. — Les gendarmes essaient de fuir. — Un digne citoyen, Eugène Combes, vient d'être tué, grâce à son abnégation. — Il avait sauvé le gendarme Fellère. — D'autres sont blessés ou parviennent à échapper. — Le gendarme Brugnière est tué. — Il venait d'être reconnu de la foule. — Toutes les femmes de gendarmes peuvent sortir. — Elles sont respectées. — Le maréchal des logis est surpris et fusillé. — Proclamation du citoyen Bonnal qui se termine par « Mort aux voleurs ! » — Autre proclamation signée « le Peuple. » — Le républicain Théollier, installé à la mairie, en publie deux autres signées « Le peuple souverain. » — Le gendarme Flacon, qui était resté caché, est sauvé par les républicains et amené à la mairie. — Enterrements des citoyens Cabrol et Eugène Combes. — Toute la population assiste aux funérailles. — Les gendarmes sont enterrés furtivement. — Le 10 décembre, le général Rostolan fait son entrée à Bédarieux, accompagné d'une colonne d'infanterie, de cavalerie et d'artillerie. — Une grande partie des ouvriers ont quitté la ville. — Ils se sont réfugiés dans les forêts des Cévennes. — Plus de 3,000 arrestations dans le département. — Ordre de tuer tous ceux qui prendraient la fuite. — Le citoyen Jules Cayrol est tué sur la route à bout portant par les soldats du 35e de ligne. — Le 23 décembre, les soldats cernent la maison du citoyen Cambon, propriétaire à Servian. — Il est sur le point de se sauver par la fenêtre. — Une décharge générale le tue raide. — Le lieutenant Sardau, à la tête d'un détachement de la ligne, arrive à Saint-Thibéry. — Il surprend quelques républicains cachés dans une ferme. — Il fait pleuvoir une grêle de balles sur eux au moment où ils essaient de traverser la rivière l'Hérault. — La répression est impitoyable et le nombre des victimes incalculable.

LISTE DES VICTIMES CONNUES.

TUÉS PENDANT L'ACTION.

Bournzonnet (Auguste), à Saint-Servian.
Cabrol (Etienne), à Bédarieux.
Cambon, propriétaire, à Servian.
Cayrol (Jules), à Bédarieux.
Combes (Eugène), à Bédarieux.
Jean (Jean), tonnelier, à Béziers.
Raucoul, à Capestang.

EXÉCUTÉS LE 13 AOUT.

Cadelard (Abel) père, traceur de pierres, à Béziers.
Laurent (Joseph), boueur, à Béziers.

MORTS A CAYENNE.

Amiel (Pascal), cultivateur, à Capestang.
Brésillac (Jean), forgeron, à Montpellier.
Peret (Casimir), distillateur, à Béziers.
Vergely (Pierre), plâtrier, à Bédarieux.

AUTRES DÉPORTÉS A CAYENNE.

Bel (Pierre), dit Barral, cultivateur, à Capestang.
Berbigé (Martin), fileur, à Bédarieux.
Bonnafous (Justin), plâtrier, à Bédarieux.
Boyer (Jean), paveur, à Béziers.
Calmel (Thomas), matelot, à Béziers.
Carrière (Alexandre), tanneur, à Bédarieux.
Carrière (Jacques), serrurier, à Bédarieux.
Caumette (François), cultivateur, à Capestang.
Chambert (Maxime), cultivateur, à Capestang.
Coutélou (Jean), plâtrier, à Béziers.
Galibert (Jean), cultivateur, à Béziers.
Jalabert (François), instituteur, à Béziers.

Lignon (Urbain), cultivateur, à Capestang.
Pech (Jean), cultivateur, à Capestang.
Petit (Gabriel), cultivateur, à Capestang.
Raux (André), cultivateur, à Capestang.
Ressant (Jean), tailleur de pierres, à Montpellier.
Rey (Louis), limonadier, à Capestang.
Ronc (Maurice), cafetier, à Pézenas.
Sallelles (Jean), tonnelier, à Béziers.
Soissac, maçon, à Montpellier.
Valat (Aug.-César), cultivateur, à Capestang.

CONDAMNATIONS A MORT.

André (Denis), cordonnier, à Bédarieux.
Barthez (Jean-Baptiste) fils, serrurier, à Poujol
Beaumont (Lucien), maçon, à Bédarieux.
Calas (Etienne), vacher, à Bédarieux.
Carrière (Pierre), plâtrier, à Bédarieux.
Delpech (Jean), tisserand, à Bédarieux.
Frié (Thomas), dit Curamaou, à Bédarieux.
Galzy (L.-Achille), serrurier, à Bédarieux.
Gardy (Louis), chaufournier, à Bédarieux.
Malaterre (Fulcrand) cadet, cafetier, à Bédarieux.
Mas (Hippolyte), serrurier, à Bédarieux.
Mercadier (Pierre), taillleur d'habits, à Bédarieux.
Michel (Hercule), cultivateur, à Bédarieux.
Pagès (Jean), cultivateur, à Béziers.
Pagès (Jacques), teinturier, à Bédarieux.
Pradal (Jean), dit la Rose, à Bédarieux.
Salvan (Louis), tonnelier, à Béziers.
Triadou (Jean-Pierre), tailleur d'habits, à Bédarieux.
Vêne (Mathieu), charron, à Bédarieux.
Vidal (Pierre), jardinier, à Béziers.

CONDAMNATIONS AUX TRAVAUX FORCÉS.

Alengry (Jean), cultivateur, à Bédarieux.
Berbigé (Alexandre), fileur, à Bédarieux.
Bompayre (Jacques) fils, cultivateur, à Bédarieux.
Carrière (Jean) aîné, cultivateur, à Bédarieux.
Lauze (Isaac), tisserand. à Bédarieux.
Miquel (Jean-Fulcrand), garçon jardinier, à Béziers.
Ruffel (Pierre), fileur, à Bédarieux.
Salasc (Jean-Frédéric), cultivateur, à Bédarieux.
Trousselier (Alexandre), dit Patrie, à Bédarieux.

FEMMES POURSUIVIES.

Bessières (femme Marie), veuve Santel, journalière, à Béziers.
Pailles (femme Elisabeth), couturière, à Pézenas.
Prativiel (Joséphine), femme Bras, journalière, à Bessan.
Singla (Anne), femme Combeseur, couturière, à Pézenas.

AFRIQUE. — EXIL. — INTERNEMENT. — PRISON.

Abbaille (Louis), cultivateur, à Maraussan.
Aberlin (Victor), tailleur de pierres, à Montpellier.
Agard (Jean-Pierre), cultivateur, à Bédarieux.
Agret (Alexis), cultivateur, à Neffiès.
Albert (Pierre-Léopold), médecin, à Saint-Chinian.
Albès (Louis), menuisier, à Saint-Thibéry.
Albès (Julien), propriétaire, à Caux.
Albouys (Pierre), à Maraussan.
Algrin (Louis-J.-B.), tonnelier, à Pézenas.
Alibert (Jean), cultivateur, à Portiragues.
Almayrac (Alexandre-André), fabricant de chandelles, à Saint-Thibéry.
André (Etienne), cultivateur, à Capestang.
André (Joseph), portefaix, à Pézenas.
André (Hippolyte), cultivateur, à Capestang.
Andre (Etienne), portefaix, à Pézenas.
André (Pierre), dit Chucasse, cultivateur, à Capestang.
Anglade (Alexis), tonnelier, à Béziers.
Anterrieu, avocat, à Montpellier.
Arbieu (Pierre-François), cultivateur, à Béziers.
Argenta (Joseph), cultivateur, à Marseillan.
Armand, dit Turbot, à Marseillan.
Armand (Etienne), cordonnier, à Marseillan.
Arnaud, à Saint-Gervais.
Arrivat (Benjamin), maréchal-ferrant, à Passan.
Astre (Jean), cultivateur, à Vendres.
Astruc (Pierre), tisserand, à Claps.
Astruc (François), tisserand, à Bédarieux.
Astruc (Joseph), tisserand, à Saint-Martin-de-Larcon.
Atger, avoué, à Montpellier.
Aubagnac, cloutier, à Montpellier.
Aubertin (Adolphe), avocat, à Maraussan.
Audémar (Modeste), plâtrier, à Paullien.
Augé, à Saint-Gervais.
Augères (Jean-Pierre), propriétaire, à Laviguière.
Aulès (Louis), épicier, à Cruzy.

Aupin (Jules), cultivateur, à Montblanc.
Auriol, à Montpellier.
Azaïs (Jean-Anselme), tisserand, à Bédarieux.
Azema (David), fabricant de plâtre.
Baille (Achille), employé, à Marseillane.
Baïsse (Antoine), jardinier, à Bédarieux.
Balaman (Félix), cultivateur, à Maraussan.
Balaman (François), propriétaire, à Maraussan.
Balaman (Pierre-Léandre), géomètre, à Maraussan.
Balp, fournier, à Lodève.
Balp, fournier, à Lodève.
Baluffe (Auguste), propriétaire, à Abeilhan.
Banq, père, ancien boulanger, à Marseillan.
Banq, fils, sans profession, à Marseillan.
Barbaroux (Jean), cultivateur, à Colombiers.
Barbazan (Louis), cultivateur, à Saint-Thibéry.
Barbe (François), boucher, à Colombiers.
Bargues (Baptiste), maréchal ferrant, à Vendres,
Barthe (Martin), cordonnier, à Florenzac.
Barthe (Joseph), tanneur, à Béziers.
Barthe (Bazile), fileur de laine, à Lodève.
Barthès (Paul), tisserand, à Colombières.
Barthès (Bernard), cordonnier, à Marseillan,
Barthomieu (Pierre), cultivateur, à Colombiers.
Barthomieu (Antoine), cultivateur, à Colombiers.
Bascoul (Jean), tisserand, à Chinian,
Bassas (François), journalier, à Pézenas.
Bastide (Louis), plâtrier, à Pézenas.
Baudassé (Saturnin), cultivateur, à Marseillan.
Baudéan (Jean), fileur, à Bédarieux.
Baudon (Antoine), cultivateur, à Lézignan-la-Cèbe.
Beaumadier (Jean), tonnelier, à Mèze.
Beaumadier (Alexis), tonnelier, à Mèze.
Beaume, avoué, à Montpellier.
Bedel, cordonnier, à Béziers.
Bedos (Pierre), fils, cultivateur, à Cazouls les-Béziers.
Bedos (Henri), cultivateur, à Cazouls-les-Béziers.
Bedos (Pierre), propriétaire, à Montpellier.
Bellaman (Jacques), cultivateur, à Saint-Thibéry.
Bellonnet (Jean), cultivateur, à Marseillan.
Belugou (Paul), propriétaire, à Bédarieux.
Belugou (Guiraud), tailleur, à Puissalicon.
Benan (Jacques), adjoint de Mézignan-l'Evêque.
Benezech (Esprit), épicier, à Pézenas.
Benezech (Jean), cultivateur, à Cessenom.
Bérard (Jacques), cultivateur, à Saint-Thibéry.

Berbigé (Antoine), tisserand, à Villemagoc.
Berbigné (Etienne), tisserand, à Bédarieux.
Bergon Jean-Louis), tanneur, à Bédarieux.
Berlan (Antoine), cultivateur, à Quarante.
Berlrand (Antoine), cultivateur, à Boujan.
Besse (Louis), propriétaire, à Pommerols.
Blanc (Etienne).
Blancassou, jeune, à Saint-Gervais.
Blanquier (Jacques), charretier, à Roujan.
Blanquier (François), bouilleur, à Lespignan.
Blanquier (Joseph), bouilleur, à Lespignan.
Boissieux, ancien notaire, à Lodève.
Bondon (Louis), cultivateur, à Sauvian.
Boniface (Philippe), serrurier, à Bédarieux.
Bonnaric (Michel), dit le Laid, tonnelier, à Pézenas.
Bonnal, horloger, à Bédarieux.
Bonnet, imprimeur, à Cette.
Bories (Jacques), valet de ferme, à Abeidan.
Boubals (Jean), menuisier, à Bédarieux.
Bouchereau (Louis), cultivateur, à Pézenas.
Bouffard (François), tailleur d'habits, à Bédarieux.
Bougret (Pierre), tisserand, à Lodève.
Boulsier (Jean-Pierre), huissier, à Béziers.
Bourbillière (Gabriel), cultivateur, à Nizas.
Bourrel (Xavier), fournier, à Béziers.
Bousquet (Pascal), journalier, à Caux.
Bousquet (Auguste), épicier, à Bessan.
Bousquet (Pierre), cultivateur, à Saint-Thibéry.
Bousquet (François), menuisier, à Bessan.
Bousquet (Napoléon), cordonnier, à Saint-Jean-de-la-Blaque.
Bousquet (Etienne), fournier, à Margon.
Bousquet (Placide), propriétaire, à Roujan.
Boyer (Maurice), docteur en médecine, à Montpellier.
Boyer (Marius), marchand de vin.
Brès (Jean), cultivateur, à Vendres.
Bribes (Louis), vannier, à Pézenas.
Bringuier (Stanislas), tapissier, à Pézenas.
Bringuier (François), perruquier, à Pézenas.
Brives (Pierre), courtier de commerce, à Montpellier.
Brun (Gustave), boucher, à Montpellier.
Cabanel (Basile-Antoine), cultivateur, à Sauvian.
Cabanis, médecin, à Montferrier.
Cabannes (Jean), cultivateur, à Vendres.
Cabot (Pierre-Barthélemy), tondeur de draps, à Lodève.
Cabrol (Auguste), pareur de draps, à Bédarieux.
Cabrol (Jean-Esprit), cultivateur, à Boujan.

Cai se, étudiant en médecine, à Montpellier.
Caisso, jardinier, à Lodève.
Calas (Etienne), dit la Canne.
Calas (Adrien), ménétrier, à Caux.
Calas (Augustin), brossier, à Riols.
Cals (Ignace), boulanger, à Marseillan.
Calvel (Etienne), tanneur, à Béziers.
Camarel (André), cultivateur, à Sandéau.
Cambon (Etienne), plâtrier, à Pézenas.
Cambon (Yves), cultivateur, à Florensac.
Cambrenous (André), cultivateur, à Florensac.
Campagnac (Esprit), cordonnier, à Cazouls.
Cance (Emile), cultivateur, à Espondeilhan.
Canet (Henri), propriétaire, à Marseillan.
Capon (Jean), cultivateur, à Colombiers.
Carcanarde (Etienne), cultivateur, à Saint-Chinian.
Carretier (François), serrurier, à Alonzac.
Carrier (Dominique), cultivateur, à Saint-Thibéry.
Carrière (Calixte), cultivateur, à Nizas.
Cartier (Ulysse), menuisier, à Uzèze.
Castan, cultivateur, à Laurens.
Castan (Jacques), cultivateur, à Montblanc.
Castan (Pierre), cordonnier, à Montblanc.
Castan (Jean-Emmanuel), cultivateur, à Boujan.
Castan (François), cultivateur, à Bessan.
Castan (Baptiste), cultivateur, à Abeilhan.
Castel (Jean-Pierre), ouvrier tanneur, à Béziers.
Castel (Etienne), cultivateur, à Florensac.
Castel (Pierre-François), tailleur, à Béziers.
Castille (Henry), tisserand, à Lodève.
Caucannas (Barthélemy), agent rural, à Espondeilhan.
Caucannas (Pierre), aubergiste, à Espondeilhan.
Caumel, à Bédarieux.
Cauquil (Célestin), instituteur, à Riols.
Caussat, à Marsaillaune.
Caussat (Pierre), fournier, à Béziers.
Causse (Jean-Pierre), adjoint, à Puissalicon.
Causse (Martin), à Puissalicon.
Cauvet (Jean-Baptiste), cultivateur, à Bessan.
Caux (Victor), cordier, à Bédarieux.
Cavailer (Valentin), cultivateur, à Pézenas.
Cavaillé (Antonin), cultivateur, à Antignac.
Cavaillé (Jérome), cordonnier, à la Pomarède.
Cavailler (Joseph), tonnelier, à Pézenas.
Cavailler (Joseph), chapelier, à Pézenas.
Cavailler (Jean), cultivateur, à Quarante.

Caveni (Jacques), médecin.
Cazals (Joseph), agriculteur, à la Pomarède.
Cazelles (Benjamin), ancien sous-oficier, à **Pomerols**.
Chalier (Jean), boucher, à **Montpellier**.
Challiés (Pierre), cultivateur, à Florensac.
Chantereau, cultivateur, à Florensac.
Chaou, à Saint-Gervais.
Chappert (Pierre), tisserand.
Chauris (Auguste), à Roujan.
Chauvard (Siméon), tanneur, à Béziers.
Chavardès (Joseph), épicier, à Maraussan.
Chavardez (Louis), fileur de laine, à Saint-Chinian.
Chavernac (Pierre), cultivateur, à Bédarieux.
Chavernac (Etienne), cultivateur, à Vendres.
Chevalier (Jean-Guillaume), cordonnier.
Claiserques (Louis-François), cantonnier, à Baillargues.
Claparède (Jean), boucher, à Montpellier.
Clarenq (Antoine) cultivateur, à Servian.
Clément (J.-Joseph), bouilleur, à Nézignan-l'Evêque.
Clergeau, propriétaire, à Montpellier.
Cœurdacier (Louis-Désiré), entrepreneur à Béziers.
Combal (Mathieu), chapelier, à Bédarieux.
Combes (Emile), à Bédarieux.
Combes (Antoine-.F.), cordonnier, à Pézenas.
Congras (Auguste), agriculteur, à Salasc.
Constant (J.-B.-Constant), cultivateur, à Salasc.
Conques (Jean), cafetier, à Mèze.
Coste (Mathieu), plâtrier, à Béziers.
Coste (Emmanuel), à Puissalicon.
Coulondre, à Montpellier.
Connorgues (fils), berger, à Boujan.
Coural (Justin), maréchal-ferrand, à Colombiers.
Couronne (André), cultivateur, à Béziers.
Courseilles (Joseph), cultivateur, à Sauvian.
Coutelou (François), cultivateur, à Vendre.
Coutelou (P.-Aimé), cultivateur, à Vendre.
Crassous (Paulin), agent de remplacement militaire, à Bédarieux.
Cros (Etienne), cultivateur, à Lodève.
Cros (Pierre), fils, cultivateur, à Lodève.
Cros (Louis), cultivateur, à Capestang.
Cros (Philippe), fab. de crème de tartre, à St.-Thibéry.
Cros (Joseph), cultivateur, à Pouzolles.
Cros (Antoine), cultivateur, à Lespignan.
Crouzat (Prosper), médecin, à Salasc.
Crozes (Emile), cons. d'arrond., à St-Gervais.
Crubezi (Etienne), charron, à Lespignan.

Dader (J.-Pierre), cultivateur, à Bassan.
Damneur (Frédéric), marchand de bois, à Béziers.
Daudé (François), carrier, à Nézignan-l'Evêque.
Daudé (P.-Joseph), cultivateur, à Nésignan-l'Evêque.
Daurel (Lucien), propriétaire, à Bessan.
Debanc (Victor), potier, à Beziers.
Decut (Benoît), cultivateur, à Pouzolles.
Deduc, propriétaire.
Dejean (André), cultivateur, à Nissan.
Delbis (André), cultivateur, à Caux.
Delon (Etienne), cultivateur, à Lespignan.
Delor (Jean), à Servian.
Delor (Cadet), à Servian.
Depaule (Prosper), menuisier, à Mèze.
De Plos (Eugène), propriétaire, à Roujan.
Desplats (Joseph-Alp.), cultivateur, à Puissalicon.
Devès (Pierre), instituteur, à Saint-Thibéry.
Devic (Jean), cultivateur, à Magalas.
Devic (Philippe), cultivateur, à Magalas.
Devilliers (Jean), cultivateur, à Roujan.
Digeon, père, à Montpellier.
Digeon, fils, à Montpellier.
Domairon (Jean), cultivateur, à Béziers.
Domergue (Paul), maçon, à Combès.
Donnadieu (Henri), cultivateur, à Cazouls.
Ducel (Adolphe), marchand d'étoffes, à Paulhan.
Dumas (Joseph), cultivateur, à Capestang.
Dupont-Vital (Laurent), cultivateur, à Montblanc
Dupy (Jean), cultivateur, à Béziers.
Dupy (Raymond), cultivateur, à Béziers.
Durand (Stanislas), tailleur, à Caux.
Durand (Clément), cultivateur, à Magalas.
Durand (Félix), cultivateur, à Marseillan.
Escalle (Victor), fabricant de bas, à Bédarieux.
Escande (Esprit), tailleur de pierres, à Capestang.
Escudico (Pierrre), tailleur de pierres, à Lodève.
Espéron (Frédéric), pêcheur, à Saint-Thibury.
Espéron (Christol), cultivateur, à Saint-Thibury.
Estournet (J.-Baptiste), cultivateur, à Bessan.
Fabre (Louis), propriétaire à Servian.
Fabre (Prosper), cultivateur, à Lésignan.
Fal (Etienne), ouvrier, à Lodève.
Fargues (J.-Pierre), tourneur, à Bédarieux.
Farret (Jean), cordonnier, à Béziers.
Faure, fils aîné, maçon, à Béziers.

Faure (Alexis), ajusteur, à Villeneuve-les-Montréal.
Fayet (Pierre), cultivateur, à Marseillan.
Fernando (Fernandez), domestique, à Lodève.
Fesquet-Desaix, cafetier, à Ganges.
Filastre (Julien), cordonnier, à Béziers.
Finiel (Théodore), cultivateur, à Roujan.
Fital (Jean), cultivateur, à Vendres.
Fouilliot, garde-chasse, à Celleneuve.
Fouissac (Pierre), cultivateur, à Servian.
Fouquet (Victor), médecin, à Pouzolles.
Fourcail (Antoine), cultivateur, à Portiragues.
Fournier (Etienne), cultivateur, à Roujan.
Fraisse, jardinier, à Lodève.
Fraissinet (Charles), fabricant de bas, à Ganges.
Erançois (François), marchand d'hommes, à Montpellier.
François (Joseph), serrurier, à Cessenon.
Fréizard (Etienne), cultivateur, à Maraussan.
Fulcrand (Antoine), cafetier, à Montblanc.
Galibert (J.-Baptiste), cultivateur, à Mèze.
Ganidel (Gabriel), menuisier, Puissalicon.
Ganidel-(Anselme), cultivateur, à Servian.
Ganivel (Honoré), boulanger, à Bessan.
Ganzy (Siméon), cafetier, à Servian.
Garigon (Etienne), tisserand, à Riols.
Garrigues (Louis), cultivateur, à Saint-Thibéry.
Gast (Emile), maçon, à Cessenon.
Gauthier (J.-Pierre), cultivateur, à Portiragues.
Gély (Aphroduc), à Corneilhan.
Gély (Nicolas), tourneur, en chaises à Béziers.
Gély (Etienne), cultivateur, à Pouzolles.
Gemès (Joseph), cultivateur, à Livinière.
Genson (Casimir), cultivateur, à Cazouls-les-Béziers.
Georges (Antoine), tarodeur, à Cette.
Gervais (Oscar), ex comm. du Gouv. provisoire, à Montpellier.
Gervès (Jean), cabaretier, à Montpellier.
Gilles (Pierre), tisserand, à Ponnau.
Gimice (Louis-F), médecin, à Lodève.
Gingers (Jean), cordonnier, à Béziers.
Giniers (Antoine), cultivateur, à Béziers.
Ginieys (Jacques), cultivateur, à Espondeilhan.
Ginter, à Adissan.
  Giraud (Jean), ramoneur, à Bessan.
Giraudot (Jean), entrepreneur, Montpellier.
Giscard (Achille), tonnelier, à Maraussan.
Gleize (François), cultivateur, à Lespignan.
Gouroux (Etienne), propriétaire, à Servian.

Granal (Pierre), cultivateur, à Mèze.
Granel, (Joseph), cantonnier, à Roujan.
Granier, dit Barraque, à Saint-Gervais.
Granier (Antoine-Joseph), cultivateur, à Bédarieux.
Grasset (Joseph), tonnelier à Lespignan.
Grasset (Gratien), mineur, à Cessenom.
Grégoire (Constantin), cultivateur, à Bessan.
Grel (Paul).
Grès (Philippe), cultivateur, à Portiragues.
Gros, ex-commissaire de police, à Gignac.
Guerre (Pierre), bourrelier, à Caux.
Guibert (Aimé), avocat, à Pézenas.
Guibert (Antoine), cultivateur, à Maraussan.
Guipert (Martin), brasseur, à Saint-Pons.
Guiraud (Joseph), cultivateur, à Castelnau-de-Guers.
Guiraud (François), cultivateur, à Castelnau-de-Guers.
Guiraud (Etienne), cultivateur, à Cazouls-les-Béziers.
Guiraud-Salles, épicier, à Lésignan-sur-Cèbe.
Guitara (Alexandre), négociant, à Montpellier.
Hamic (Joseph), tonnelier, à Béziers.
Henry (Jacques), cultivateur, à Nézignan-l'Evêque.
Higonneux (Baptiste), à Roujan.
Hue (Jean) dit Latassé, professeur, à Béziers.
Imbert (Barthélemy), cultivateur, à Colombiers.
Imbert (Joseph), épicier, à Cebazan.
Injalbert (Antoine), maçon, à Béziers.
Izard, imprimeur, à Cette.
Jalabert (Pierre), cultivateur, à Béziers.
Jalabert (Etienne), homme de peine, à Béziers.
Jarlier (Louis), boulanger, à Alignan-Duvat.
Jaussan (Etienne), cultivateur, à Maraussan.
Jean, dit Jeannus, cultivateur, à Lespignan.
Jongla (Pierre) fils, épicier, à Riols.
Josfre François), tonnelier, à Béziers.
Jourdan,
Jourdan (P.-Antoine), menuisier, à Lodère.
Jullien (Jean), cultivateur, à Saint-Thibéry.
Kavalerski, médecin, à Lodève.
Lanadie (Gabriel), cultivateur, à Lespignan.
Lacroix (Sylla), commis négociant, à Mèze.
Lagarde (Guillaume), cafetier, à Abeilhan.
Lagarde (Pascal), cultivateur, à Marseillan.
Lagarde (Etienne), cultivateur, à Marseillan.
Laissac (Martial), cordonnier, à Riols.
Lamur (Joseph), revendeur, à Nissan.
Lansal, commis négociant.

Lantres (Henri), cultivateur, à Montblanc.
Lapeyrousse, pharmacien, à Béziers.
Laporte (Charles), commis marchand, à Nizas.
Larmet (André), cordonnier, à Montpellier.
Lassalvy. médecin, à Cette.
Lauras (Paul), à Bédarieux.
Laurès (Victor), cultivateur, à Pouzolles.
Laurès (Antoine), tailleur, à Pouzolles.
Laussel, boucher, à Montpellier.
Lauze (Paul) tisserand, à Bédarieux.
Lavergne (Eugène), platrier, à Pézenas.
Léonard (Joseph), cantonnier, à Aiguevives.
Leprince (Dominique), homme de lettres, à Cette.
Levère (François) cultivateur, à Saint-Servian.
Levère (Louis) garde champêtre, à Bassan.
Levèze (Pierre), cultivateur, à Boujan.
Lignon (Marcel), cultivateur, à Capestang.
Lignon (Benjamin), cultivateur, à Bessan.
Lisbonne, à Montpellier.
Lussignol (François), rentier, à Béziers.
Mallet (Joachim), cultivateur, à Marseillan.
Mallet (François), cultivateur, à Marseillan.
Maltrou (Jean), cordonnier, à Maraussan.
Marbon (François), boucher, à Montpellier.
Marcel.
Marconnier (Philibert), à Bédarieux.
Marès (Esprit), cultivateur, à Marseillan.
Marignan (Laurent), cultivateur, à Mauguio.
Marmé (Pierre), propriétaire, à Béziers.
Martin (Jacques), berger, à Bessau.
Martin (Pierre, maréchal-ferrant, à Pouzolles.
Martin (Mathieu), pareur de draps, à Bédarieux.
Martin (Antoine), cafetier, à St-Pons.
Martin (Baptiste), propriétaire, à Vendres.
Martin (Armand) fils, propriétaire, à Ganges.
Martin (André). cultivateur, à Montblanc.
Mary (Jean), cultivateur, à Béziers.
Mas, tailleur, à St-Gervais.
Mas fils, dit Petit, à St-Gervais.
Mas (Auguste), propriétaire, à Mauressan.
Mas (Pierre), fabricant de plâtre, à Roujan.
Mas (Jean), cultivateur, à Maureilhan.
Mas (Pierre, tanneur, à Béziers.
Masson, boucher, à Montpellier.
Mathieu (Paul, cultivateur, à Vendres.
Maurel (Pierre) dit le Garde, à Bédarieux.

Maurel (Marc), propriétaire, à Capestang.
Maury (Pierre), potier, à Pézenas.
Maury (Antoine), cultivateur, à Quarante.
Maury (Nicolas), cultivateur, à Lésignan-la-Cèbe.
Mazel (Antoine), aubergiste, à Mcffiés.
Mecle, bourrelier, à St-Gervais.
Méric (François), cultivateur, à Capes ang.
Michel (Prosper), à Bédarieux
Michel (André), propriétaire, à Castelnau-de-Guers.
Milhau (Pierre) dit Grand-Pierre, à Roujan.
Milhe (Jean), propriétaire, à Pézenas.
Milhet (Noël), marchand de papiers, à St-Thibéry.
Mimart (Calixte), tonnellier, à Marseillan.
Minjac (Jean), cultivateur, à Alignan-du Vent.
Miquel (Martial), fileur, à Bédarieux.
Miquel (Pierre), cultivateur, à Cébazan.
Miquel (Barthélemy), cultivateur, à Portiragues.
Monestier (Baptiste), plâtrier, à Pézenas.
Montholon (Jacques), maréchal-ferrant, à St-Thibéry.
Montoulieu (Antoine), cultivateur, à Capestang.
Morand (Vincent), fileur de laine, à Lodève.
Mongier (Félix), entrepreneur, à Montpellier.
Morris (André), boulanger, à Béziers.
Moujeaux (Gabriel), cultivateur, à Roujan.
Moujeaux (Adolphe), cultivateur, à Roujan.
Moujeaux (Jules), cultivateur, à Roujan.
Moulinier, juge de paix, à St-Gervais.
Mouls (Etienne), cordonnier, à Puymisson.
Moutte
Murat, étudiant en médecine, à Montpellier.
Navarre (Fulcrand) cultivateur, à Marseillan.
Nazon (Louis), cordonnier à Pézenas.
Niel (Pierre), cultivateur, à Servian.
Ninau (Sébastien), cultivateur, à Boujan.
Noël (Sylvestre), boulanger, à Béziers.
Olivier (Pierre), maçon, à Caux.
Oulier (Dominique), maçon, à Pézenas.
Ouradou (Joseph), à Magalas.
Ouradou (J.-Joseph), cordonnier, à Espondeilhan.
Pagès (Louis).
Pagès (Jean-François), propriétaire, à St-Chinian.
Pagès (Joseph), pêcheur, à Vendres.
Papary (Antoine), cordonnier, à Cazouls.
Pascal (Nazaire), cafetier, à Caux.
Pastre (Joseph), cultivateur, à Nézigan-l'Evêque.
Pastre (Pierre), cordonnier, à Béziers.

Paulignac (Etienne), cultivateur, à Roujan.
Petit (Charles), à St-Pons.
Peyre, propriétaire, à Montpellier.
Peyre (François), cultivateur, à Dézenas.
Pichore (Ernest), tailleur, à Pézenas.
Pintard, fabricant de chaises, à Montpellier.
Pioch (Pierre), cultivateur, à Capestang.
Pipi (Simon), cordonnier, à Béziers.
Pistre (Jean-Pierre), maréchal-ferrant, à St-Thibéry.
Plantel, fabricant de chaises, à Montpellier.
Platel (Nazaire), à Puissalicon.
Pomarède (Gabriel), cultivateur, à Nisson.
Pons, greffier de la justice de paix, à St-Gervais.
Portalier (Louis), postillon, à Nissan.
Portes (Jean), cultivateur, à Capestang.
Pourad fils, à Piuymisson.
Poujol (Baptiste) fils, dit Verdel, à Béziers.
Poujol (Joseph), chiffonnier, à St-Chinian.
Pouleaud (Pierre), cordonnier à Roujan.
Poursines (Claude), cultivateur, à Capestang.
Poux (Honoré), cultivateur, à Prades.
Pradies (Jean), cultivateur, à Capestang.
Pradines (Victor), propriétaire, à Abeilhan.
Prat (Barthélemy) cordonnier, à Clermont-l'Hérault
Priscellien (Baptiste), cultivateur, à Pomesols.
Prouzet (Pierre), plâtrier, à Mèze.
Puech (Jean), cultivateur, à Béziers.
Puech (F. Noël), cultivateur, à Béziers.
Puel (Pierre), fabricant de draps, à Oulonzac.
Puel (Antoine), cultivateur, à Cazouls-les-Béziers.
Puel (Hippolyte), taillandier, à Nizas.
Puel (Noël), cultivateur, à Béziers.
Pujol (Victor), cultivateur, à Pouzolles.
Rabaud (Jacques), tisserand à Bédarieux.
Rbaut, à Bédarieux.
Rascol (Louis), cultivateur, à Capestang.
Reboul (Pierre), cultivateur, à Florensac.
Redon (Louis), homme de lettres, à Béziers.
Revellat (Antonin), cultivateur, à Béziers.
Rey (Jean), cultivateur, à Villeneuve-les-Béziers.
Riberand (Etienne), chapelier, à Pézenas.
Ribes (Mathieu), journalier, à St-Thibéry.
Ricard (Joseph) dit le Poussel, à Laton.
Ricard (Jean), cultivateur, à Roujan.
Robert (Jean-Pierre, plâtrier à Pézenas.
Robert (Jean-François), maître d'équitation, à Bédarieux.

Rollard (Jean), cultivateur, à Montblanc.
Romieux (François), cultivateur, à Béziers.
Roqueblave (Etienne), cultivateur, à Marseillan.
Roquefeuille (Laurent), serrurier, à Bessan.
Roques (Pierre), menuisier, à Alignac-du-Vent.
Roques (Simon), cultivateur, à Marseillan.
Roques (Timoléon), cultivateur, à Marseillan.
Rossignol, fabricant de chaises, à Montpellier.
Rouaret (Louis), roulier, à Roujan.
Roube (Jean), fileur de laine, à Lodève.
Rouch (François), journaliste, à Montpellier.
Rouch (Modeste), tonnelier, à Maraussan.
Roudelous (Jean-Antoine), cultivateur, à Bassan.
Rouel (Antoine), musicien, à Montbazin.
Rouquairol (Jacques), cultivateur, à Roujan.
Rouquairolles (Etienne), cultivateur, à Saint-Geniès-le-Bas.
Rouquette (Antoine), maçon, à Béziers.
Rouquette (Marc), plâtrier, à Béziers.
Rouquette (Sébastien), ferblantier, à Béziers.
Rouquié (Joseph), cultivateur, à Capestang.
Rousset-Coudrier, cultivateur, à Laverne.
Roussy (Gervais), cultivateur, à Saint-Gervais.
Rouzeau (Jean-Protius), instituteur, à Saint-Etienne,
Rouzier-Joly, à Montpellier.
Rozière, médecin, à Montpellier.
Runel (François), tonnelier, à Cette.
Sabatier (Jacques), cultivateur, à Sauvian.
Salles (Marc), cultivateur, à Auzy.
Salvagnac (Etienne), cultivateur. à Puimisson.
Salvagnac (André), tonnelier, à Puimisson.
Salvagnac (Etienne), cultivateur, à Puimisson.
Sanjou (Louis), cultivateur, à Colombiers.
Saussol. à Saint-Gervais.
Savy (Félix), fils, portefaix, à Pézenas.
Savy (Antoine), portefaix, à Pézenas.
Savy (Laurent), à Nésignan-l'Evêque.
Séguier (Pierre), dit Cantaraunier.
Séguier (Aphrodise), cultivateur, à Béziers.
Séguier (François-Julien), parterriste, à Béziers.
Senans (Baptiste-Renard), tonnelier, à Maraussan.
Senans (Louis), propriétaire, à Maraussan.
Serven (Antoine), cultivateur, à Marseillan.
Sicard, boucher, à Montpellier.
Sicard (Etienne), propriétaire, à Saint-Thibéry.
Simonnot, fabricant de chaises, à Montpellier.
Singla (Jean), à Saint-Thibéry.

Singla (Simon), tailleur de pierres, à Béziers.
Singla (Gabriel), cultivateur, à Béziers.
Sipierre (Pierre), cultivateur, à Agel.
Sire (François), journalier, à Saint-Thibéry.
Sobrier (Jean), plâtrier, à Pézenas.
Soulayrol (Pierre), marchand ambulant, à Béziers.
Souqual (Calixte), armurier, à Saint-Pons.
Sudre (Guillaume), cultivateur, à Béziers.
Symbaylle (L.-Etienne), cultivateur, à Cruzy.
Taussac (Pierre), cultivateur, à Pézenas.
Taussac (Gabriel), cultivateur, à Pézenas.
Taussac (Jean), cultivateur, à Pézenas.
Terral, à Saint-Gervais.
Théollier, à Bédarieux.
Thibayrenc (François), cultivateur, à Boujan.
Thibayrenc (Pierre), cultivateur, à Boujan.
Thomas (Alphonse), laboureur, à Magalas.
Thorel (Antoine), tisserand, à Lodève.
Thoulouse (Etienne), cultivateur, à Castelnau-de-Guers.
Thybairenc (Henri), cultivateur, à Béziers.
Tindel (Eugène), ex-maire de Villeneuve-les-Béziers.
Tourel (Joseph), à Magalas.
Tourret (Jacques), cultivateur, à Capestang.
Turics (Pierre), cultivateur, à Marseillan.
Vassas (Pierre), à Roujan.
Verau (Napoléon), tonnelier, à Mèze.
Verdeil (Sylvestre), marchand de bois, à Bédarieux.
Verdier (Fulcrand), maçon, à Montpellier.
Verdier (Guillaume), cultivateur, à Las-Troubadarias.
Verdier (Martin), cultivateur, à Cebazan.
Vergnes (Pierre), cordonnier, à Pézenas,
Vergnet.
Vialles (François), potier, à Béziers.
Vidal (F.-Jacques), propriétaire, à Colombiers.
Vidal (Joseph), dit le Bègue, à Saint-Thibéry.
Vidal (Louis), berger, à Vendres.
Vidal (Antoine), cultivateur, à Nézignan-l'Evêque.
Vidau (Mathieu), fabricant de crêmes, à Saint-Thibéry.
Vie (Philogième), cultivateur, à Béziers.
Vieulles (Jacques), cultivateur, à Roujan.
Viguier (Jean-Joseph), cultivateur, à Lespignan.
Viguier (Dominique), perruquier, à Béziers.
Villemagne, coutelier, à Saint-Gervais.
Vincent (Jean-Clair), cultivateur, à Nisson.
Vinches (Antoine), fils, marchand de sel, à Béziers.
Virbal (Jean), cultivateur, à Servian.

CHAPITRE XL.

ILLE-ET-VILAINE.

Comme les Côtes-du-Nord et le Finistère, ce département ne devait pas s'opposer au coup d'Etat; tous ses représentants royalistes et cléricaux avaient aidé par leurs votes, le Président L. Bonaparte à l'accomplir. Je ne connais qu'une seule victime déportée à Cayenne, dont voici le nom :

Delaunay (Jean), terrassier, à Fougères.

CHAPITRE XLI.

INDRE.

Tentatives de soulèvements à Châteauroux et grande agitation à Issoudun, c'est tout ce que j'ai découvert dans les journaux officiels.

LISTE DES VICTIMES CONNUES :

AFRIQUE. — EXIL. — INTERNEMENT. — PRISON.

Amouroux (Jean-Auguste), journaliste, à Châteauroux.
Aufrère (Jean), tailleur de pierres, à Châteauroux.
Baronnet (Etienne), fabricant de tabac, à Châteauroux.
Blin (Jean-Désiré), apprenti horloger, à Issoudun.
Blin (Guillaume), menuisier, à Issoudun.
Blondeau (L.-Clément), sans profession, à Issoudun.
Boiron, garçon tailleur, au Blanc.
Bouzique (Paul-G.), agent d'assurances, àIssoudun.
Briffault, avocat, au Blanc,
Chassinat (Adolphe), avocat, à Buzançais.
Châtelain (A.), libraire et relieur, à Issoudun.
Chavelot (Claude), cafetier, au Blanc.
Claverie (Louis), charpentier, aux Roches.
Confoulant (Ferdinand), médecin, à Saint-Benoît-du-Sault.
Cussonnet, à Issoudun.

Dauphin, instituteur, à Argenton.

Dermousseaux (Jean-Emmanuel), greffier de la justice de paix, de Châteauroux.

Dupertuis (Charles), ex-maire, de Menoux.

Erhard (Jean-Baptiste), instituteur, à Châtillon.

Fleury (A.   ), ex-constituant, à la Châtre.

Fougeron à Châteauroux.

Fromenteau (Etienne), menuisier, à Issoudun.

Garnier-Mossicard (Charles), peintre, à Issoudun.

Germann (Georges), à Issoudun.

Coubeau (Jules-François), sans profession, à Feuillé.

Jamet, garde-champêtre, à Châteauroux.

Lambert (Alphonse), à Châteauroux.

Laperrine (Louis-Bl.), clerc d'avoué, à Châteauroux.

Lebert (Jean-Auguste), notaire, Badecon.

Lelièvre à Issoudun.

Lelong-Taupin (Louis-F.), menuisier, à Issoudun.

Lerigois (Ernest), licencié en droit, à la Châtre.

Louis (Jacques), propriétaire, à Issoudun.

Lumet, à Issoudun.

Millier (Louis), charron, aux Bords-lès-Issoudun.

Mornay, huissier, à Châteauroux.

Pagnat, ménétrier, à Châteauroux.

Patureau-Francœur (Jean), vigneron, à Châteauroux.

Peignet, tourneur, à Issoudun.

Perrinet (Pierre), perruquier, à Issoudun.

Poussin (François), charpentier, aux Roches.

Raymond (André), conducteur des ponts et chaussées, à Mézières-en-Brenne.

Rimbert (Léonard), marchand de cirage, à Issoudun.

Ripeyre (Louis), cordonnier, à Châteauroux.

Roux-Villordan, à Châteauroux.

Sallé-Lucas, propriétaire de bains publics, à Châteauroux.

Salmon, peintre-vitrier, au Blanc.

Sineau-Jaubert, fabricant de draps, à Chinault.

Songeron (Louis), avocat à Châteauroux.

Standachard (Pierre), tailleur de pierres, à Issoudun.

Toussaint, à Châteauroux.

Valette, charpentier, à Châteauroux.

CHAPITRE XLII.

INDRE-ET-LOIRE.

La ville de Tours, seule, a été quelque peu agitée ; de nombreux rassemblements plus ou moins menaçants ont été dispersés par les forces réactionnaires ; il s'en est suivi beaucoup d'arrestations pour ainsi dire inconnues, puisque les journaux de l'époque se sont tus à cet égard. Je ne puis mentionner que les 14 citoyens trouvés dans le *Moniteur* et le *Constitutionnel* de 1852.

VOICI CETTE LISTE :

Barrier (Joseph), boucher, à Savonnières.
Barbot, à Tours.
Chauvelin.
David.
Dubrac (Maxime), médecin, à Tours.
Girard (Eugène), avoué, à Tours.
Leblanc.
Moreau (P.-Florimond), serrurier, à Château-Renault.
Naintret.
Pinet (Joseph), mécanicien, à Abilly.
Sertier (Théodore), fabricant, à Langeais.
Thévenin (Daniel), instituteur, à Nouzilly.
Thierry, perruquier, à Tours.
Vasseur, journaliste, à Tours.

CHAPITRE XLIII.

ISÈRE.

Ce département éminemment républicain a été quelque peu ému à l'annonce du coup d'État, mais ça n'a pas été au delà ; on doit s'en étonner, quand on songe que Grenoble après Lyon a toujours été une ville de résistance à toutes les tyrannies. On a encore présent à la mémoire l'horrible boucherie de 1834 opérée par les soldats de la rue Transnonain (le 35e de ligne), et dont l'un des officiers fut celui qui écrivait 34 ans après, dans un rapport fameux de chauvinisme, que des fusils Chassepot avaient fait merveille à Mentana. Voici quelques noms connus de ceux qui ont été persécutés après le 2 décembre 1851 :

Beaup.
Cellard.
Cottin, à Voiron.
Frappa, instituteur, à Grenoble.
Gagneux, cordonnier, à Grenoble.
Garavel, capitaine en retraite, à Saint-Geoire.
Gauthier (J.-Joseph), cordonnier, à Grenoble.
Genin, cabaretier, à Bouchage.
Jacquier (Louis).
Jamorin.
Maestrinily.
Marie.
Moulin, économe de l'association alimentaire de Grenoble.
Olivier (Jean-Marie), à Montallien.
Raup (Louis-Arg.).
Thibaut (Joseph), commis négociant, à Monestel.

CHAPITRE XLIV.

JURA.

Résumé des événements : A l'annonce du coup d'Etat, les chefs républicains de Poligny décident de protester par les armes. — Dans la nuit du 3 au 4 décembre, le tocsin se fait entendre dans toute la ville. — Les tambours battent la générale. — Des groupes nombreux de paysans des environs arrivent pour donner aide aux républicains de la ville. — Les gendarmes sont désarmés. — Toutes les autorités arrêtées. — Le Sous-Préfet Chevassu, le receveur M. Gagneur et son fils, le Maire M. Berthier et M. Mauguin, officier en congé avaient été emprisonnés dans la matinée. — Les républicains installent une administration provisoire ainsi composée : le citoyen Lamy, avocat maire, le citoyen Bergère, pharmacien, sous-préfet, et le citoyen Dorrival, commandant de la garde républicaine. — Des appels aux armes sont lancés. — Les dépêches interceptées. — Pendant ce temps les communes de Bray, Plainoiseau, Monay et Sellières se sont soulevées et marchent sur Lons-le-Saulnier. — Le Préfet M. Chambran va à leur rencontre, à la tête d'une compagnie de la ligne et de quelques gendarmes. Il les force à se disperser. — Le citoyen Barbier, gérant de *la Tribune* est arrêté. — Ces nouvelles jettent le découragement à Poligny. — Les chefs se décident de prendre la fuite et passent la frontière.

LISTE DES VICTIMES CONNUES

DÉPORTÉ A CAYENNE :

Bouguenay, à Poligny.

AFRIQUE. — EXIL. — INTERNEMENT. — PRISON.

Amandru, à Salins.
Ardin (Antoine), serrurier, à Lons-le-Saulmier.
Aubry (Alexandre.
Babey (Jean), commis marchand, à Salins.
Badois, à Poligny.
Barbier (Henri), journaliste, à Lons-le-Saulnier.
Basset (Joseph), instituteur, à Clairvaux.
Bellaigle (Claude), menuisier, à Poligny.
Belzevrie, notaire, à Arbois.
Bergère (Henri), pharmacien, à Poligny.
Bernard, à Salins.
Beuron (Prosper).
Bidaut, à Salins.
Billot (Eugène), propriétaire, à Salins.
Billot (Jean-Baptiste), cultivateur, à Saint-Michel-le-Bas.
Boitet (Augustin), notaire, à Annoire.
Bolard, menuisier, à Salins.
Bonguyot dit Chanet, cultivateur, à Salins.
Bonnin (Cyprien), cultivateur, à Tournont.
Bonnot (Claude-M.)
Bornet (Auguste), agent d'affaires, à Lons-le-Saulnier.
Bosne (J.-Eugène).
Bourgeois (Hippolyte), cultivateur, à Poligny.
Bourgeois, à Salins.
Bourre (Joseph), vigneron, à Arbois.
Bousson, à Arbois.
Breton (Auguste), vigneron, à Voiteur.
Breton (Jean-Pierre), journalier, à Poligny.
Bride (Constant), journalier, à Poligny.
Broyo, médecin, à Salins.
Brun (Joseph-Jean), cordonnier, à Poligny.
Buchon, à Salins.
Buy (Philibert).
Caband (Auguste).
Cannet.
Carraz (Louis), à Poligny.
Carrey (Jean-Jullien), cultivateur, à Arbois.
Chalumeau (Auguste).
Chalumeau.

Champous (François-Xavier), à Cernans.
Chavannes (Claude).
Claudet (Adolphe), médecin, à Chamusguy.
Clément, teinturier.
Clerc.
Colin (L. Léonard), perruquier. à Poligny.
Collet (Charles-François), cultivateur, à Poligny.
Commieau (P.-Joseph), propriétaire, à Rochefort.
Constantin (Claude), tisserand, à Poligny.
Courvoisier (Théodore), propriétaire. à Marnoz.
Crobet (Joseph).
Cuenin (L.-Émile), directeur de papeterie, à Mesnay.
Dalloz (Camille).
Dalloz (Jean.
Darbonne (P.-Antoine), ex adjoint de Lons-le-Saulnier.
Dauvergne (Joseph).
David (Joseph), cultivateur, à Poligny.
David, cordonnier, à Salins.
Debrand, pharmacien, à Arbois.
Debrand, à Salins.
Demesmay, à Salins.
Desvignes (Jean-Claude), voiturier, à Poligny.
Desvigny.
Dorival (P.-Alexandre), armurier, à Poligny.
Dulmand (Paul), à Salins.
Dunoyer (Jean-André), ferblantier, à Poligny.
Ecureux (Joseph), brasseur, à Villersfarlay.
Erb (Olympe), brasseur, à Poligny.
Ethevenaux (Auguste), fabricant à Vernois.
Faillon (Jean-Cyprien), cultivateur, à Arbois.
Faillotte (Jean-Cyrille), ex étudiant, à Champroux.
Fallot.
Faragnet (Ant.-Henri), ancien officier de marine.
Faton, à Champagnolle.
Faulque (Félix), vigneron, à Poligny.
Faulque (Jean-Cyrille), à Champroux.
Fournier (Louis).
Foyer (Claude-François), cultivateur, à Ammond.
Gagneur (Wladimir).
Gaudard (Pierre).
Gaudin (Edouard).
Gaudot, dit Quiqui.
Gaudot (Jean).
Gaudot, dit Butin.
Gaudot (François), aubergiste, à Voiteur.
Gay (Jules), ex-soldat, à Poligny.

Génot (Adolphe).
Gény (François-Xavier), rentier, à Salins.
Georgeot (P.-Joseph), cultivateur, à Aussières.
Georgest (Camille), cultivateur, à Villers-les-Bois.
Gibey, à Arbois.
Gorin (Victor).
Gouillaud, à Poligny.
Gouillaud (Henri-Hippolyte), propriétaire, à Poligny.
Gourdon (François).
Grand (Clément).
Grand (Jean Baptiste).
Grelle-Perret.
Guérillot (Désiré).
Guiboudet (François), dit Savoir.
Guignard (François), vigneron, à Villette.
Guigneret, à Champagnolle.
Guignet (A.), à Salins.
Guinchard (François-Cyrille), aubergiste, à Poligny.
Guy (François-Xavier), rentier, à Salins.
Guyon, piqueur des ponts-et-chaussées, à Salins.
Hugues (L.)
Hugues (François).
Jacquemard, marchand. à Salins.
Jalley (Emmanuel), cultivateur, à Villevieu.
Jandot (Antoine), à Braye.
Javel (A.), à Arbois.
Jeandot (Antoine).
Jeannin (Aimé), agent-voyer, à Arlay.
Jourd'huy (Elisée).
Jourdy (Claude-Ant.), fabricant de bougies, à Dôle.
Jousserandot (Louis), avocat, à Lons-le-Saulnier.
Klinger, à Arbois.
Lacombe (Charles), serrurier, à Poligny.
Lamy (A.), avocat, à Poligny.
Lamy (Louis-Jos.), charpentier, à Poligny.
Lamy (Jean-Baptiste), à Poligny.
Larfeuillet (Ambroise), propriétaire, à Villevieu.
Lhote (Jean-Baptiste), à Saint-Thibaud.
Lhote (Jean-Louis), ex-maire de Saint-Thiébaud.
Lhote (Jean-L.-François), vigneron, à Salins.
Loup (Ferdinand).
Louvet (Jean-Joseph), tisserand, à Poligny.
Lucot (Jean-François), cloutier, à Salins.
Mathieu, à Champagnolle.
Mathieu (Jean-Maximin), cultivateur, à Poligny.
Maubert, à Salins.

Maubert, à Ponthéry.
Meunier (Jacques), à Poligny.
Meyer (Charles), brasseur, à Salins.
Meynier (Sylvestre).
Michaud, à Nozeroy.
Michelin.
Migne.
Moniard (Hippolyte), propriétaire, à Gevingey.
Morel, à Vers-en-Montagne.
Mottet (Léonard).
Moudragues, médecin, à Lons-le-Saulnier.
Mouillard (Jean-François).
Moutet (Pierre), agent d'assurances, à Montchauves.
Nicod, maréchal-ferrant, à Aumont.
Noir, médecin, à Voiteur.
Paillard (Jean-Pierre), cultivateur, à Montrond.
Pelletier (Claude-D.), propriétaire, à Aiglepierre.
Perret (Emile), homme de lettres, à Saint-Claude.
Perrin (Jean-Jacques), cultivateur, à Arbois.
Petelin (L.-François), cordier, à Arbois.
Piard (Marie-L.), pharmacien, à Lons-le-Saulnier.
Pilot, à Aumont.
Pillot (Jean-Baptiste), imprimeur, à Dôle.
Pirontel (Anatole), vigneron, à Montigny.
Pitet, à Mesnay.
Poilevey, à Villers-les-Bois.
Poisson (Alexis).
Poisson (François), limonadier, à Sallières.
Poux, docteur en médecine, à Lons-le-Saulnier.
Prost.
Ralte.
Ravier (Joseph).
Regard (Jean), médecin, à Monay.
Renne (Félix), propriétaire, à Monay.
Richard (Jean-François), cultivateur, à Savigny.
Richon (François).
Rouvaud (Joseph), cultivateur, à Louverot.
Rougier (Ferdinand), cafetier à Champagnolle.
Rougiet.
Rouiller (Joseph).
Rousselot (Victor).
Ruys.
Saillard (Antoine), cultivateur, à Mesmay.
Salins (Félix-François), boulanger, à Poligny.
Simon (Jean-Baptiste), cultivateur, à Rochefort.
Terrier (François).

Toubin.
Tramus (Alphonse), propriétaire, Mont-sous-Vandres.
Trouvé.
Valdois.
Vannier.
Villemot (Charles).
Voland (Christophe).
Vuillot (Apolphe), journalier, à Poligny.
Willermez.

CHAPITRE XLV.

LANDES

Quoiqu'appartenant à l'opinion républicaine, ce département est resté entièrement calme, ce qui n'a pas empêché les razzias de citoyens de s'opérer d'une façon assez sensible. — Quelques-unes de ces victimes sont connues, voici leurs noms :

Besselière (Justin), ouvrier, à Dax.
Castaignos (Jean-Théodore), négociant, à Hagetmau.
Darracq (P.-Ulysse), pharmacien, à Saint-Esprit.
Dolibos (Jean-Pierre), tanneur, à Hage'mau.
Dutoya-Gaucher (Pierre), fabricant d'huiles, à Hagetmau.
Garderès (Jean), tisserand, à Hagetmau,
Laferrère (Victor), scribe, à Hagetmau.
Lassartigues (Antoine), laboureur, à Arx.
Lespéraxe (Jaecques), propriéaire, à Hagetmau.
Massie (Barthélemy), à Gaujacq.
Peyraud (Jean), tailleur, à Mont-de-Marsan.
Saillières (Jacques), à Candrasse.
Tomieu (Hector-P.), à Hagetmau.
Toulouse (Michel), aubergiste, à Hagetmau.

CHAPITRE XLVI.

LOIR-ET-CHER.

Même laconisme du *Moniteur* sur ce département comme sur beaucoup d'autres ; de l'agitation à Blois et à Vendôme, c'est tout ce que j'ai pu découvrir.

LISTE DES VICTIMES CONNUES :

DÉPORTÉS A CAYENNE

Saumereau (Louis), menuisier, à Blois.
Varly, ébeniste, à Couchevaux.

AFRIQUE. — EXIL. — INTERNEMENT. — PRISON.

Augé (Jean-Pierre), instituteur, à Bourgeau.
Bosse (Vital), au Mas.
Cros, à Blois.
Deniau (Louis), cultivateur, à Saint-Claude.
Gaheau (Pierre-J.), cabaretier, à Courcheverny.
Girault (Alex-Edouard), médecin, à Ouzain.
Gouté, maître tanneur, à Blois,
Houdaille (Jean), médecin, à Troo.
Houdin (Augustin), juge de paix de Saint-Léonard.
Labbé (Louis), jardinier, à Ville-Barroux.
Laforie (Nicolas-Eug.), professeur au collége de Blois.
Olivier, à Sautenay.
Petremont, à Saint-Aignan.
Piedallu (Pascal), médecin, à Ouzouer-le Marché.
Pillette, à Blois.
Pollet (Benoît-J.), médecin, à Selonnes.
Riverain (P.-Antoine), meunier, à Saint-Firmin-des-Prés.
Tissier, menuisier, à Mer.
Vaslin, à Sautenay.
Villars, à Saint-Aignan.

CHAPITRE XLVII.

LOIRE.

Encore un département très-républicain et qui n'a produit aucune résistance ; la ville de Saint-Etienne a donné un moment quelques inquiétudes aux autorités réactionnaires, mais ces dernières en ont été quittes pour la peur !... Rive-de-Gier et Roanne ont eu aussi un peu d'agitation. — Les victimes sont nombreuses, mais les journaux n'en mentionnent que 25, dont voici les noms :

AFRIQUE. — EXIL. — INTERNEMENT. — PRISON.

Berthéas (J.-Joseph).
Billon (Joseph), ouvrier relieur, à Saint-Julien-en-Jarret.
Blanc (Léon-L.), notaire, à Saint-Marcellin.
Blansubé (Alexandre), médecin, à Saint-Etienne.
Bontemps (Antoine), passementier, à Baubrun.
Civier (Michel), terrassier à Rive-de-Gier.
Corgier (B.-Marie), à Montagny.
Daonmon-Damon (Jacques), tailleur, à Saint-Etienne.
Delorme (Jean-Camille), à Saint-Etienne.
Denis (Théophile).
Flachon (Etienne), commis marchand, à Saint-Etienne.
Gardan (Jean-Baptiste), confiseur, à Boën.
Gonon (S.-Fréné), passementier, à Saint-Etienne.
Imbert (Cl.-Marie), passementier, à Saint-Chamand.
Janvier (Jean), à Montbrison.
Liogier (Claude), revendeur, à Saint-Etienne.
Loy (Pierre), passementier, à Baubrun.
Martin (N.-Barthélemy), huissier, à Boën.
Martin (Antide), ancien notaire, à Saint-Etienne.
Mourgues (Antoine), marchand, à Saint-Etienne
Oriol (François), à Pélussin.
Piran (J.-Baptiste), à Baubrun.
Thorel (Jean), à Chaudon.
Vidal (André).
Vigier (Jean-Baptiste), à Saint-Etienne.

CHAPITRE XLVIII.

LOIRE (HAUTE-).

Tentative de résistance à Craponne, quelques fusils enlevés à la garde
nationale par les républicains, et grande agitation au Puy, tels sont
les événements de ce département.

DÉPORTÉ A CAYENNE.

Cussinel (Louis-Amand), chapelier, à Saint-Didier.

AFRIQUE. — EXIL. — INTERNEMENT. — PRISON.

Bernard (Jean-Claude), à Saint-Didier.
Besseyre (Antoine).
Boulle (Pierre), notaire, à Craponne.
Chapuis (Alexandre), à Arsac.
Chirol (André), à Chamalières.
Ducros (Théodore), au Puy.
Ganirol (Regis), à Brives-Charensac.
Gidon (Antoine), à Saint-Didier.
Jouve (Auguste), à Craponne.
Perrin (J.-Auguste), à Brioude.
Saint-Féréol, père, propriétaire, à Brioude.
Salichon (Gabriel), à Saint-Didier.
Tineyre (Adolphe), perruquier, à Craponne.

CHAPITRE XLIX.

LOIRE-INFERIEURE.

S'il est vrai que certaines villes républicaines ont gardé une attitude par
trop coupable en ne se levant pas contre le coup d'Etat, il faut en
faire retomber la faute entière sur ceux qui devaient montrer l'exemple
de la résistance, comme chefs reconnus du parti républicain. La ville
de Nantes peut être classée dans cette catégorie. — L'élément républicain y était en force, il comptait dans son sein des hommes éprouvés

et intelligents; la population désirait le mouvement, déjà des ouvriers de la grande usine d'Indret étaient en marche sur Nantes, mais les quelques démocrates influents de la ville ne voulaient pas, n'ont pas voulu seconder ce germe de résistance; ils ont même prié les ouvriers d'Indret de retourner à leurs travaux au grand désappointement de ceux qui prêchaient ouvertement l'action immédiate. Je ne veux pas insister davantage sur ces fautes qui n'ont eu malheureusement que trop d'écho en France, seulement je crois qu'il est du devoir de tous ceux qui racontent les terribles péripéties du 2 décembre 1851, de dire la vérité à ses amis comme à ses ennemis!... Ci-après une liste de 20 citoyens connus qui ont été en butte aux persécutions à cette époque :

DÉPORTÉ A CAYENNE.

Angéliame, plâtrier, à Nantes.

AFRIQUE. — EXIL. — INTERNEMENT. — PRISON.

Bedin (Pierre), forgeron, à Nantes.
Besillez, dit Bourbonnais, chaudronnier, à Nantes.
Biarnes, à Nantes.
Faucheux, limonadier, à Nantes.
Girot, à Nantes.
Grosset, tourneur-ajusteur, à Indret.
Havard, prêtre, à Nantes.
Lacroix, ajus'eur, à Indret.
Lamer, à Pontvallain.
Lenoble. à Requeil.
Leroy, à Maigné.
Masselin à Nantes.
Méja, à Nantes.
Merruau, à Pontvallain·
Paris, contre-maître chaudronnier, à Nantes.
Paviot, sous officier de douanes, à Nantes.
Payen, ajusteur, à Indret.
Pignet, ajusteur, à Indret.
Vaidle, à Pontvallain.

CHAPITRE L.

LOIRET.

Résumé des événements : Le 4 décembre au matin, à l'arrivée des représentants Martin et Michot, les chefs du parti républicain provoquent une réunion. Ils s'opposent à une résistance armée, mais décident d'intimer l'ordre aux autorités de refuser leur concours au Président L. Bonaparte. — 800 à 900 citoyens se dirigent sans armes sur l'Hôtel-de-Ville. Ils crient : *Vive la Constitution!* — Les gardes nationaux de faction barrent le passage aux représentants qui voulaient entrer. — Courte lutte. — On parlemente avec les adjoints. — Les citoyens Michot et Martin peuvent entrer et sont introduits dans la salle du Conseil où la municipalité délibérait. — Mais ces derniers sont disposés en faveur du coup d'État. — Ils emploieront au besoin la force pour le soutenir. — Sur ces entrefaites, le général Grand arrive avec la troupe. — Il prend ses dispositions de combat. — Mais la foule qui ne peut lutter, puisqu'elle est sans armes, se retire. — On opère immédiatement les arrestations des deux représentants, du citoyen Pereira, ancien préfet, et de plusieurs autres citoyens. — Tout est fini pour Orléans. — Mais Montargis veut résister. — Le citoyen Zanotte, imprimeur, fait la proposition de marcher sur Paris pour soutenir la République. — Pendant ce temps, le citoyen Chesneau, à la tête de quelques républicains s'empare de la Mairie de Villemandeur. — Réunion tenue chez Zanotte. — Ils décident une manifestation sans armes. — Les citoyens Zanotte, Gaullier, Souesmes et Géraud en prennent la tête. — Les rassemblements poussent le cri de : *Vive la République! Vive la Constitution!* — En passant devant l'hôtel de la *Poule-Blanche*, les gendarmes essaient de barrer le passage à la manifestation. — Le brigadier Lemeunier somme le rassemblement de se disperser. — On lui répond que l'on défend la Constitution et le droit. — Mais le brigadier n'entend rien à cet égard. — Il couche en joue le citoyen Souesmes, mais sa carabine, déviée par le bras de ce citoyen, part et tue raide un jeune homme du groupe porteur du drapeau. — Indignation générale. — On se jette sur les gendarmes. — Le brigadier assassin est tué à son tour avec sa propre baïonnette. — Quelques blessés des deux côtés, et désarment des gendarmes. — Le cri : *Aux armes*, est poussé. — Sur un autre point de la ville, le citoyen Zanotte, poursuivi à outrance, est obligé de se rendre — La lutte est terminée. — Dans la journée du 7, la petite ville de Bonny-sur-Loire prend les armes. — Les paysans sonnent le tocsin et battent la générale. — 500 citoyens environ répondent à l'appel. — Comme partout, les cris poussés sont de : *Vive la République! Vive la Constitution!* — La mairie est prise ainsi que les armes. — On se dirige sur la gendarmerie. — Rencontre de deux gendarmes en tournée. — On leur crie de mettre bas les armes. — Ils s'y refusent. — Le gendarme Denizeau est tué accidentellement. — La caserne est prise sans résistance. — Tout était terminé. — Les nouvelles de Paris devaient empêcher la continuation de la lutte.

LISTE DES VICTIMES CONNUES.

TUÉ PENDANT L'ACTION (UN SEUL CONNU).

Norest (Laurent), à Montargis.

MORT A CAYENNE.

Chéry (Adolphe), marinier, à Montargis.

AUTRES DÉPORTÉS A CAYENNE.

Guérémy, cultivateur, à Batilly.
Jarrot, cultivateur, à Batilly.

CONDAMNÉ A MORT.

Mallet (Edouard), à Bonny-sur-Loire.

AFRIQUE. — EXIL. — INTERNEMENT. — PRISON.

Aignan,)Joseph), tourneur en bois, à Bonny-sur-Loire.
Alasseur (P.-Charles), porteur de contraintes, à Gien.
Aliani.
Amand (Auguste), lieutenant de la garde nationale d Orléans.
Anceaux (Philias), sabotier. à Chantecocq.
Antoine, chaufournier, à Baugency.
Arnoux, épicier, à Travers.
Asselin.
Aubron, officier de santé, à Châteaumeillant.
Augelard.
Basseau (Louis), marchand de vins, à Orléans.
Baudenon (Jules), à Montargis.
Baune (Hippolyte), instituteur, à Montargis.
Beaunaire (Théodore), bûcheron, à Chevilly.
Beaupim (Aug.-Etienne, marchand de nouveautés, à Bonny.
Beaupim (F.-Guillaume), bonnetier, à Gien.
Benoît, notaire, à Ouzouer-sur-Thrézier.
Berge.
Bernard (P.-Jean), scieur de long, à Bonny.
Berthelot (Georges), journalier, à Ouzouer-sur-Thrézier.
Berthier (Victor), ex-procureur de la République, à Orléans.
Blondeau (Pierre), négociant, à Montargis.
Blot (Henri), agent d'assurances, à Orléans.
Bodeau (Constant), vigneron, à Ousson.
Bodeau (Armand), vigneron, à Ousson.
Bodeau (Léandre), vigneron, à Ousson.
Bordeaux.
Boudu (Pierre).
Bourlon (Frédéric), à Montargis.
Boulet, boulanger, à Orléans.
Buneau, horloger à Montargis.

Campagnat (Michel-Ed.), commissionnaire en vins, à Orléans
Casimir (Agnan).
Cathelot (François), serrurier, à Briare.
Catin.
Celerier (Pier.e), journalier, à Thou.
Cerveaux, à Gien.
Chaineau (Jacques), couvreur, à Montargis.
Charles (Louis), dit cooo.
Charpenet (François), épicier, à Briare.
Charpettet, à Gien.
Chaton (Joseph).
Cheneau (Claude), maître maçon, à Montargis.
Chevalier (Eugène), à Orléans.
Cheveratau (Charles), cordonnier, à Bonny.
Cirotteau (Louis-Victor), bourrelier, à rianon.
Clément (Charles), charcutier, à Châtillon-sur-Loing.
Cloutier-Delalevée (Jacques) marchand de bois, à Orléans.
Cluzet.
Cointe (Ambroise), colporteur, à Nogent-sur-Vernisson.
Cointepas (Pascal-M.), à Orléans.
Collet (Michel), journalier, à Dannemarie.
Colombe (Etienne), à Orléans.
Condamine (Frédéric), tourneur en chaises, à Bonny.
Cosson (Eug.-Auguste), tonnelier, à Orléans.
Cranson (Désiré), vigneron, à Bonny.
Dailly (Abel-Hyacinthe), à Orléans.
Daudinet (François), à Ouzouer-sur-Thrézier.
David (Désiré).
Delapierre (Louis), charron, à Briare.
Delsons (François), sabotier, à Bonny.
Deschamps.
Deschamps.
Désiré.
Desjardins (Adolphe), lithographe, à Orléans.
Deslaudes (Michel), conducteur de travaux, à Orléans.
Desmoulins.
Doublet, employé d'entrep. à Orléans.
Dubois.
Duneau-Leseur (P.-Théophile). mercier, à Mardie.
Dupin, commandant de la garde nationale de Briare.
Dupin (Zacharie-Don.), entrepreneur, à Nogent-sur-Vernisson.
Dupuis, à Montargis.
Durand (Pierre), sabotier, à Bonny.
Fénis (Eugène), maçon, à Montargis.
Féréol, avocat, à Orléans.
Ferret (P.-Casimir), huissier, à Briare.

Fontenay (Etienne), marchand, à Château-Renard.
Forest, à Gien.
Forgeat (François), menuisier, à Saint-Firmin.
Fortin, à Orléans.
Foumignet, à Orléans.
Fouqueau, à Orléans.
Frossard (Claude), vigneron, à Bonny.
Fyel (Pierre)
Gagé (Barthélemy).
Gangé (Constant), propriétaire, à Thou.
Gaudin (Charles), marinier, à Montargis.
Gaullier (Thibulle), à Montargis.
Géraud, à Montargis.
Germain (Victor, menuisier, à la Celle-en-Hermois.
Gilnet (Germain), sabotier, à Bonny.
Girard, adjoint, à Loury.
Girault.
Glazet (Pierre), serrurier, à Ousson.
Goberville (Louis), tonnelier, à Orléans.
Grange (Joseph), menuisier, à Château-Renard.
Granno.
Granson.
Guérin.
Guillot (Jacques), vigneron, à Villeneuve.
Guillot (Jacques), vigneron, à Bonny.
Guyonnet (Louis).
Harry (Félix)
Hary (Toussaint).
Havert (Germain), laboureur, à Batelly.
Hervé (Pierre), journalier, à Ste-Geneviève.
Houy (Pierre).
Houy (Louis), dit Maurice.
Huet (Jean-Louis), domestique, à Ousson.
Huttin (Louis-Alex.), à Orléans.
Izouar (Auguste), tailleur d'habits, à Trianon.
Jacquemard (Etienne), coutellier, à Gien.
Jaillet, journalier, à Trianon.
Jamet (Pro-per), cardeur de laines, à Bonny.
Jardineau (Etienne), charpentier, à Bonny.
Jardineau (François), charpentier, à Bonny.
Jouannet (Alphonse), sabotier, à Thou.
Jourdain (Pierre), mécanicien, à Orléans.
Juland (Louis), chapelier, à Montargis.
Lanson (Alfred), à Orléans.
Lebert (Alphonse), peintre, à Montargis.
Lefloch.

Lejeune (Joseph).
Lelièvre (Paul-Et.), vigneron, à Châtillon-sur-Loire.
Lemoine (Martin), cordonnier. à Montargis.
Lempereur (E.-Lucien). dit la France.
Leriche (Armand), menuisier, à Château-Renaud.
Leroy.
Lesguillon (Eugène), avoué, à Gien.
Ligona (Jean), à Gien.
Loiseau (Louis), à Gien.
Loiseau (Germain), à Faverolles.
Loiseau.
Loiselle.
Lordereau (Edouard).
Louis (Charles), tailleur de pierres, à Gien.
Mabillat (Alexis), cabaretier, à Batelly.
Magnier (Charles), brasseur, à Montargis.
Magnier, meunier, à Souppes.
Mabilas (François), scieur de long, à Orléans.
Mallet (Hyacinthe).
Mallet (Xavier), vigneron, à Bonny.
Mallet (Jean-Frédéric), menuisier, à Bonny.
Mallot (Gustave).
Malveau (Etienne), journalier.
Marot (Casimir), marbrier, à Bonny.
Martra (Pierre), médecin.
Mauraison (Victor), arpenteur, à Oresson.
Michon (Bernard), formier, à Orléans.
Mignon.
Millet.
Mitrop (Augustin), à Orléans.
Moraizein (Louis), journalier, à Ouzouer-sur-Thrizée.
Morand.
Moreau (François), jardinier, à Montargis.
Moreau (Pierre).
Moulin.
Mulot.
Nollant (Charles-P.), restaurateur, à Orléans.
Nolet fils, à Montargis.
Panet (Louis-Ad.), sabotier, à Châtillon-sur-Loing.
Paquet (André-On.), sabotier, à Chéry.
Pardé.
Paris (Beaupion).
Pascal (Georges, vigneron, à Bonny.
Pascal (François), tanneur, à Bonny.
Pasquier, dit Martin.
Pecautin (Jules), arquebusier, à Orléans.

Pereira (Alfred), ex-commissaire du Gouvernement provisoire, à Orléans.
Petit (Louis-Ed.), propriétaire à Batelly.
Peynot (Jean).
Picard (F.-Alexandre), cordonnier, à Bonny.
Picoux.
Pillard.
Quetin (E.-Alexis), boucher, à Châtillon-sur-Loire.
Quetin (Etienne-Astidor), huissier, à Briare.
Ravon (Joseph).
Rêche (François), apprêteur, à Orléans.
Rêche, apprêteur, à Orléans.
Regnault.
Riché (Blaise).
Rieffel.
Rizet (Claude).
Robin.
Rocard (Eugène), compositeur, à Montargis.
Rodon (Jean), médecin, à Ouzouer-sur-Thrézier.
Ronffetier (Louis), journalier.
Rousseau (J.B.-Théodore, journalier, à Ouzouer-sur-Thrézier.
Royer, à Chéry.
Santerre (Louis), tailleur, à Orléans.
Saugeot (Jean), vigneron, à Bonny-sur-Loire.
Saugeot (Paul), vigneron, à Bonny-sur-Loire.
Sebou.
Serize.
Siroteau (L.-Antoine), à Orléans.
Souesmes (Etienne), propriétaire, à Villemandeur.
Tardif.
Taveau, marchand épicier, à Orléans.
Tavernier (Auguste), journaliste, à Orléans.
Tertereau (Victor), scieur de long, à Ménestreau-en-Ville.
Thibaudier (Félix-Zach.), menuisier, à Gien.
Thibauld (Edouard), à Orléans.
Thiérabin.
Thierry (Auguste), à Montargis.
Thomas (Maurice), sabotier, à Briare.
Tissier (Hippolyte), directeur de l'école mutuelle d'Orléans.
Tric (Poulain).
Troquet (Jacques), journalier, à la Chapelle-sur-Angers.
Vallier (Frédéric), tailleur, à Nogent-sur-Vernisson.
Vatant (Théodore), sabotier, à Bonny-sur-Loire.
Vicaire (Gustave) fils, à Orléans.
Vilain (Louis-Joseph), journalier, à Bonny-sur-Loire.
Villemard (Louis-François), tailleur, à Château-Renard.

Villermé (Jean), à Orléans.
Violette·
Vion (Joseph), maire, à Bouzy.
Wagner (M.-Victor), horloger, à Escrennes
Wild.
Yannelet, à Gien.
Zanotte (Henri), imprimeur, à Montargis.

CHAPITRE LI.

LOT.

Résumé des événements : L'annonce du coup d'Etat jette la stupeur dans Cahors. — Le Secrétaire général de la Préfecture, le Maire et le Conseil municipal tout entier s'empressent de se retirer en blâmant énergiquement l'acte de violation. — Figeac prend les armes. — Les républicains s'emparent successivement de la sous-préfecture, de la mairie et de la gendarmerie. — Une commission provisoire s'installe à l'hôtel-de-ville. — Elle proclame la désobéissance à L. Bonaparte, en vertu de l'article 68 de la Constitution, et invite les citoyens à s'armer en faveur de la loi violée. — Malheureusement les nouvelles de Paris mettent fin à la résistance.

LISTE DES VICTIMES CONNUES.

DÉPORTÉS A CAYENNE.

Chapon (Bernard), chef de gare, à Bretenoux.
Dayma (Louis), cabaretier, à Bretenoux.
Labrousse (Emile), huissier, à Gahors.

AFRIQUE. — EXIL. — INTERNEMENT. — PRISON.

Andral, secrétaire de la mairie de Gramat.
Bailly, horloger, à Figeac.
Bedner (Pierre), à Cahors.
Béral, procureur de la République, à Cahors.
Bergougnoux, maire de Gramat.
Bouscarel (Charles), à la Tronquière.
Brassac fils, commis libraire, à Cahors.
Calmels (Eugène), tapissier, à Figeac.
Calmels, limonadier, à Figeac.

Cayla, piqueur des ponts-et-chaussées, à Cahors.

Cayrol, huissier, à La Chapelle-Marival.

Clary (Lucien), à Cahors.

Combarieu (Isidore), conducteur des ponts-et-chaussées, à Cahors.

Costes (Joseph), sculpteur, à Cahors.

Couture (Jean), instituteur à Albas.

Delbos (François), à Figeac.

Delord, juge au tribunal de première instance, à Cahors.

Desprats. percepteur, à La Bastide-du-Vert.

Fourmenteze, instituteur, à Girac.

Fourtande (Joseph), à Figeac.

Galbotte, cultivateur, à Saint Denis.

Gouzens, commandant de la garde nationale de Figeac.

Gimel, instituteur, à Bétaille.

Griffel (Amant), à Gramat.

Jourdannet, propriétaire, à La Bastide-du-Vert.

Labrunie (Jean), à Saint-Céré.

Larroque, médecin, à Cahors.

Lausser, graveur, à Cahors.

Lavergne, dit Galisque, cabaretier, à Cahors.

Lescure (Jules), propriétaire, à Bretenoux.

Lherminier, ministre protestant, à Cahors.

Ligonie père, secrétaire de la mairie de Figeac.

Marlet, journaliste, à Cahors.

Martin, marchand de fer, à Cahors.

Massip (Henri), employé à l'hospice de Figeac.

Mejès, dit Mir, fabricant de chaises, à Cahors.

Mespoulie, limonadier, à Saint-Céré.

Montbertrand, dit Cadet, adjoint d'Aynac.

Nastard (Cyprien), à Saint-Céré.

Nuéjouls, serrurier, à Cahors.

Orliac, dit Lafayette, à Gramat.

Pechméja (Ange), journaliste, à Cahors.

Pinet (Jean-Louis), orfèvre, à Cahors.

Prasbourgnonx (Jean), cafetier, à Vayrac.

Ramès (J.-Baptiste), tailleur, à Figeac.

Ribayrol (Baptiste), cloutier, à Saint-Céré.

Roques (Isidore), à Figeac.

Sabatier, teinturier, à Puy-l'Evêque.

Salnet, maître de pension, à Cahors.

Sarlat, propriétaire, à Puy-l'Evêque.

Séguy (Marius-Cl.), marchand tanneur, à Cahors.

Serres (Antoine), à Cahors.

Taule (Jean-Pierre), à Gramat.

Teyssedon, sellier, à Cahors.

Thomas, employé en retraite, à Saint-Céré.
Touztoude (Jean), à Figeac.
Tulle, à Saint-Cyprien.
Valens (Antoine), instituteur, à Cazillac.
Valrivière, propriétaire, membre du conseil général, à Ca-
     rennac.
Valrivière aîné, à Carennac.
Vanel (François), maire de Thémines.
Vayrac, limonadier, à Saint-Céré.

CHAPITRE LII.

LOT-ET-GARONNE.

Résumé des événements : Le 3 décembre, réunion chez le citoyen Vi-
vens à Agen. — On y décide de résister par les armes. — Les communes de Bruch, Barbaste, Lavardac et Xaintrailles se soulèvent si-
multanément. — Beaucoup d'autres petits endroits les imitent. — Ils
se dirigent et arrivent devant Agen. — L'attitude calme des Agenais
et les mauvaises dispositions de la troupe jettent le découragement
chez tous ces braves citoyens. — Ils se répandent en récriminations
et crient à la trahison. — Le chef Darnospil, homme de résolution,
paraît abattu de cet échec moral. — Il ordonne la retraite. — Le lendemain, 40 gardes nationaux reculent devant 12 républicains qui s'emparent de la mairie de Bruch. — Sainte a eu aussi son mouvement.
— Villeneuve tombe au pouvoir des défenseurs de la Constitution. —
Le sous-préfet prend la fuite et se réfugie à la prison centrale d'Eynes,
gardée par la ligne. — Coupable apathie des membres composant la
commission révolutionnaire. — Elle fait avorter le mouvement général
qui devait s'opérer sur Agen. — Marmande commence son mouvement. — Une réunion se tient chez l'ex-constituant Vergnes. — Le
Conseil municipal, réuni à la mairie, engage sur l'article 68 de la
Constitution un colloque oiseux pour gagner du temps sans doute. —
Mais le peuple délibère dans la rue. — Il veut hâter la résistance
armée. — Il délègue quelques citoyens qui entrent dans la salle du
Conseil. — Leur présence précipite une délibération qui n'avait que
trop duré. — Le conseil municipal tout entier, sauf le maire, invo-
quant l'article 68, signe la déchéance de L. Bonaparte. — Le lendemain, les citoyens Vergnes, Laffiteau, Mouran et Baccarisse signi-
fient au sous-préfet la décision du Conseil. — Le sous-préfet refuse
d'obéir à la loi. — Il convoque toutes les brigades de gendarmerie de
l'arrondissement. — La garde nationale de Cocumont qui arrivait pour
défendre le sous-préfet, est désarmée sans coup férir par les républicains. — Une deuxième réunion du Conseil municipal proclame la

9

déchéance du sous-préfet et vote la destitution du maire. — Une com
mission provisoire est nommée. — Elle se compose des citoyens Vergnes, Goyneau et Mourau. — Le sous-préfet quitte Marmande et part
pour Bordeaux. — Le lieutenant de gendarmerie quitte également la
ville avec 35 gendarmes. — Le citoyen Peyronni est nommé commandant supérieur des forces républicaines de l'arrondissement. — Deux
proclamations sont lancées successivement par la commission et le
commandant Peyronni. — Les paysans arrivent en foule à Marmande.
— Les chefs du mouvement montrent peu de tactique et beaucoup
trop d'hésitation. — Sur la demande qui leur est faite de marcher sur
Bordeaux, ils refusent net. — Le chef Peyronni se méfie du peuple. —
Il lui cache les nouvelles venues de Paris et de Bordeaux. — Il craint
les barricades. — Le peuple apprend tout à coup la marche des
troupes venant de Bordeaux. — Il entre en fureur et crie à la trahison. — Il veut se battre pour la défense de la Constitution. — Peyronni, que le peuple trouve au lit ainsi que le citoyen Vergnes, veut
haranguer le peuple, il l'exhorte à ne pas résister par les armes. —
Il est entraîné malgré lui et se décide à engager la lutte armée. —
La foule crie aux armes. — Le tocsin sonne et les tambours battent
la générale. — Peyronni, à cheval, prend la tête de plus de mille
républicains et se dirige sur la route de Bordeaux au chant de la
Marseillaise. — Rencontre avec huit brigades de gendarmerie. — Le
choc a lieu. — Les gendarmes battent en retraite après avoir eu dix
hommes blessés. — Pendant ce temps, les troupes faisaient leur entrée dans Marmande. — Il n'y avait plus personne pour résister. —
Tout était fini. — Mais les persécutions!...

Mort à Cayenne.

Cassan (Jean), terrassier, à Castillonnés.

Autre déporté a Cayenne.

Laville (Etienne), colporteur, à Marmande.

Condamné a la déportation.

Peyronni (J.-Baptiste), chef d'escadron en retraite, à Marmande.

Femmes poursuivies.

Laroche (femme Bignalet), à Saint-Etienne-de-Fougères.
Paturelle (femme Jeanne), à Agen.
Rouger (femme Anne), à Agen.

Afrique. — Exil. — Internement. — Prison.

Abduran (Joseph), à Canneyre.
Adeyre (Joseph), à Bachaste.
Albert (J.-Baptiste), à Agen.
Alis (J.-Amédée), à Pujol.
Amion (Jean), à Marmande.
Amouroux (Jean), à Montbalin.

Anglade (Jacques), à Agen.
Arbonins (Jean).
Armagnac (Bernard), marchand, à Agen.
Ansade, dit Gros, à Marmande.
Baccarisse, avoué, à Marmande.
Barbelanne (Pierre), à Lamonjou.
Barbet, (Bautain), à Sainte-Livrade.
Barbière (Georges), à Birac.
Barbière (Léon), à Gontard.
Bardet (Pierre), à Villeneuve-sur-Lot.
Barrère, journaliste, à Agen.
Barriel (Armand), à Agen.
Barthe, maréchal-ferant, à Saint-Jean-de-Thurac.
Bazuillas (Jean), tourneur, à Puymirol.
Bedines aîné, à Agen.
Berbineau (Abraham).
Bergain (François), à Mas
Bergat (Jacques), à Bouglaus.
Bergès.
Bernet (Jacques), carrier, à Montgaillard.
Berguin (François), à Mas.
Bertrand (Antoine), à Mézin.
Besnard (Jules).
Beziat Jean), à Tonneins.
Beziat (Guillaume), à Romestang.
Bié (Jean), à Barbaste.
Bignalet, à Villeneuve-sur-Lot.
Bignalet (Joseph), à Saint-Etinne-de-Fougères.
Bilhaut (André), à Miramont.
Billaube (Benoît), à Mas.
Billaud (François), à Argenton.
Bissière (Bertrand), à Saint-Eutrope.
Bissière (Philippe), à Saint-Eutrope.
Blonein (Cyprien), à Bouglon.
Boé (Martial), instituteur, à Agen.
Boisserie (Julien), à Samazan.
Bonan (Jean), à Mezin.
Bondel (Pierre), à Mas.
Bonnal (Auguste), à Libos.
Bordes (Joseph), à Barbaste.
Bordes (Jean), chapelier, à Nérac.
Bosse (Vital, à Mas.
Bosse (Pierre), à Mas.
Bossel (Vital), à Mas.
Boué (Denis), à Labastoque.
Boulet (Paul-Alex.), à Tonneins.

Bourgeois (Michel), tailleur.
Boursac (Emile), à Aiguillon.
Bragayrac (Léon), à Aiguillon.
Brouillet (Jean), boulanger, à Fongrave.
Brousseaux (Jean), à Senestis.
Bruzac (Gabriel), à Senestis.
Buffin (Jean), à Marmande.
Burlan (Alphonse), à Villeneuve-sur-Lot.
Busquet (François), à Bruch.
Buyté (Antoine), à Marcellin.
Cabannes (Jean), à Tonneins.
Cabarroques (Etienne), à La Plume.
Cadeillan (Jean), bouchonnier, à Barbaste.
Cagneux (Guillaume) dit Boiseau, à Agen.
Calbet (Antoine), maçon, à Agen.
Calis fils aîné, à Fourgues.
Campis (Jean), à Lavardac.
Camps (Denis), à Caumont.
Capdegelle (Jean), tailleur, à Antagnac.
Capdoville (Jean), à Argenton.
Carles (Alexandre), à Villeneuve-sur-Lot.
Carré (Jean), à Mas.
Carrère (Louis), à Casteljaloux.
Cassandet (Etienne), à Nérac.
Castex (Bertrand), à Bazy.
Castillon (Jean-Charles), à Mas.
Cauzit (Adolphe), médecin.
Charbonneau (Pierre), à Aiguillon.
Charron (Charles) vétérinaire, à Monheur.
Chaubard (Pierre), à Fongrave.
Cisset (Jean).
Collin (Jean), à Mas.
Colonges (Jules), à Miramont.
Condat (François), tisserand, à Couthures.
Cortège (Jules), plâtrier, à Puymirol.
Cossala (Germain), à Clairac.
Couderc (Marcellus), tailleur, à Saint-Romain.
Couquaret (Jérôme), à Bruch.
Dagassan (Jean), cultivateur, à Bruzet.
Dalaux (Léonce), à Sainte-Livrade.
Daliés (Pierre), à Espieu.
Daney (Jean), à Caumont.
Darblade (Jean), à Bruch.
Darnospil, entrepreneur, à Nérac.
Darqué (Jean), à Bruch.
Dartia (Joseph), à Agen.

Davasse (Hip.-Barthélemy), à Nérac.
Davasse (Théodore), à Nérac.
Davezac (Jean).
Davezac (Jean), à Agen.
Dayrens (P.-Henri), à Barbaste.
Dayrens (Auguste), à Barbaste.
Dayrens (Jean), à Barbaste.
Dayres (Alfred), à Aiguillon.
Dayres (Louis), à Aiguillon.
Delbos (Jean), à Fourtil.
Delonne (Lucien), à Casteljaloux.
Deloustal, propriétaire, à Puymirol.
Deloustal (Alexandre-G.), cultivateur, à Fongrave
Delpech, avocat, à Agen.
Delsne (Jean), à Barbaste.
Démail (Fréd.-Louis), carrossier, à Agen.
Denis (Jean), à Lavardac.
Denis (Paulin-François), à Mezin.
Desaydes (Jean), à Marmande.
Descayrous fils.
Descamps (Jean-Prudent), à Francescas.
Desportes (Augustin), à Marmande.
Deytier (Léon Paul), à Montflanquin.
Dommergue, médecin, à Montflanquin.
Donnadieu (Capret), à Agen.
Drouilhet (Jean), à Caumont.
Drouillet (Joseph), avocat, à Agen.
Drouillet (Jean), avocat, à Réap.
Dubord (Jean-Marie), à Agen.
Dubourdieu (Jacques), à Fourques.
Dubourdieu (Jacques), à Viarme.
Dubrassa (Jules), à Casteljaloux.
Dubreuil (Antoine), à Lagruère.
Dubreuil (Etienne), à Lagruère.
Dubruco, à Barbaste.
Dubruel (Gaspard), ex-constituant, à Villeneuve-sur-Lot.
Dubrunet (Jean), à Marmande.
Ducasse (Jean), à Mas.
Ducasse (Jean), à Caumont.
Dufaure (Jean), à Lavardac.
Dulhom (Jean-François) jeune.
Duloret (Armand), à Pompiey.
Duponil (Joseph), à Damazan.
Dupuy (Bertrand), à Mas.
Durand.
Encointre (Justin), à Birat.

Escalup (Pierre), boulanger, à Bruch.
Faure, avocat, à Villeneuve-sur-Lot.
Favary (Guillaume), à Lauzun.
Feilles (Jean), cultivateur, à Fongrave.
Flourens (Antoine, notaire, à Lauzun.
Fontaine (Antoine), à Agen.
Fourés (Bernard), à Agen.
Fournel, avocat, à Agen.
Fournié (Jean), à Villeneuve-sur-Lot.
Fournier (Bertrand), aubergiste, à Nérac.
Fournier (Antoine), marchand de grains, à Puymirol.
Fournier (Antoine), à Poumirol.
Fulchic (Raymond), à Caumont.
Galban (Benjamin).
Galinier.
Galissairés (Jean), à Marmande.
Garleau (Jean) fils, à Miramont.
Garrig, propriétaire, à Saint-Romain.
Gay (Jean), cultivateur, à Clairac.
Gazeaud (Jean), à Sainte-Livrade.
Gergérés (Pierre), tonnelier, à Marmande.
Gimet (Marie-A.), à Nérac.
Giraud-Rogier, instituteur, à Nérac.
Giraudeau (Jean), à Lauzun.
Glory (Antoine), tisserand, à Caumont.
Godin (Martin), à Marmande.
Gouaneau, avoué, à Marmande.
Gratien (Léon), à Agen.
Guezard (Edouard), à Marmande.
Guimard (Claude) instituteur.
Hugonnel (Léandre), à Lauzun.
Imbert (Joseph), à Bruch.
Jabot (Jean), à Mas.
Jandreau (Jacques), à Argenton.
Jauzanque ((Jean), à Marmande.
Jobert (Jean), à Castelmorond.
Joseph.
Jouanet, professeur.
Jouffre (Julien), ébéniste.
Jouffreau (Barthélemy), à Miramont.
Joyeux fils, à Bouglon.
Judric (Jean), à Argenton.
Labadie (Antoine), à Roquefort.
Labails (Jean), à Bouglon.
Laban (Jutien), entrepreneur, à Agen.
Labarbé (Pierre), à Laffitte.

Labarrure (Antoine).

Labatut (Gérard), à Lagruère.

Labourgade (Antoine), à Casteljaloux.

Labraire (François), à Fourlic.

Laclotte (Armand), à Lisle.

Lacombe (Pierre), à Miramont.

Lacombe (Jean-Cyprien), ex-chef de bataillon, à Villeneuve-sur-Lot.

Lacroix (Philippe), à Lavardac.

Laffargue (Jean), à Marmande.

Laffiteau (Alexis), avocat, à Marmande.

Laffond (Etienne), à Clairac.

Lalanne fils, à Agen.

Lamarque (Jean), à Barbaste.

Lamarque (Joseph), à Montesquieu.

Lamarque (Dominique, aubergiste, à Barbaste

Lami-Serret (Jean), à Sainte-Livrade.

Lamothe, à Agen.

Lapergne (Jean-Baptiste), instituteur. à Villeneuve-sur-Lot.

Laprie (Pierre), à Bouglon.

Larché (Pierre), à Montflanquin.

Laroche (Jean), à Sainte-Livrade.

Laroque (Jacques), peintre en bâtiments.

Larrat (François), à Monheur.

Larribeau (Armand), à Aiguillon.

Larrieu (Léon), bottier, à Montelar.

Larroche (Jean), à Agen.

Laurent (Henri), à Ruffiac.

Laussu (Vincent), à Marmande.

Laverny (Nicolas), cultivateur, à Monterabeau.

Lèbre (Pierre), à Seyches.

Lestrême (Jean), à Caumont.

Lhérisson (Louis, menuisier, à Mézin.

Lize (Julien), à Marmande.

Lobis (Etienne), à Aiguillon.

Lobis (Bienvenu), à Aiguillon.

Logat (P.-Denis), à Barbaste.

Lujol (Adolphe), à Aiguillon.

Macuir (Jean), à Miramont.

Malbe (Dominique), à Tonneins.

Marbontin (Louis), à Marmande.

Marcade (Jean), à Viarme.

Marche (Arnoud), cordonnier, à Agen.

Marcon (Joseph), à Espiens.

Margonty (Jérôme), à Marmande.

Marin (Etienne), à Marmande.

Marrens (P.-Jules), à Samazan.
Marrens (Jean), limonadier. au Mas-d'Agenais.
Marres (Louis), à Damazeul.
Martin (Eugène), porteur de contraintes, à Marmande.
Mascala (Pierre), boulanger, à Puymirol.
Massias, marchand d'eau-de-vie, à Marmande.
Maudit (Jacques).
Médevielle (Jean), à Audirand.
Merle (Jean), à Gaudaille.
Métadie (Jean-Louis), tailleur, à Puymirol.
Miran (Joseph), officier de santé, à Miremont.
Molère (Gentil), à Lavardac.
Morathus.
Moreau (Joseph), perruquier, à Marmande.
Moreau (Jean), à Nérac.
Moret (François), à Marmande.
Mourand aîné, marchand de prunes, à Agen.
Narbonne, teinturier, à Agen.
Néguiral (Jean), journalier, à Agen.
Nopségue (Pierre).
Pagesky (François), à Mas.
Patrouilleau (Pierre), mécanicien.
Pandele (Philippe), à Miramont.
Pandellé (Ed.-Joseph), à Agen.
Paturel (Mathurin), à Agen.
Pauly fils, à Montpouillan.
Pauly (Jean-Pierre), père, à Montpouillan.
Pellegry (Jean-Hippolyte), à Sainte-Livrade.
Pérès (Jean), cultivateur, à Reaux.
Perrot (Jean), père, à Bouglon.
Perrot, fils, à Argenton.
Petit-Latfite, à Mas d'Agenlais.
Pigott (Pierre), sellier, à Montclar.
Plazanet (Pierre), à Marmande.
Poitevin (P -Alphonse), vétérinaire, à Xaintrailles.
Pommeau (Georges), à Clayrac.
Pons (Jean), à Mas.
Pouzet, huissier, à Agen.
Pouzet (F.-Joseph), à Villeneuve-sur-Lot.
Pozzio, dit Dauphin, à Miramont.
Prévost.
Raimoin (Joseph), à Agen.
Ratier, aîné.
Ricard-Méli, maçon, à Agen.
Rigal (Jean), propriétaire, à Bouglon.
Rigaut (Alex.-Amédée), praticien, à Nérac.

Rison (Joseph), à Astaffort.
Robert (Jean), à Nérac.
Ronca (Louis), à Agen.
Rondel (Pierre), à Mas.
Rotches (Pierre), à Nérac.
Rouger (Eph.-Martial), à Agen.
Roux (P.-Xavier), à Laroque.
Roy (Jean), à Marmande.
Sablairolles (François), à Cauzac.
Saintaraille (Joseph-Ed.), avocat, à Barbaste.
Saint-Sever, tisserand, à Sos.
Salanave, à Puymirol.
Sanson (Martin), à Agen.
Sarran (Jean), à Barbaste.
Saubès (Emile), maréchal-ferrant, à Marmande.
Sauvage (Charles), à Nérac.
Segnouret (Pierre), à Feugerolles.
Ségur (Guillaume), à Sainte-Livrade.
Seignes (Pierre), à Xaintrailles.
Sénac (Jean), à Lavardac.
Séré-Lanauze (Ulysse), à Marmande.
Serin (Alexandre), à Samazan.
Singlande (Jean), notaire, à Sainte-Livrade.
Sinson (Léonard), à Agen.
Socques (Jean), à Barbaste.
Soumabère (Auguste), à Agen.
Soubiroux, carrier, à Saint-Romain.
Soubrié (Jean-Baptiste). instituteur, à Puymirol.
Soussial (Pierre), cordonnier, à Miramont.
Sudru (Jean), à Argenton.
Tamagnan (Pierre), à Lisle.
Tartas (Jean), limonadier, au Mas d'Agenais
Terrade (François), tisserand, à Nérac.
Terrier (Stanislas), à Marmande.
Tillet (Etienne), à Samazan.
Tinchon (Jean), à Clayrac.
Tourret (Adolphe), propriétaire, à Montclar.
Touzeau (Henri), à Clayrac.
Touziette (Bernard), à Ambrany.
Tranche, dit Teinchon, à Clayrac.
Tréjaud (Jean-Baptiste), à Caumont.
Tréjaud (Amand), à Buzy.
Trigal (Guillaume), à Lauzin.
Tuffel, charpentier, à Saint-Romain.
Valdy (Bertrand), à Saint-Antoine.
Vegrias (Jacques), à Mas.

9.

Verdun-Lagarde (Gustave), à Agen.
Vergnes (Paul), ex-constituant, avocat, à Marmande.
Vidal (Antoine), marchand de volailles, à Marmande.
Vigneron (François), à Samazan.
Vigouroux (Jean), à Pompiey.
Vigné (Guillaume), propriétaire, à Clermont-Dessus.
Villeponton (Joachim), à Mezin.
Vivès (Pierre), aîné, à Clayrac.
Vivès (Jean), jeune, à Clayrac.

CHAPITRE LIII.

LOZÈRE

Les événements de ce département se sont bornés à une faible agitation et à quelques rassemblements plus ou moins tumultueux à Mende, Florac, Marvéjols et Saint-Germain, la Calbette. Deux noms seulement sont connus comme ayant été persécutés, ce sont :

Deleuse (Léon), à Saint-Germain-de-Calberte.
Larquier (Jullien), tailleur, à Saint-Martin-du-Boubant.

CHAPITRE LIV.

MAINE-ET-LOIRE.

Résumé des événements : Le 3 décembre, à 8 heures du soir, rassemblements nombreux à Angers. — Les groupes se portent sur l'Hôtel-de-Ville. — L'excitation est grande. — Des cris et des menaces sont proférés. — On essaie d'arracher la grille. — L'officier du poste veut exhorter le peuple. — On lui arrache des mains les dépêches de Paris. — Bouteilles et pavés lancés sur la garde nationale. — Plusieurs blessés. — La boutique de l'armurier Goupil, défoncée. — Arrivée de la ligne. — Tout s'apaise. — Nombre des victimes inconnues.

LISTE TROUVÉE DANS LES JOURNAUX OFFICIELS.

Chatelais (Romain), serrurier, à Angers.

Courtemanche (J.-Auguste), propriétaire, à Angers.
David (d'Angers), ex-constituant, à Angers.
Hamelin (Auguste), notaire, au Lion-d'Angers.
Jacques (Nicolas-Jos.), dit le Belge, à Angers.
Lejeune (Jos.-Réné), couvreur, à Angers.
Letors (Louis), greffier de la justice de paix, à Angers.
Maige, journaliste, à Angers,
Ridard, à Angers.
Rivière, journaliste, à Angers.

CHAPITRE LV.

MANCHE.

Ce département essentiellement réactionnaire à l'époque du Coup d'Etat, n'a pas songé à protester contre la violation de la Constitution. Cherbourg, seul, a eu un instant quelques velléités de résistance; des rassemblements, des cris de *Vive la République! Vive la Constitution!* se sont fait entendre, mais la manifestation n'a pas été au delà. Quand aux arrestations, qui ont du être nombreuses, je ne connais absolument que celle du citoyen :

Mouton, ex-lieutenant-colonel du 21e de ligne, à Cherbourg, déporté en Afrique.

CHAPITRE LVI.

MARNE.

Le bruit courait dans Paris que les républicains s'étaient rendus maîtres de la ville de Reims, mais malheureusement il n'en était pas ainsi, il y a bien eu des rassemblements menaçants, prêts à agir, seulement ils ont été dispersés presqu'immédiatement par les troupes; puis les nouvelles de Paris sont arrivées et ont fini par paralyser complètement tout esprit de résistance.

LISTE DES VICTIMES CONNUES.

AFRIQUE. — EXIL. — INTERNEMENT. — PRISON.

Bénin.

Bérard (Isaïe), à Avize.
Bienfait, médecin.
Bressy, journaliste, à Reims.
Bressy (Agathon), médecin, à Reims.
Brocq (Narcisse). maréchal-ferrant, à Ludes..
Canard (Etienne), tisseur, à Reims.
Carrier, à Sainte-Menehould.
Devenoge (Léon), négociant, à Epernay.
Fay, à Reims.
Génin.
Haurot, fils.
Labbée (Richard-Eug.), à Trismes.
Lejeune; fils, professeur, à Reims.
Maldan, médecin.
Mendès-d'Acosta (Eug.-Oscar), officier de santé, à Cougy.
Menesson, propriétaire et ex-maire de Reims.
Philippot (Victor-F.), épicier, à Reims.

CHAPITRE LVII.

MARNE (HAUTE).

Vassy, Langres, Chaumont et La Ferté-sur-Auron ont eu leurs rassemblements qui se sont contentés de protester par des cris, ils ont été facilement dispersés et suivis de beaucoup d'arrestations.

VOICI LA LISTE RECUEILLIE DANS LES JOURNAUX DU POUVOIR.

AFRIQUE. — EXIL. — INTERNEMENT. — PRISON.

Ariel, notaire, à Biesles.
Charton, clerc de notaire, à Vassy.
Chaudron (Henri) médecin, à Poisson.
Chaussin, huissier, à Vassy.
Clerc (P.-Simon), officier de santé, à Bricou.
Crepin-Breton (Auguste), meunier, à Bar-s.-A.
Déchanct (Nicolas), médecin, à Bonnecourt.
Descaves, bottier, à Montiérender.
Failly, père, à Bricou.
Failly, fils, à Bricou.
Galley (Isidore), marchand de vins, à Illond.
Gellot (Antoine), médecin, à Langres.

Gey-Loberot, ciseleur, à Biesle.
Gomot, médecin, à Villiers-sur-Suize.
Grégoire (Jean-Baptiste), sabotier, à Charmes-en-l'Angle.
Hologne (Alexandre), négociant, à Varennes.
Jolibois (Emile), à Chaumont.
Joly-Durand, journaliste, à Chaumont.
Lacour (Victor), médecin, à Chaumont.
Lebois (Antoine), marchand de fromages, à Andilly.
Lièvre (Claude), à La Ferté-sur-Auron.
Marche (Nicolas), à Roche-sur-Roye.
Marquis (Claude-Eug.), à La Ferté-sur-Auron.
Martin (François), à La Ferté-sur-Auron.
Morel (F.-Emile), à La Ferté-sur-Auron.
Neeff (Auguste), à Sémilly.
Oudot, à Lafauche.
Paris, rémouleur, à Montiérender.
Paris, à Chevillon.
Plomb-Vamey, entrepreneur, à Hortes.
Remy, à Bricou.
Rigollot, médecin, à Hortes.
Rollet (P.-Joseph), journalier, à Guyonville.
Saupique (Cl.-Auguste), agréé près le tribunal de commerce
 de Saint-Dizier.
Saureg (Joseph), coutelier, à Poulangy.
Séjournant, pharmacien, à Châteauvillain.
Thiébault (Jean-Marie), à Bricou.
Thiéblemont, coutelier, à Montiérender.
Vautrin, huissier, à Vassy.
Vivier, huissier, à Vassy.
Vouriot (Alexandre), propriétaire, à Bouzancourt.

CHAPITRE LVIII.

MAYENNE.

La tranquillité n'a pas été troublée dans le département de la Mayenne ; tel est le sens des dépêches officielles de l'époque ; pourquoi alors demanderai-je aux autorités, ces arrestations nombreuses ? pourquoi ces déportations en Afrique ? ces internements ? si personne n'a dit mot. Si ces habitants de l'Ouest n'ont pas quitté leurs travaux, pourquoi, dis-je, les avoir arrachés à leurs familles ? c'est que sans doute ils n'ont pas été tout à fait aussi dociles que vous voulez bien le dire, c'est qu'ils étaient, comme partout, la loi vivante en présence de la Constitution violée ; c'est pourquoi vous les avez persécutés !

LISTE DES VICTIMES CONNUES.

AFRIQUE. — EXIL. — INTERNEMENT. — PRISON.

Angot, percepteur, à Montenay.
Auger (Pierre), mégissier, à Château-Gontier.
Bachelot.
Bordeau.
Boucrel (Auguste), aubergiste, à Grenoux.
Chanu.
Coignier.
Delahaie (Benonin), fabricant, à Mayenne.
Delahaie (Victor), à Mayenne.
Deerouet.
Desbouillon, fils.
Godard-Beauchêne, ex-sous-préfet du gouvernement provisoire, à Mayenne.
Goupil, horloger, à Mayenne.
Héligon.
Lelasseux, bourrelier, à Château-Gontier.
Lelong, entrepreneur, à Château-Gontier.
Masse.
Pilard (Réné).
Pilorge.
Poirier (Edouard), huissier, à Mayenne.
Renard.

CHAPITRE LIX.

MEURTHE.

Résumé des événements : Une vive agitation accueille les nouvelles du Coup d'Etat à Nancy. — Une foule considérable stationne sur la place. — On entonne *la Marseillaise* et on crie *Vive la République ! Vive la Constitution !* — M. Renard, chef d'escadron de gendarmerie veut intervenir au nom toujours de l'ordre. — Les groupes refusent d'obéir à ses injonctions. — L'officier pousse de nouvelles menaces et dégaîne. — Il est blessé légèrement par un coup de pistolet. — Les autorités font enlever les battants des cloches de la ville pour que le tocsin ne puisse être sonné. — Apaisement par suite des nouvelles de Paris.

LISTE APPROXIMATIVE DES VICTIMES.

DÉPORTÈS À CAYENNE.

Chaudron, cordonnier, à Rechicourt.
Gourieux (Claude), entrepreneur, à Nancy.
Quesne (Eugêne), journaliste, à Nancy.

AFRIQUE. — EXIL. — INTERNEMENT. — PRISON.

Ancelon, médecin, à Dieuze.
Antoine (Victor), avoué, à Nancy.
Blanc (l'abbé), vicaire de la cathédrale de Nancy.
Bourieff, professeur d'équitation, à Nancy.
Brêche (Eug.-Joseph), commis, à Nancy.
Briquetot, médecin, à Nancy.
Coquignot, hôtelier, à Nancy.
Cosson, ancien notaire, à Lunéville.
Fleur, à Toul.
Fraisse (Léonce-Louis), fabricant de broderies, à Nancy.
Gilbert, chaudronnier, à Pont-à-Mousson.
Jean, instituteur libre, à Toul.
Laflize, ex-constituant, à Nancy.
Lalire (Charles), journaliste, à Nancy.
Lelièvre (Ferdinand), colonel de la garde nationale de Nancy.
Leman, médecin, à Phalsbourg.
Louis, avocat, à Nancy.
Marc, à Lunéville.
Michel, à Vic.
Pailler, cordonnier, à Nancy.
Poirson, blanchisseur, à Nancy.
Ravold (Jean-Baptiste), professeur, à Gibervillers.
Rayer, fabricant de casquettes, à Haroué.
Sandmeyer, à Sarrebourg.
Vallerot, ex-sous-préfet du gouvernement provisoire, à Toul.
Viox, ex-constituant, à Nancy.
Wehrlin, fabricant, à Jarville.

CHAPITRE LX.

MEUSE.

Si je consulte les dépêches sur ce département, je n'y vois briller qu'un seul mot « tranquillité, » et, les recherches terminées, je ne découvre que trois citoyens persécutés, ce sont :

L'ex-constituant de la Meuse, Isidore Buvignier, à Bar-le-Duc.
Buvignier (frère cadet), journaliste, à Bar-le-Duc.
Carrier (Louis-Marie), à Verdun.

CHAPITRE LXI.

MORBIHAN.

Un département qui envoyait dans nos assemblées républicaines des représentants s'appelant Larochejaquelein et l'évêque Parisis, ne pouvait pas faire autrement que de rester tranquille. Il s'est cependant trouvé quelques citoyens qui n'ont pas vu tout en beau, puisqu'ils ont été plus ou moins persécutés, voici leurs noms :

DÉPORTÉ A CAYENNE.

Priol (Jean-Marie), terrassier, à Pontivy.

AFRIQUE. — EXIL. — INTERNÉMENT. — PRISON.

Amelot, fils, à Lorient.
Beauvais, à Lorient.
Bontibonne, à Lorient.
Buisson, à Lorient.
Collin (Benjamin), instituteur, à Vannes.
Cresson (Ch.-Pierre), négociant, à Lorient.
Freppier (Ferdinand), avocat. à Lorient.
Henri, ex-percepteur, à Lorient.
Heysser, tambour de la garde nationale de Vannes.
Jaffré, aîné, à Lorient.
Jaffré, cadet, à Lorient.
Jégo (Louis), agent-voyer, à Auray.
Joachim, à Lorient.

Lefloch (Auguste), mécanicien, à Auray.
Le Pontois, à Lorient,
Leprioul, garde champêtre, à Vannes.
Lorentzity, à Lorient.
Pelletier, employé à la préfecture de Vannes,
Quennec, huissier, à Vannes.
Ratier, à Lorient.
Rondeau, à Lorient.
Trouvé, à Lorient.
Villiers, médecin, à Lorient.

CHAPITRE LXII.

MOSELLE.

Résumé des événements : Une très-grande agitation se déclare à Metz.
— Des groupes nombreux et menaçants se portent du côté de l'Hôtel-
de-Ville. — Quinze officiers de la garde nationale en uniforme demandent au maire de vouloir bien résigner ses pouvoirs, de faire évacuer de l'Hôtel-de-Ville la troupe de ligne et de la remplacer par la
garde nationale. — Toutes ces demandes sont repoussées avec hauteur. — Les nouvelles de Paris apaisent complétement les esprits.

UN PETIT NOMBRE DE VICTIMES CONNUES.

AFRIQUE. — EXIL. — INTERNEMENT. — PRISON.

Bouillé, coiffeur, à Metz.
Cahen (Lyon), agréé près le tribunal de commerce de Metz.
Claude, directeur du dépôt de mendicité de Gorze.
Devic, ouvrier, à Metz.
Legenissel (V.-Joseph), courtier en vins, à Metz.
Marchant (Antoine), instituteur, à Boismont.
Piquard, commis en nouveautés, à Metz.
Wibrotte, tailleur d'habits, à Metz.

CHAPITRE LXIII.

NIÈVRE.

A la suite du résumé des événements de ce département, je donne une notice spéciale sur le citoyen Chapuy, mort en défendant la Constitution.

J'ai dû cependant garder encore une certaine réserve au sujet de quelques détails inconnus; un jour viendra peut-être, où l'on pourra sans crainte raconter entièrement le drame qui mit fin aux jours de ce grand citoyen.

Résumé des événements : Dans la soirée du 3 décembre, une sourde colère commence à gronder dans Clamecy. — Des groupes animés se forment sur différents points de la ville. — Les réactionnaires convoqués par le maire sont de garde à l'Hôtel-de-Ville. — Les républicains influents de la ville sont partout. — Ils prêchent ouvertement la résistance au nom de l'art. 68 de la Constitution. — Les plus ardents sont les trois Millelot, Guerbet, Séroude, les deux Cornu, Bretagne, Coquard, Denis Kock et Gannier. — Millelot père part pour soulever Druyes, Sougère et d'autres communes. — Le tocsin se fait entendre partout. — Clamecy et les environs sont en ébullition. — De 6 à 7 heures du soir le tambour bat la générale dans le quartier de Béthléem. — Des masses de citoyens répondent à l'appel aux armes — Guillien, Gonnat et les frères Millelot promennent la tête du mouvement. — Ils se dirigent sur l'Hôtel-de-Ville, au chant de *la Marseillaise*. — D'autres citoyens montent au clocher et sonnent le tocsin. — Les réactionnaires de garde à l'Hôtel-de-Ville paraissent hésiter à agir. — Un autre groupe se porte devant la prison et somme le geôlier d'avoir à délivrer les prisonniers. — Il s'y refuse. — Un coup de feu part, puis la porte de la prison est enfoncée. — Les prisonniers sont libres. — Une patrouille de gendarmes arrive et fait feu sur les groupes. — Cinq républicains tombent, parmi lesquels un est tué. — Ils ripostent, tuent deux gendarmes et en blessent deux autres. — Aussitôt la fusillade commencée, les réactionnaires, gardes nationaux et autres ont abandonné leurs armes et ont pris la fuite. — L'instituteur Munier tombe mortellement atteint. — Le républicain Guerbet sauve le réactionnaire Tartrat. — La mairie tombe au pouvoir des républicains. — Le maire ne voit d'autres moyens de salut que d'abandonner le terrain de la lutte. — Il va au devant du préfet. — L'avocat Mulon tombe frappé à mort par une main inconnue. — On entend toute la nuit le tocsin dans les environs de Clamecy. — Le docteur Belin arrive à la tête de la commune de Corvol-l'Orgueilleux. — Les villages de Trucy, Sougères, etc., etc., arrivent ensuite. — Chevroches vient de se soulever, et on remarque en tête du mouvement les citoyens Beaufils, Girard et Meunier. — Le paysan Jacques Foubard et ses trois fils soulèvent Oisy. — La commune de Dornecy vient de suivre le même exemple. — Les citoyens Emile, Robert, Hippolyte Baron et François Bouillery ont pris la tête de la colonne et la conduise à Clamecy. — Au même instant arrive la petite ville d'Entrains, ayant pour chef le citoyen Commeau, proprié-

taire. — Le drapeau rouge est arboré partout. — Dans la nuit du 5
au 6, Eugène et Numa Millelot arrivent au village de Pousseaux. —
Ils font sonner le tocsin. — La population se soulève en masse.
— On veut désarmer la famille réactionnaire Bonneau. — Le fils répond qu'il tuera le premier qui serait tenté de les désarmer et s'en-
ferme dans sa maison. — Il reparaît à la fenêtre avec son père. — Ils
couchent la foule en joue. — Quelques coups de feu partent. — Le
fils Bonneau fait feu à son tour. — Son père vient de tomber à côté
de lui. — Pendant toute la nuit on opère le désarmement des réactionnaires dans Clamecy. — Le citoyen Rousseau est un instant installé comme maire. — Le sous-préfet et le procureur de la République renoncent à toute résistance et quittent la ville. — Les
volontaires continuent à affluer. — Arrivée des dépêches de Paris. —
Elles jettent le découragement chez quelques citoyens. — Millelot
père, croyant la résistance inutile, propose de renvoyer les paysans
chez eux. — Guerbet et Eugène Millelot s'y opposent et, décidés à
continuer la lutte, ils proposent de marcher sur Auxerre. — Le tocsin
sonne de nouveau, les barricades s'élèvent avec rapidité. — On se
porte sur la gendarmerie. — Cornu, Séroude, Eugène Millelot et
Guerbet sont toujours à la tête. — Ils proposent au lieutenant de
gendarmerie une capitulation. — Ce dernier y consent. — Séroude
harangue la foule qui devient très-exaltée. — Une lutte terrible s'engage entre le gendarme Bidan et quelques républicains. — Ce gendarme vient d'être tué. — Malgré le découragement visible du plus grand
nombre, Eugène Millelot est toujours actif. — Il propose à nouveau de
marcher sur Auxerre. — Il se rend avec quelques amis chez le receveur qu'il somme, au nom du comité, de vouloir bien lui remettre
5000 fr. — Après une courte discussion, le receveur remet l'argent
contre un reçu. — Cette somme est portée à la mairie et doit servir
aux frais occasionnés par la résistance. — Une proclamation est lancée,
elle porte comme signature « Le Comité révolutionnaire social. » —
Un grand nombre de paysans ne croyant plus au succès regagnent
leurs villages. — Arrivée des troupes. — Le préfet Petit de Lafosse
est à la tête. — La résistance est de nouveau prêchée. — Le tocsin
recommence, la générale se fait entendre et le cri *aux armes!* est
poussé. — Les républicains se retranchent dans les maisons avoisi-
nantes de Crot-Pinçon. — Le citoyen Chapuy s'offre pour parlementer avec le préfet. — Il est accompagné des citoyens Roubet, Ducarroy et deux autres. — Ils sont surpris et impitoyablement fusillés. —
La colonne change de position et arrive aux Chaumes. — Elle allume
des feux de bivouac. — Il y a encore de 1500 à 2000 républicains
derrière les barricades. — Mais tout espoir semble perdu. — La retraite est décidée. — M. Lyonnet, ingénieur des ponts et chaussées
se rend auprès du préfet comme parlementaire. — Il est arrêté. —
Les citoyens Moreau et Bretagne sont aussi arrêtés comme parlementaires. — Les républicains ne les voyant plus revenir, se décident à
abandonner la ville. — Avant leur départ, ils restituent 4760 fr. sur
5000 à la caisse du receveur. — Les 240 fr. dépensés ont servi à
payer les boulangers. — Arrivée du général Pellion, à la tête d'une
forte colonne de troupes. — Son entrée dans Clamecy. — Proclamation de M. Petit de Lafosse. — Autre proclamation de M. Carlier, ancien préfet de police, envoyé comme commissaire extraordinaire. —
Répression terrible. — Victimes incalculables. — Villages entiers dé-

cinés. — Plusieurs prisonniers sont assommés à coups de crosse de fusils sur les routes par les soldats. — Des colonnes mobiles parcourent les environs. — Elles arrêtent et désarment les habitants. — A Entrains, un prisonnier essaie de s'échapper. — Il est fusillé. — Un autre se jette à l'eau. — On tire sur lui. — Il est atteint mortellement et disparaît sous l'eau. — Les maires de Pousseaux et de Billy sont conduits en prison la corde au cou. — M. Commeau d'Entrains est traîné attaché derrière une charrette. — Les soldats commettent des orgies dans les maisons. — Neuvy-sur-Loire s'est également soulevé le 3 décembre. — Des groupes se forment devant le cabaret du citoyen Thème. — Le maire veut résister. — Mais ses ordres ne sont pas écoutés.—Prise de la mairie, puis de la gendarmerie. — Ces derniers sont désarmés.—Le maire, le percepteur et quelques autres réactionnaires sont arrêtés. — Le curé Vilain subit le même sort. — Le citoyen Thème tire sur lui. — Il est blessé. — Le lendemain, arrivée du secrétaire général de la préfecture, M. Ponsard, accompagné de quelques détachements de la ligne. — Les républicains ont élevé des barricades et se disposent à se défendre. — Trois citoyens tombent entre les mains de M. Ponsard. — Ils sont fusillés par ses ordres. — Il était disposé à en faire fusiller 6 autres, mais voyant que les soldats mettaient une certaine répugnance à une telle besogne, il se résigna à leur accorder la vie. — La barricade qui commandait l'entrée de Neuvy est prise après une vive résistance. — Le citoyen Thème est fusillé sommairement sur la place publique. — M. Ponsard fait arrêter toute la population valide de Neuvy.

MORT DE CHAPUY ET DE SES COMPAGNONS.

..... C'était le 7 décembre, et Clamecy était toujours en armes pour la défense de la Constitution, Nevers, Auxerre, Bourges et toutes les villes environnantes ne donnaient pas signe de résistance, partout le coup d'Etat était maître de la situation.

Cependant d'intrépides champions du droit, parmi lesquels on distinguaient les trois Millelot, Guerbet, Séroude, les deux Cornu, Bretagne, Denis Kock, Coquard et beaucoup d'autres avaient pris la résolution de continuer la lutte, espérant par une telle attitude encourager d'autres communes à la résistance légale, aussi les barricades s'élevèrent-t-elles avec rapidité, le tocsin sonna de nouveau, le cri *aux armes!* se fit entendre dans toute la ville et finit par rallier un nombre considérable de courageux citoyens. — Le Crot-Pinçon qui domine un côté de la ville de Clamecy fut mis en état de défense, une barricade formidable y fut construite, et beaucoup de républicains allèrent en tirailleurs se loger dans les maisons environnantes. — Il était à peu près certain que le premier point de mire de la part des soldats, à la tête desquels se trouvait le préfet, M. Petit de Lafosse, serait celui-là. — Un M. Rambourgt, capitaine louvetier dans la Nièvre se trouvait également avec tous ses gardes, couteaux de chasse à la ceinture, dans les rangs de la troupe.

Une grande effusion de sang était imminente, l'honnête Chapuy voulut la prévenir et s'offrit pour aller parlementer avec le préfet. Ce citoyen intègre, que tout le monde connaissait dans la Nièvre, était considéré depuis très-longtemps comme un auxiliaire puissant dans une prise d'armes, et comme étant capable de sacrifier son existence pour le bonheur de la République, aussi ne surprit-il personne quand, devant l'attitude menaçante des forces de la réaction triomphante, il courut au devant du danger. — Les citoyens Roubet, Ducarroy et deux autres le suivirent. C'est alors qu'après avoir parcouru 3 à 400 mètres sur la route de Nevers, ils furent subitement enveloppés de toute part par les tirailleurs de la troupe qui étaient déployés sur les deux côtés de la route, dissimulés qu'ils étaient par des arbres et des haies et sans avoir pu entamer les négociations ou proférer un mot, ils furent impitoyablement fusillés, criblés de balles. — Le citoyen Chapny tomba en héros, percé de trois coups de feu, au cri de *Vive la République!*

Les autres parlementaires eurent plus de bonheur, le citoyen Lyonnet d'abord, puis les citoyens Moreau et Bretagne ensuite furent seulement arrêtés.

Le lendemain 8 décembre, après une aussi facile victoire, les troupes renforcées par celles du général Pellion, faisaient leur entrée dans la ville.

Les soldats arrêtèrent un certain nombre de femmes; plusieurs d'entre elles furent malmenées avec tant de rudesse, que l'opinion publique se fut soulevée d'indignation, si la crainte n'avait arrêté tout le monde.

Le colonel de Martimprey, aujourd'hui sénateur, fut nommé président du 2ᵉ Conseil de guerre, qui ne cessa de fonctionner qu'après avoir prononcé 72 condamnations.

LISTE DES VICTIMES CONNUES.

TUÉS PENDANT L'ACTION OU FUSILLÉS SOMMAIREMENT.

Chapuy, marchand de plâtre, à Corbigny.
Coqueval, cordonnier, à Clamecy.
Delassasseigne, à Clamecy.
Ducarroit, cordonnier, à Clamecy.
Leclerc, tailleur de pierres, à Clamecy.
Morin (Théodore), portefaix, à Druyes.
Pinon, à Oisy.
Roubet, tanneur, à Corbigny.
Thême, cabaretier, à Neuvy-sur-Loire.

EXÉCUTIONS.

Cirasse (Germain), flotteur, à Pousseaux.
Cuisinier (Pierre), flotteur, à Pousseaux.

MORTS A CAYENNE.

Aubert (Jean-Baptiste), charpentier, à Clamecy.
Cordier (Joseph), portefaix, à Clamecy.
Cuisinier (Lazare), flotteur, à Pousseaux.
Delin (Pierre), menuisier, à Saint-Aubin.
Delume (Durand), jardinier, à Clamecy.
Foubart (Pierre), fils aîné, maçon, à Oisy.
Foubart (Jacques), père, propriétaire, à Oisy.
Gonat (Casimir), tanneur, à Clamecy.

Guerbet (Jean-Baptiste), quincaillier, à Clamecy.
Kock (Denis), marchand de vins, à Clamecy.
Millelot (Eugène), imprimeur, à Clamecy.
Roblin (Hippolyte), cordonnier, à Clamecy.
Sabatier (Jean-Désiré), matelassier, à Clamecy.
Tapin (François), menuisier, à Dornecy.
Trotet (Pierre), menuisier, à Clamecy.

Autres déportés a Cayenne.

Beaufils (Jacques), tailleur de pierres, à Chevroches.
Beaumier (Henri), marchand de draps, à Clamecy.
Bijoux (Jean), marinier, à Neuvy-sur-Loire.
Boudin (L.-Marie), cordonnier, à Clamecy.
Bouillery (François), tailleur de pierres, à Dornecy.
Boutron (François), menuisier, à Clamecy.
Cavoit (Nicolas), maçon, à Corvol-l'Orgueilleux.
Coquard (Edouard), tanneur, à Clamecy.
Cordelier (Louis), plâtrier, à Varzy.
Cornu (Hippolyte), tailleur, à Clamecy.
Cornu (Aventin), ferblantier, à Clamecy.
Davaux (Alphonse), charpentier, à Clamecy.
Dime (Gustave), couvreur, à Neuvy-sur-Loire.
Fauleau (Edme-Alex.), menuisier, à Armes.
Foubart (Verain), cadet, maçon, à Oisy.
Foulon (Pierre), matelassier, à Clamecy.
Geoffrov (Auguste), rémouleur, à Dornecy.
Girard (Jules), à Chevroches.
Guilien (Bazile), tanneur, à Clamecv.
Guilleminot (Jean-Baptiste), charpentier, à Varzy.
Hanneweck, cordonnier, à Pousseaux.
Meunier (Pierre), carrier, à Chevroches.
Milandre (François), tailleur de pierres, à Clamecy.
Millelot (Numa), négociant, à Clamecy.
Millelot, père, négociant, à Clamecy.
Saint-Paul, dit Janvier, manœuvre, à Clamecy.
Séroude (Pierre), peintre, à Clamecy.

Condamnés a Cayenne, en fuite.

Aizière (Cyprien), flotteur, à Clamecy.
Belin (Victor), docteur en médecine, à Corvol-l'Orgueilleux.
Gannier, limonadier, à Clamecy.
Lachevrie, docteur en médecine, à Clamecy.
Meunier, beau-frère de Gannier, tailleur de pierres, à Cla-
        mecy.
Mounier (Jean-Baptiste), professeur de musique, à Clamecy.

Robert (Emile), instituteur libre, à Dornecy.
Rousseau (François de Salles), avoué, à Clamecy.

CONDAMNATIONS A MORT PRONONCÉES, NON EXÉCUTÉES.

Jouanin (Pierre-Isidore), cordonnier, à Clamecy.
Millelot (Eugène), imprimeur, à Clamecy.
Roux, aîné, à Glamecy.
Trotel (Pierre), menuisier, à Clamecy.

CONDAMNATIONS AUX TRAVAUX FORCÉS.

Bilbaut (Jean), cantonnier, à Neuvy-sur-Loire.
Ferrières (Charles), à Clamecy.
Galloux (Jean-Baptiste), flotteur, à Clamecy.
Gillet (Auguste), à Ferrières.
Goyard, à Clamecy.
Guenot (Charles), cultivateur, à Metz-le-Comte.
Lorin (Edme), flotteur, à Pousseaux.
Mannevy (Thomas), à Druyes.
Rollin (Jean), dit Bonjean, jardinier, à Clamecy.
Roux (Martin), jeune, à Clamecy.
Saget (Edme), flotteur, à Pousseaux.

FEMMES POURSUIVIES.

Femme Baron (Hippolyte), de Dornecy (en fuite).
Demoiselle Boudard (Antoinette), couturière, à Clamecy.
Femme Cavoit (Nicolas), mère, de Corvol-l'Orgueilleux.
Demoiselle Cavoit (Nicolas), fille, de Corvol-l'Orgueilleux.
Femme Cornu (Aventin), de Clamecy.
Femme Durand (Emile), de Clamecy.
Femme Gannier, limonadière, à Clamecy.
Eemme Guibert, mère, à Entrains.
Femme Gourlin-Gigaux, à Clamecy.
Femme Robert (Emile), de Dornecy.
Femme Rougier (Louis), de Clamecy.

AFRIQUE. — EXIL. — INTERNEMENT. — PRISON.

Alleigre (Antoine), tailleur, à La Machine.
Amant (Jean), journalier, à Dornecy.
Anceney (Baptiste), perruquier, à Clamecy.
Audry (Augustin), marinier, à Neuvy-sur-Loire.
Badin (Pierre).
Balandreau, avocat, à Nevers.
Barbier (Alexandre), journalier, à Neuvy-sur-Loire.
Bardin (Louis), forgeron, à Coulonges.
Baroin (Etienne), maréchal-ferrant, à Ausoux.
Baron (Hippolyte), entrepreneur, à Dornecy.

Basset, greffier de la justice de paix de Corbigny.
Basset (Frédéric), épicier, à Annay.
Baudin (Jean-Jules), fermier, à Fours.
Beaufils (Augustin), sabotier, à Neuvy-sur-Loire.
Beaufils (Michel), sabotier, à Billy.
Beaupin (Louis-François), cabaretier, à Saint-Amand.
Beaurenot, entrepreneur, à Corbigny.
Beauroche (Eloi), manœuvre, à Brèves.
Bergeron (Philippe), menuisier, à La Machine.
Bernasse, entrepreneur, à Dornecy.
Berriat, commis-greffier, à Moulins-en-Gilbert.
Berthiaut, ferblantier, à Nevers.
Bétard, entrepreneur, à Nevers.
Bideux (Philibert), sabotier, à Montceaux-le-Comte.
Billard, confiseur, à Varzy.
Billaud, (Léon), ex-juge de paix, à Lormes.
Bitteur (Pierre), journalier, à Sully-la-Tour.
Blandin, adjoint, à Fours.
Blondé (Pierre), à la Celle,
Boisseau (Henri), flotteur, à Clamecy.
Bonhomme (Saint-Cyr), cultivateur, à Dornecy.
Bonnet (Sylvain), mouleur, à Fourchambault.
Bonhomme (Louis-Jean), cordonnier, à Billy.
Bonnereau, porteur de contraintes, à Prémery.
Bondard (Claude), flotteur, à Clamecy.
Bougon (Edme-Léon), compositeur, à Clamecy.
Bourdier (Jean), charbonnier, à Trois-Verves.
Bourdier (François), ouvrier mineur, à Lurcy-le-Bourg.
Bretagne (Jean), tailleur, à Clamecy.
Bruandet, cabaretier· à Moulins-en-Gilbert.
Buret, ébéniste, à Varzy.
Buzelin, cafetier, à Guérigny.
Caillat (Jacques), vigneron, à Billy.
Camus (François), manouvrier. à Brèves.
Carroué (Auguste), à Neuvy.
Castille (Louis), boulanger, à Garchizy.
Chagnat (Ch.-Francis), menuisier, à Saint-Amand.
Chamoin (César), aubergiste, à Lurcy-le-Bourg.
Chapé, portefaix, à Clamecy.
Chapuis.
Chapuizeau (P.-Frédéric), marchand ambulant, à Saint-Saulge.
Charlais, à Clamecy.
Charlot (Nic.-Joseph), garçon boucher, à Clamecy.
Charpin (Pierre), sabotier, à Neuvy sur-Loire.
Charrier (F.-Marie), cultivateur, à Billy.
Chastignier (Louis-Jacques), propriétaire, à Poiseux.

Châtelet (Michel), carrier, à Narcy.
Chavance (Denis-F.), clerc d'avoué, à Clamecy.
Chavannes (Jacques), menuisier, à Neuvy-sur-Loire.
Chenu (Jean), terrassier, à Sermages.
Clément (André), flotteur, à Surgy.
Clément (Auguste), flotteur, à Surgy.
Clément, huissier, à Clamecy.
Commeau, propriétaire, à Eutrains.
Comte (Claude), cordonnier, à Clamecy.
Conant, inspecteur. à Clamecy.
Coquelard (Etienne), journalier, à Chevenon.
Cordonnier (Louis-M.), terrassier, à Laforest.
Cornet (Florent), entrepreneur du service des dépêches à Nevers.
Cornu (Philibert), entrepreneur, à Clamecy.
Corré (Nicolas-J.), flotteur, à Clamecy.
Cortet, relieur, à Château-Chinon.
Couder (Jean), cordonnier, à Clamecy.
Coudret (Jean), à Vertemey.
Cougny (Antoine), peintre, à La Charité.
Cougnot (Isidore-Alexis), vétérinaire, à Clamecy.
Coulpier (Edme), scieur de long, à Arquian.
Covillot, orfèvre, à La Charité.
Crottet (Joseph), scieur de long, à Armes.
Dabet (Jean), vigneron, à Neuvy-sur-Loire.
Dailly (Edme), flotteur, à Clamecy.
Damotte (Louis), vigneron, à Neuvy-sur-Loire.
Darboude (Victor), flotteur, à Clamecy.
Degonde, menuisier, à Nevers.
Delassasseigne (Ch.-Henri), tailleur de pierres, à Clamecy.
Delassasseigne (Sylvain), facteur rural, à Clamecy.
Denis, cordonnier, à Nevers.
Desfossés (Léon-Michel), propriétaire, à Saint-Révérien.
Dethou, avoué, à Cosne.
Donneaux (Etienne), tourneur, à Prémery.
Dreuille de Senneterre, propriétaire, à Donzy.
Drure (Guillaume), menuisier, à Nevers.
Dubois (Alphonse), menuisier, à Eutrains.
Dumangin. tailleur d'habits, à Pouilly.
Dumas (Gilbert), voiturier, à Saint-Pierre-le-Moutier.
Durand (Pierre), cordonnier, à Clamecy.
Durix (Jean), tisserand, à Decize.
Dusand (Benoît), manœuvre, à Fourchambault.
Duvivier (Antony), instituteur, à Nevers.
Evrard (Edme), cordonnier, à Varzy.
Fanel (Claude), journalier, à Chantenay.

Fassiat (Pierre).
Férien (Jean), marchand chiffonnier, à Garchizy.
Fonty (Pierre), entrepreneur, à Tannay.
Forgeot (Gabriel), tailleur de pierres, à Dornecy.
Fort (Denis), journalier, à Saint-Martin-d'Heuillé.
Foubard (Alexandre), maçon, à Oisy.
Foucheraud (Pierre), menuisier, à Clamecy.
Fouqueau (Félix), officier de santé, à Saint-Amand.
Fouquereux, à Saint-Amand.
Fournier (Armand), marchand tanneur, à Cosne.
Frapat (Antoine), tailleur, à Neuvy-sur-Loire.
Frappa (Victor), tailleur, à Neuvy-sur-Loire.
Frérot (Eug.-Félix), clerc de notaire, à Cosne.
Frû, tailleur de pierres, à Nevers.
Gabereau (Thibaud), journalier, à Asnois.
Gabuet (François), flotteur, à Clamecy.
Gagne (Jaeques-Alex.), ébéniste, à Clamecy.
Gaillard (Aug.-Nicolas), charpentier, à Billy.
Galopin (Isidore), perruquier, à Arquian.
Galopin, couvreur, à Nevers.
Gambon (Eugène), notaire, à Cosne.
Gannier (N.-André), manœuvre, à Clamecy.
Garin (Louis-Sam.), cabaretier, à Nevers.
Garnier fils, plâtrier, à Montreuillon.
Gasnier (Jean-Baptiste), charron, à Brêves.
Gaucher (François), bourrelier, à Dornecy.
Gaulon (François), instituteur, à Alligny.
Gautheron, à Jammes.
Geoffroy (Jean), dit Bonvent, à Lurcy-le-Bourg.
Giraudan (Jacques), terrassier, à Saint-Pierre-le-Moutier
Giraux, menuisier, à Clamecy.
Gourlin (Etienne), épicier, à Clamecy.
Graillot (Edmond), employé à la mairie, à Clamecy.
Grasset (Léon-Félix), flotteur, à Surgy.
Grenet (Charles), vigneron, à Chantenay.
Grenot (Philippe), tailleur de pierres, à Dornecy.
Gresle (Gaspard), sellier, à Clamecy.
Gudin du Pavillon (Emile), notaire, à Corbigny.
Gueneau (Augustin), menuisier, à Cosne.
Guenot (Philibert), cultivateur, à Metz-le-Comte.
Guenot (Lazare), marchand d'étoffes, à Dornecy.
Guenot (Victor), maréchal-ferrant, à Metz-le-Comte.
Guenot, sabotier, à Cosne.
Gueuble (Louis), cultivateur, à Billy.
Guibert (Edm.-Jos.), serrurier, à Entrains.
Guiblain (Jean-Louis), instituteur, à Arquian.

Guïblain (Paul-Ch.), aubergiste, à Arquian.
Guillaumin (Bernard), tailleur d'habits, à Trois-Vêvres.
Guillemot (Étienne), perruquier, à Tannay.
Guillemot (François), tailleur de pierres, à Clamecy.
Guimard (Jacques), terrassier, à Billy.
Guinot (Pierre), journalier, à Sully-la-Cour.
Gulot, instituteur révoqué, à Moulins-en-Gilbert.
Guyot (François), propriétaire, à Trois-Vêvres.
Horry (Jules), plâtrier, à Clamecy.
Huot, relieur, à Clamecy.
Jacob (Edme), fils, architecte, à Nevers.
Jacquart (Pierre), carrier, à Dornecy.
Joachim (P.-Germain), aubergiste, à Champlemy.
Jouanin, à Dornecy.
Jouanin, à Franvache.
Joubert-Parent, caissier chez M. Legeay, banquier, à Clamecy.
Jouniac, tailleur de pierres, à Tannay.
Joussier (Léonard), cordonnier, à Clamecy.
Jouvet (Jean), menuisier, à Lurcy-le-Bourg.
Just (Pierre), menuisier, à Brêves.
Koziell, vétérinaire, à Varzy.
Labiesse (Mathieu), fermier, à Azy-le-Vif.
Lablanche (Hubert), journalier, à Arquian.
Lafond (Jean), journalier, à Saint-Parize-le-Châtel.
Laratte (Théophile), pottier, à Saint-Amand.
Laratte (Louis-F.), menuisieur, à Arquian.
Larible (Edme), cordonnier, à Clamecy.
Laudet (Augustin), coiffeur, à Clamecy.
Laurent (Gustave), commis-libraire, à Nevers.
Leclerc (Charles), tailleur de pierres, à Clamecy.
Leduc (Pierre), sans profession, à Champlemy.
Lefèvre (Etienne), cordonnier, à Clamecy.
Legros (Edouard), cordonnier, à Clamecy.
Lelong (Etienne), couvreur, à Clamecy.
Lelu (F.-Augustin), maçon, à Eutrains.
Lelut (François), propriétaire, à Urzy.
Lemaître, menuisier, à Moulins-en-Gilbert.
Lenoir, deuxième adjoint au maire de Clamecy.
Lenoir (Alexandre), fils, marchand de nouveautés, à Clamecy.
Létouffé (Jean-Baptiste), garde du port, à Clamecy.
Leuillet (Pierre), cabaretier, à Nevers.
Léveillé, ex-huissier, à Fours.
Lhuillier, carrier, à Dornecy.
Lhuillier (François), manœuvre, à Dornecy.
Ligeron (Philibert), propriétaire, à Montsauche.
Lionnet, épicier, à Château-Chinon.

Liron (Edme), journalier, à Chevroches.
Longeat (Thomas), maçon, à Sully-la-Tour.
Louzon (Jean), tailleur de pierres, à Trucy-l'Orgueilleux.
Luquet (Félix-Honoré), serrurier, à Saint.Amand.
Madevon (François), bourrelier, à Raveau.
Malbert (Joseph), peintre, à Clamecy.
Mannevy (F.-Théodore), menuisier, à Eutrains.
Maniquaire (Simon), charron, à Saint-Martiu-d'Heuille.
Margueron, à Corbigny.
Marion, marchand de bois, à Fours.
Massé, ex-notaire, à La Charité.
Maujean, cordonnier, à Clamecy.
Ménards, père, cabaretier, à Cercy-la-Tour.
Méquin (Gateau), menuisier, à Nevers.
Meunier (Claude), tailleur de pierres, à Chevroches.
Milleron (Auguste), menuisier, à Cosne.
Millet (Jean-Baptiste), menuisier, à Champlemy.
Millot (Pierre), charpentier, à Oisy.
Millot (François), maçon, à Clamecy.
Millot (Jean), manœuvre, à Billy.
Monnet (Pierre), maçon, à Neuvy-sur-Loire.
Moreau (François), jardinier, à Clamecy.
Moreau (Adolphe), avocat, à Clamecy.
Moreau (Joseph-M.), serrurier, à Donzy.
Moreau (François), vannier, à Dornecy.
Moret (Jean), maçon, à Saint-Benin-des-Bois.
Mounier, ébéniste, à Clamecy.
Moyeux, à Cosne.
Neaudot (Adrien), sabotier, à Tannay.
Nicot (Germain), charpentier, à Magny.
Nobilleau (Pierre), sabotier, à Corvol-l'Orgueilleux.
Noutreau (Etienne), journalier, à Billy.
Oudry (Antoine), vannier, à Billy.
Paillet, teinturier, à Lormes.
Paillet (Simon), boucher, à Clamecy.
Pariseau (Louis), marchand ambulant, à Fourchambault.
Pataux (Claude), manœuvre, à Clamecy.
Pateaux, cordonnier, à Tannay.
Pellardy (Jean), terrassier, à Tannay.
Perreau (François), flotteur, à Pousseaux.
Perreau, ex-commandant du génie, à Asnois.
Perricaudet (Pierre), meunier, à Moulins-en-Gilbert.
Perrier, avocat, à Nevers.
Perrot (Bazile-Pierre), charpentier, à Arquian.
Perrot (Isidore), tailleur d'habits, à Arquian.
Petit (Pierre-F.), bourrelier, à Varzy.

Petit (Louis), appareilleur, à Dornecy.
Petit-Jean (P.-Alfred), clerc de notaire, à Nevers.
Picq (Etienne), cultivateur, à Oisy.
Pierredet (François), tailleur, à Nevers.
Pieuchot (Lazare), vigneron, à Pousseaux.
Pigeonnet (Jean), cabaretier, à Nevers.
Pillault (Claude), cabaretier, à Sully-la-Tour.
Pinault, avoué, à Nevers.
Pinon (Thomas), vannier, à Billy.
Pinon (Jacques), Charpentier, à Clamecy.
Piscoret, entrepreneur, à Varzy.
Pissancourt (Claude), maréchal-ferrant, à Saint-Amand.
Pitois (Augustin), plâtrier, à Clamecy.
Pitois (Cl.-Marie), propriétaire, à Moux.
Pivert (Jean), cabaretier, à Nevers.
Plençon (Jean), serrurier, à Saint-Amand.
Potin (Thomas-Blain), boucher, à Cosne.
Prêtre (Pierre), à Annay.
Quenouille, marchand de vins en gros, à Clamecy.
Quentin (Jean-Théodore), tisserand, à Billy.
Radier (Thomas), maréchal-ferrant, à Corval-l'Orgueilleux.
Rainaud (Claude), tailleur, à Nevers.
Rameau (Thomas-François), manœuvre, à Clamecy.
Rat (Hippolyte), relayeur, à Saint-Pierre-le-Moutier.
Regnaudot.
Relu (Auguste), cordonnier, à Clamecy.
Renault (Osias), épicier, à Saint-Pierre-le-Moutier.
Riault (Pierre), tourneur, à Magnicourt.
Richard.
Richard (Alexandre), employé des ponts et chaussées, à Azy-
  le-Vif.
Richard (Jean), maréchal-ferrant, à Chevenon.
Richetin, propriétaire, à Montceaux le-Comte.
Rigal (Jacques), cordonnier, à Garchizy.
Rivet (Guillaume), père, voiturier, à Tannay.
Rivet, fils aîné, tailleur de pierres, à Tannay.
Robert (Adolphe), employé, à Tannay.
Robert, pharmacien, à Cosne.
Robineau (Etienne), charcutier, à Clamecy.
Rochelois (Louis), cabaretier, à Saint-Pierre-le-Moutier.
Rollin (Jean-Baptiste), manœuvre à Clamecy.
Rouard (Jean-François), journalier, à Asnois.
Rouard (Jean-Baptiste), cultivateur, à la Maison-Dieu.
Rougeron (Blaise), ferblantier, à Saint-Pierre-le-Moutier.
Rougier (Louis), chapelier, à Clamecy.
Rouzier (Michel), menuisier, à Nevers.

Roy (François-Charles), clerc de notaire, à Pouilly.
Sabourin (Charles), tailleur d'habits, à Corbigny.
Saint-Paul (Etienne), sabotier, à Clamecy.
Salin (Pierre-Léon), tanneur, à Entrains.
Salin (Louis), bûcheron, à Annay.
Sautereau (Dominique), cultivateur, à Annay.
Sellier (Charles), charretier, à Brêves.
Serizier (Charlemagne), à Donzy.
Sourd (Joseph), ex-instituteur, à Pazy.
Tardy, tailleur d'habits, à Pouilly.
Tarrault (Pierre-François), cordonnier, à Clamecy.
Tartary (Jean), scieur de pierres, à Saint-Pierre-le-Moutier.
Thévenin (Aynard), propriétaire, à Champlemy.
Thirault (François), sabotier, à Cercy-la-Tour.
Thomas (Jean), cabaretier, à Blisme.
Tissier (Jean), manouvrier, à Dornecy.
Tissier (Georges), à Nevers.
Tolleron (Edme), domestique, à Sully-la-Tour.
Torstait, boulanger, à Pousseaux.
Tramesson (J.-Baptiste), ex-maire de Saint-Révérien.
Vernet (Etienne), tailleur de pierres, à Tracy-l'Orgueilleux.
Vicq (Jacques), maréchal-ferrant, à Dornecy.
Vincent (Pierre), journalier, à Armes.

CHAPITRE LXIV.

NORD.

Résumé des événements : Grande agitation à Lille. — Des rassemblements nombreux se forment sur différents points de la ville. — Le mécontentement est à son comble. — La grande place est très-animée. — Des cris formidables de « Vive la République! Vive la Constitution! » se font entendre. — Quelques citoyens prêchent ouvertement la résistance. — Tout rentre dans le calme par suite de l'hésitation d'un des chefs. — On opère un certain nombre d'arrestations. — Anzin vient de faire son mouvement. — Les mineurs en grande quantité se sont emparés de la mairie. — Les troupes arrivent et les dispersent. — D'autres localités sont aussi très-agitées, entre autres Cambrai et Valenciennes. — Les nouvelles de Paris contribuent à calmer les esprits.

LISTE DES VICTIMES CONNUES :

AFRIQUE. — EXIL. — INTERNEMENT. — PRISON.

Antoine (Ernest), propriétaire, à Valenciennes.

Arsin (Joseph), mineur, à Anzin.
Arzin (Emmanuel), mineur, à Vicq.
Belverge, cultivateur, à Auberchicourt.
Benque (Pierre), ouvrier peigneur, à Tourcoing.
Bianchi (J.), journaliste, à Lille.
Blard (Alphonse), employé, à Anzin.
Bonjour.
Bourse, maire de Bruai.
Brasseur, maire de Tesnières.
Bultel, à Avesnes.
Burlureau (Antoine), instituteur, Artres.
Castagnet (Alphonse), boulanger, à Anzin.
Cattiaux, officier de santé, à Gouzeaucourt.
Charlon, à Douai.
Chaumette (Frédéric), tailleur d'habits, à Anzin.
Chauveau, fils, à Lille.
Chotteau (Camille), à Saint-Amand.
Clavelly (Alphonse), journaliste, à Valenciennes.
Consil (Jean-Baptiste), cultivateur, à Auberchicourt.
Consil (Alexandre), cultivateur, à Auberchicourt.
Corbeau, fileur, à Lille.
Corberon (Fréd.-Ad.), mécanicien, à Anzin.
Dauban, fileur, à Lille.
Debuchy, à Roubaix,
Delattre (Joseph), marchand de bois, à Raismes.
Delaville, avocat, à Avesnes.
Delevoye (Jean-Baptiste), ouvrier peigneur, à Tourcoing.
Delfosse (Ch.-Auguste), fondeur, à Anzin.
Deltombe, à Anzin.
Demessire.
Denis (Louis-Jos./, employé au chemin de fer d'Anzin.
Desfossez, dit le Bossu, à Avesnelles.
Desquennes, peintre en bâtiments, à Avesnes.
Dessailly, à Douai.
Deswarlez, cabaretier, à Lille.
D'Henry, employé à l'octroi de Lille.
Douchemont (Adolphe), cordonnier, à Beuvrages.
Dubois (Alexandre), tailleur, à Anzin.
Duez, à Anzin.
Duez (Auguste), à Douai.
Dupont (Emile), journaliste, à Cambrai.
Dusautoir (Charles), journaliste, à Cambrai.
Fayaux (Auguste), secrétaire de la mairie d'Anzin.
Fémy, secrétaire du conseil des prud'hommes, à Lille.
Ganidel.
Glorieux, à Tourcoing.

Goulois (Emile), à Douai.
Gramain (Louis), journaliste, à Lille.
Grenier, journaliste, à Douai.
Groulez.
Guillermin (Ernest), étudiant en droit, à Avesnes.
Guilloux, emballeur, à Lille.
Haussin (César), modeleur, à Anzin.
Laurent, dit grands yeux, boucher, à Anzin.
Lecomte, propriétaire, à Ferrière-la-Grande.
Ledoux, fileur, à Lille.
Leloir.
Lenglet, vétérinaire, à Englefontaine.
Madoulé (Louis), vétérinaire, à Valenciennes.
Martinache, médecin, à Lille.
Mathieu (Léonard), serrurier, à Anzin.
Mathieu (Alexandre), serrurier, à Anzin.
Mercier (Ant.-Louis), mécanicien, à Anzin.
Meurs, journaliste, à Avesnes.
Mittenacre, fileur, à Lille.
Muret (Emile), commis, à Emmerin.
Nugues (Louis), journaliste, à Saint-Amand.
Paquet, à Avesnes.
Parent, fils, suppléant du juge de paix de Bouchain.
Pépin (Eugène), maréchal-ferrant, à Anzin.
Pillette (Désiré), ex-commissaire du gouvernement provi-
    soire, à Saint-Amand.
Pinte, cultivateur, à Auberchicourt.
Poteaux (Constant), menuisier, à Anzin.
Potteaux (Alexandre), charpentier, à Anzin.
Pottier (Louis), ouvrier peigneur, à Tourcoing.
Priker, aîné, à Anzin.
Quoirez (J.-Baptiste), serrurier, à Anzin.
Reiss, à Avesnes.
Richier (Eugène), mouleur, à Anzin.
Sidrac, à Douai
Tellier, fileur, à Lille.
Testelin (Gustave), brasseur, à Lille.
Thirifocq (Louis), agent d'assurances à Valenciennes.
Tombe (Désiré), à Valenciennes.
Tombe (Gustave), à Valenciennes.
Wagnier, propriétaire, à Flammont.
Wagon, peintre en bâtiments, à Avesnes.
Warin (Pierre, contre-maître, à Lille.

CHAPITRE LXV.

OISE.

Ce qui s'est passé dans ce département est assez insignifiant. — Il n'y eut qu'une agitation assez vive à Senlis, calmée bien vite par les nouvelles de Paris. — Les victimes sont encore assez nombreuses.

MORT A CAYENNE.

Lavoine, forgeron, à Saint-Quentin.

AUTRE DÉPORTÉ A CAYENNE.

Dolivier (J.-Baptiste), tabletier, à Saint-Crépin.

AFRIQUE. — EXIL. — INTERNEMENT. — PRISON.

Bardet.
Bisson, à Beauvais.
Bizet, à Beauvais.
Caboche, médecin, à Pierrefonds.
Chevalier (Julien) manouvrier, à Saint-Maximin.
Daboncourt.
Dijon (Am.-Joseph), mégissier, à Mary.
Dricourt (Alexandre), manouvrier, à Ribecourt.
Dufour (Victor), libraire, à Breteuil.
Dumont (Nicolas), propriétaire, à Anneil.
Drouart (Adrien).
Fournier-Lardenois (L.-Charles), clerc de notaire, à Saint-Just.
Gobert (Arthur), menuisier, à Senlis.
Gueudet (Louis-Nap.), tailleur, à Hédaucourt.
Lefèvre (Aug.-Antoine), cabaretier, à Creil.
Levesque (Charles-Aug.), vétérinaire, à Noyon.
Mary (Louis), vétérinaire, à Noailles.
Moison (François-Théophile), pharmacien, à Mouy.
Noël (Jules), boucher à Verneuil.

CHAPITRE LXVI.

ORNE.

Dans la journée du 5 décembre, les républicains de la ville de Laigle se sont portés sur l'Hôtel-de-Ville, demandant des armes et des munitions, dans le but de marcher sur Paris, mais ce commencement de résistance ne fut pas de longue durée ; quant au chiffre des victimes à enregistrer, il m'est complétement inconnu ; un seul nom est mentionné, c'est celui du citoyen :

Durand (François).

CHAPITRE LXVII.

PAS-DE-CALAIS.

Résumé des événements : Une grande agitation règne à Saint-Omer. — Les républicains se réunissent au café du citoyen Lefebvre. — Ils sont de suite dispersés par la troupe. — Le calme se rétablit difficilement à Arras et à Saint-Pol.

LISTE DES VICTIMES CONNUES :

AFRIQUE. — EXIL. — INTERNEMENT. — PRISON.

Ayraud-Degeorges, journaliste, à Arras.
Bachelet, de Saint-Omer,
Cauvet, de Saint-Omer.
Courdon, distillateur, à Saint-Omer.
Defosseux, (Edm.-Jos.), charron aux Loges, commune de Basseux
Deron, à Saint-Omer.
Descamps, propriétaire, à Saint-Omer.
Duméril, fabricant de pipes à Saint-Omer.
Lefèbvre, limonadier, à Saint-Omer.
Pierret, ex-constituant, négociant à Saint-Omer.
Quillez, à la Lacque.
Vaillant, commis-voyageur, à la Lacque.

CHAPITRE LXVIII.

PUY-DE-DOME.

Résumé des événements : Commencement de résistance à Clermont-Ferrand. — Les rassemblements entonnent *la Marseillaise* et crient *Vive la République ! Vive la Constitution !* mais comme partout, les nouvelles de Paris apaisent promptement les esprits. — Les villes de

Thiers et d'Issoire se sont également ameutées très-sérieusement. — Les troupes font leur entrée dans ces deux villes et font cesser toute résistance. — Arrestations nombreuses dans tout le département.

LISTE DES VICTIMES CONNUES.

DÉPORTÉ A CAYENNE.

Angonade (Jean), terrassier, à Vertaizon.

AFRIQUE. — EXIL. — INTERNEMENT. — PRISON.

Agenon (Jean), tailleur d'habits, à Clermont-Ferrand.
Astaix, ex-constituant:
Barissat, à Issoire.
Bathol (Jean-Baptiste), propriétaire, à Brenat.
Bayle (Ant.-Gabriel), propriétaire, à Clermont-Ferrand.
Beaujeu (Gilbert), coutelier, à Celles.
Besson (Gilbert), coutelier, à Thiers.
Biblouck (Jacques), tailleur, à Clermont-Ferrand.
Boyer-Moigne (Francisque), dessinateur, à Thiers.
Bravard (Jules), ex-conseiller de préfecture, à Clermont-Ferrand.
Brunel (François), chapelier, à Clermont-Ferrand.
Caburol (Jean-Baptiste), coutelier, à Thiers.
Calme (Louis), tailleur, à Clermont-Ferrand.
Chalard (Barthélemy), vétérinaire, à Martres-d'Asnières.
Chassaigne (Henri), à Chateldon.
Congoul, ex-capitaine de la garde nationale d'Aubières.
Coumol, aubergiste, à Riom.
Dassaud (Gilbert), cultivateur, à Chateldon.
Dassau dde Nevrezé (Gilbert), clerc de notaire, à Chateldon.
Delorme, dit Tiolet, tisserand, à Issoire.
Dessales (Georges), coutelier, à Thiers.
Duchemin (Louis-M.), propriétaire, à Aigueperse.
Fournier, chaudronnier, à Clermont-Ferrand.
Fraisse (Antoine), aubergiste, à Issoire.
Gazard, ex-préfet du gouvernement provisoire.
Gilbert (Clovis), tailleur, à Clermont-Ferrand.
Gilbert (Hugues), aubergiste, à Poslières.
Giraud (Guillaume), avoué, à Thiers.
Goutard (Jean), aubergiste, à Chateldon.
Goutte (Annet), coutelier, à Thiers.
Grille (Fleury), coutelier, à Thiers.
Guérillon (Gilbert), coutelier, à Thiers.
Guérin (Amable), cordonnier.
Guerrier (Antoine), cordonnier, à Issoire.
Guimbal-Lhéritier, mécanicien, à Issoire.

Herrier, à Issoire.
Lavelle (Blaise), peintre, à Thiers.
Laveyrie, tonnelier, à Beaumont.
Lavigne (Jacques-M.), à Ambert.
Lheraud-Fafournoux, sans profession, à Escontroux.
Limanet (Philibert), à Clermont-Ferrand.
Lyon, bijoutier, à Clermont-Ferrand.
Masson (François), tailleur de pierres, à Chaumont.
Meunier (Louis-Hubert), émailleur, Thiers.
Morget, expert, à Riom.
Mouton (Auguste), sans profession, à Riom.
Peghout (Benoît), menuisier, à Saint-Babel.
Pignat (Damiens), coutelier, à Thiers.
Pradier (Félix-Gilb.), à Ambert.
Raby (Mathieu), propriétaire, à Pont-du-Château.
Randon (Jean-Baptiste), ex-notaire, à Mauzat.
Reyne (Alexandre), peintre, à Cusset.
Rixain, à Clermont-Ferrand.
Russily (Antoine), ouvrier tonnelier.
Sauvage (Gilbert), vigneron, à Chateldon.
Sauvageot (Pierre), marchand de faïence, à Thiers.
Siomme, à Beaumont.
Thevenon (Etienne), menuisier, à Clermont-Ferrand.
Thorre (Etienne), cultivateur, à Chaumont.
Vacher (François), perruquier, à Issoire.
Vialard (Jean), cultivateur, à Issoire.
Vignaud (Claude), cultivateur, à Chateldon.
Vimal-Lajarrige, maire de Clermont-Ferrand.

CHAPITRE LXIX.

PYRÉNÉES (BASSES).

Résumé des événements : La ville de Pau est très-agitée. — Des groupes nombreux se dirigent sur la préfecture. — Des hommes influents sont à la tête. — Arrivée de la troupe. — Les gendarmes font quelques charges sur le peuple qui se disperse. — Quelques chefs républicains, les citoyens Barrère, Cazarré, Claverie, Danton, Laborde, Lartigue, Lamaignère, Sempé, Tastet et beaucoup d'autres sont arrêtés. — Apaisement. — Journée du 4 à Bayonne. — Le conseil municipal se réunit à la mairie. — Après une vive discussion, il rédige une protestation contre le Coup d'état. — Il fait aussi un appel à la résistance. — Le sous-préfet ne pouvant obtenir gain de cause, se décide à employer la force armée. — Arri-

vée de la ligne. — Elle cerne l'Hôtel-de-Ville. — Sommation est faite
aux conseillers municipaux de se dissoudre. — Refus catégorique. —
Les portes de la salle sont enfoncées. — Tous les conseillers sont
arrêtés. — La garnison occupe tous les points de la ville. — L'imprimerie qu'occupe le citoyen Capo de Feuillide est cernée. — On fait
sortir de vive force tous ceux qui y étaient renfermés. — Le citoyen
Capo de Feuillide fait un appel aux armes. — On opère de nombreuses
arrestations, ce qui fait cesser la résistance. — Dans la petite commune de Coarraze, le citoyen Mainvielle convoque la garde nationale
et l'exhorte à marcher sur Pau, mais des avis de cette dernière ville
empêchent son projet d'être mis à exécution. — Les victimes connues
sont peu nombreuses :

AFRIQUE. — EXIL. — INTERNEMENT. — PRISON.

Barrère (Bernard), menuisier, à Pau.
Capo de Feuillide, journaliste, à Bayonne.
Cassaigne fils, à Bayonne.
Cazarré (Toussaint), avocat, à Pau.
Claverie, officier, à Pau.
Cledou (Remy), vétérinaire, à Saint-Palais.
Dangas, notaire, à Morlaas.
Danton, avocat, à Pau.
Dindaburu (P.-Honoré), propriétaire, à Busnes.
Hourcade (Jean-Gabriel).
Labarrère (Jean), forgeron, à Sourdes.
Laborde (Frédéric), employé à la préfecture de Pau.
Lalanne, cabaretier, à Bayonne.
Lamaiguere, avocat, à Pau.
Lartigue (Jean), perruquier, à Pau.
Leremboure, ex-constituant, à Pau.
Levaillant.
Minvielle (Magloire), à Assat.
Minvielle (Jules), propriétaire, à Nay.
Pierrelot, à Nay.
Plantier (Nicolas), négociant, à Bayonne.
Plantier fils, négociant, à Bayonne.
Plaô, à Gan.
Ponsallié.
Sempé (J.-Baptiste), huissier, à Pau.
Subervielle, à Nay.
Tastet (François), menuisier, à Pau.

CHAPITRE LXX.

PYRÉNÉES (HAUTES-).

L'arrondissement de Bagnères de Bigorre tout entier a été en proie à une vive agitation. M. Gigoux, ancien officier d'artillerie y avait acquis une légitime influence, il résolut, de concert avec quelques autres citoyens, de faire prendre les armes pour la défense de la Constitution, mais l'arrivée d'un escadron de hussards qui fit de nombreuses arrestations, arrêta court ce commencement de résistance. — Tarbes aussi était très-agité, mais les mauvaises nouvelles de Paris dissuadèrent complétement les républicains de cette ville d'entreprendre quoique ce fut.

LISTE DES VICTIMES CONNUES :

AFRIQUE. — EXIL. — INTERNEMENT. — PRISON.

Bruzand, médecin, à Bagnères-de-Bigorre.
Darrieux, journaliste, à Turles.
Desplats aîné, à Bagnères-de-Bigorre.
Dubarry, ex-constituant, à Bagnères-de-Bigorre.
Dufour-Dabat, médecin, à Sauveterre.
Gigoux, ancien sous-officier d'artillerie, à Bagnères-de-Bigorre.
Goiffon.
Lacrampe, vétérinaire à Juilliers.
Momus, journaliste, à Tarbes.
Peyriga, médecin.
Pinson, avoué.
Sartbe (Louis-Amauri).
Soulé, avocat, à Tarbes.
Soutras (Frédéric).
Verdier (Anselme).
Vignerie, ex-constituant, à Bagnères.

CHAPITRE LXXI.

PYRÉNÉES-ORIENTALES.

Résumé des événements : Le coup d'Etat est très-mal accueilli dans tout le département. — Plusieurs fonctionnaires refusent d'obéir et sont immédiatement suspendus. — La journée du 4 décembre est très-agitée à Perpignan. — Des groupes nombreux et menaçants se dirigent sur la place de la Loge. — Les autorités décident à une répression immédiate. — Les troupes chargent à outrance la foule qui se disperse sans grande résistance. — La commune d'Estagel, patrie d'Arago, proteste à son tour. — Le conseil municipal invoque l'article 68 de la Constitution. — Des groupes entonnent *la Marseillaise*. — Le préfet, M. Pougeard-Dulimbert arrive à la tête du 20e de ligne et de quelques détachements de hussards. — On arrête douze citoyens que l'on fait monter sur des charrettes pour les conduire à Perpignan. — Pendant le trajet un nombre considérable de républicains tentent de délivrer les prisonniers. — Ils arrivent devant le front des troupes aux cris de *Vive la République! Vive la Constitution!* — Un coup de feu part. — La troupe fait une décharge sur la foule. — Deux citoyens sont tués et beaucoup d'autres sont blessés. — Le préfet fait rentrer des troupes en villes et menace de faire fusiller tous ceux qui seraient porteurs d'armes prohibées. — Beaucoup d'autres villes et villages sont aussi agitées. — Ce sont : Argelès, Prades, Elne, Collioure, Céret, etc., etc. — La répression est rigoureuse. — Les arrestations s'opèrent sur une large échelle :

LISTE DES VICTIMES CONNUES :

DÉPORTÉS A CAYENNE.

Domenech (Sébastien), cultivateur, à Collioure.
Francès (Joseph), cultivateur, à Collioure.
Izard, cultivateur, à Millas.
Palour, terrassier, à Rivesaltes.
Pla (Jean), cultivateur, à Collioure.
Sazelolli (Joseph), scieur de long, à Céret.

FEMME POURSUIVIE :

Battle (femme), à Prades.

AFRIQUE. — EXIL. — INTERNEMENT. — PRISON.

Acézat (François), cabaretier, à Brouilla.
Alibert (Gabriel), brossier, à Corneilla-del-Vercol.
Amigas (André-Jean), tailleur, à Elne.
Amouroux (Joseph), instituteur, à Salon.
Anglade (François), maçon, à Perpignan.
Atiel (Joseph), portefaix, à Perpignan.
Aubry (Joseph-Réné), marchand colporteur, à Perpignan.
Audié (Pierre), marchand de tartres, à Rivesaltes.
Audren (Antoine), journalier, à Claira.
Audren (Joseph), journalier, à Bompas.
Audren-Duron (Jacques), journalier, à Claira.
Audrillo (Baptistin), journalier, à Estagel.
Auriol (Jacques), berger, à Sainte-Marie.
Ausseil (Joseph), journalier, à Thuer.
Avéros (Augustin), homme d'affaires, à Coulonges.

Azam (Joseph), journalier, à Sia.
Bachas (Joseph), propriétaire, à Pia.
Badié (Pierre), propriétaire, à Villelongue-des-Monts.
Bagnoul, (Jo-e-h), tonnelier, à Espira-de-l'Agly.
Baillat (Michel). maçon, à Estagel.
Baille (Emmanuel), laboureur, à Canet.
Baille (Joseph), ournalier, à Tressèvre.
Balant (dit Pendellé Tuillade), journalier, à Pia.
Baldié (Abdon), maréchal-ferrant, à Corneilla-Del-Vercol.
Ballot (Augustin), tisserand, à Riverolles.
Baluchat, à Perpignan.
Barande (Omyrhre), serrurier, à Elne.
Barate (Jacques), garde-champêtre, à Perpignan.
Bardélès (Joseph), scieur de long, à Céret.
Barthès (Michel), journalier, à Saint-Estève.
Bassail (Bonaventure), journalier, à Pia.
Bataille (Jean), vacher, à Villelongue-de-la-Salanque.
Batave (Michel), cordonnier, à Perpignan.
Battle (Pierre), briquetier, à Prades.
Battle (Jean), négociant, à Arles-sur-Theil.
Baux (Gabriel), propriétaire, à Coustonges.
Baux (Jean), journalier, à Couloug s.
Benézet (Joseph), menuisier, à Perpignan.
Bernis (Alexis), cultivateur, à Bontelemère.
Rerthomieu (Jacques), propriétaire, à Planèzes.
Bertrand (Jacques), cordonnier, à Perpignan.
Bigorre (Joseph), propriétaire, à Alenya.
Billet (Prosper), journalier, à Belsta.
Bistos (Jean Pierre), boulanger, à Ille.
Blandinières (Mathieu), journalier, à Marquexanne.
Blanqué (Antoine), marchand de peaux, à Claira.
Boher (Isidore), fripier, à Perpignan.
Boluix (Adolphe), ex-officier, à Perpignan.
Bonnet (Edouard), avoué, à Prades.
Bouix (Jacques), journalier, à Paulo-Del-Villa.
Bordamel (Joseph), dit Mis, à Corneilla-de-la-Rivière.
Bordes (François), perruquier, à Rivesaltes.
Borreil (Jacques), journalier, à Thuir.
Boteillo (Joseph), journalier, à Claira.
Bouchardeil (Etienne), maçon, à Perpignan.
Bouchardeil (Jean), propriétaire, à Claira.
Boulet père (François), bottier, à Bompas.
Boulet fils (François), journalier, à Bompas.
Boulle (Etienne), journalier, à Elve.
Bourges (Baptiste), à Prades.
Bouvier (Emmanuel), boucher, à Saint-Laurent.

Brasson (Etienne), cordonnier, à Perpignan.
Brau (Jean), ex-militaire, à Villeneuve-la-Rivière.
Brisse (Alexis), cordonnier, à Saint-Hippolyte.
Brousse (Edouard), marchand quincaillier, à Perpignan.
Brousson (Joseph), entrepreneur, à Perpignan.
Brunet (Antoine), cafetier, à Neffiach.
Brunet (Jean), journalier, à Bompas.
Brutus (François), cabaretier, à Sainte-Marie.
Cabaner (Raymond), jardinier, à Perpignan.
Cadené (Etienne), propriétaire, à Claira.
Calvet (Joseph), journalier, à Thuir.
Campdoras (Sébastien), briquetier, à Thuir.
Canal (Joseph), menuisier, à Perpignan.
Canals (François), menuisier, à Pia.
Canals (Laurent), journalier, à Pia.
Canavielles (Michel-T.), cordonnier, à Baixas.
Cantié (André), tonnelier, à Saint-Estève.
Capeileire (Joseph), journalier, à Pia.
Capeille (Ferréol), maçon, à Elne.
Carboneille (Auguste), adjoint, à Collioure.
Carrère (Aléma-Jean), journalier, à Opoul.
Catala (Jean), dit Roy, à Perpignan.
Cayrol (Dominique), journalier, à Alenya.
Cayrol (Joseph), journalier, à Alenya.
Cazalles (Antoine) casquetier, à Perpignan,
Cazeilles Laurent), journalier, à Llupia
Chambon (Joseph-Jean), propriétaire, à Neffiach.
Chamoel (Jean-Baptiste), journalier, à Perpignan.
Clerques (Pierre), journalier, à Pia.
Clotes (Pierre), employé, à Collioure.
Clotes (Joseph), journalier, à Thuir.
Coderc (Honoré), tailleur, à Pia.
Coderc (Thomas), cordonnier, à Espera de l'Agly.
Colomer (Antoine), tailleur de pierres, à Perpignan.
Colomer (Guillaume), tailleur de pierres, à Perpignan.
Comes (Joseph), vacher, à Villelongue de la Salanque.
Constant (Gaspard), journalier, à Sainte-Marie.
Conte (François), officier de santé, à Torreillas.
Coronat (Joseph), journalier, à Villelongue de la Salanque.
Coste (Laurent), maréchal-ferrant, à Boulleternerre.
Coussières (Pierre) serrurier, à Perpignan.
Coztie (Vincent), tourneur, à Ille.
Danjou (François), fournier, à Sainte-Marie.
Dannis-Bandit, militaire en retraite, à Thuir.
Delclos (Pallade), tailleur, à Oms.
Delhoste (Jacques), jardinier, à Villeneuve de la Salanque.

Delmas (Jacques), cordonnier, à Perpignan.
Delprat (Jacques), journalier, à Cala.
Derroja (Pierre), employé, à Perpignan.
Desclaux (Dominique), boucher, à Saint-André.
Douffiagues (Etienne), médecin, à Arles-sur-Tech.
Doutres (Grando), journalier, à Caixas.
Dumont (Prosper), ex-officier, à Perpignan.
Durand (Joseph), cordonnier, à Perpignan.
Escoffet (Michel) cultivateur, à Ille.
Escoudes (François), revendeur, à Pia.
Escudié (Pierre), menuisier, à Torreilles.
Esteve (Jos.-Michel), journalier, à Toulonges.
Estirach (Joseph), journalier, à Pia.
Estirach (Jacques), journalier, à Pia.
Fabès (Etienne), journalier, à Corneilla de la Rivière.
Fabès (Cadet), journalier, à Corneilla de la Rivière.
Fabre (Jacques), laboureur, à Villeneuve de la Salanque.
Fabresse (Joseph), cordonnier, à Pia.
Faliu (Jean), journalier, à Saint-Félin-d'Amont.
Fargues (Maurice), instituteur, à Argelles-sur-Mer.
Farine (G.-Bonaventure), sans profession, à Baixas.
Farrail (Michel), tailleur, à Elne.
Férès (Pierre), piqueur, à Prades.
Figuères (François), cordonnier, à Perpignan.
Finaleu (Joseph), cordonnier, à Pia.
Florette (Emmanuel), journalier, à Corneilla de la Rivière.
Fonteraille (Joseph), laboureur, à Corneilla de la Rivière.
Fontrouge (Jean), charcutier, à Perpignan.
Fornier (François), journalier, à Tracillas.
Fossaly (Joseph), négociant, à Perpignan.
Fourcade (Jean), menuisier, à Perpignan.
Gatonnes (Joseph), journalier, à Thuir.
Gauze (J.-Baptiste), ferblantier, à Perpignan.
Gauze (Jacques), propriétaire, à Clavis.
Gazeilles (Jean), journalier, à Pia.
Gélis (Louis), journalier, à Saint-Estève.
Gouebau (François), tailleur d'habits, à Paulo Del Vilta
Gony (Jean), journalier, à Canoles.
Gony (Michel), journalier, à Canoles.
Gran (Jean), tisserand, à Casteil.
Gribé (Pierre), à Paulo Del Villa.
Guiraud (J.-Baptiste), maçon, à Thuir.
Icre (Joseph), journalier, à Corneilla del Vercol.
Jaume (Raphël), cultivateur, à Peyrestortes.
Jaupart (Michel), journalier, à Espira-de-l'Agly.
Joly (André), journalier, à Canet.

Jouanne (Jérôme) boulanger, à Perpignan.
Jouclas (Vincent), mécanicien, à Perpignan.
Labatut (Joseph), journalier, à Sainte-Marie.
Lacombe (Ferréol), vannier, à Trouillas.
Laforge (Vincent), boucher, à Collioure.
Lambert (Raphaël), journalier, à Toularges.
Lanes-Gary (Pierre), propriétaire, à Salces.
Lassale (Barthélemy), journalier, à Pia.
Laurent (François), instituteur, à Bronilla.
Lavail (Jacques), menuisier, à Argèles-sur-Mer.
Davail (François), journalier, à Thuir.
Lavail-Agel (Jean), cordier, à Thuir.
Llaho (Jean), maréchal-ferrant, à Thuir.
Llobet (Félix), officier de santé, à Céret.
Loze (André), instituteur, à Perpignan.
Mach (Jacques), maréchal-ferrant, à Paulo del Villa.
Maguiéra, dit Saxonne, à la Marthe.
Maillac (Louis), tourneur, à Torreilles.
Malet (Bernard), journalier, à Saint-Estève.
Manessi (Vincent), boucher, à Espira de l'Agly.
Marc-Gauderique (Parmin), journalier, à Pia.
Marcé (Jacques), à Villelongue de la Salanque.
Marcé (Gaspard), journalier, à Villelongue de la Salanque.
Marcé (Barthélemy), journalier, à Villelongue de la Salanque.
Marquy (Jean), propriétaire, à Thuir.
Marsenach (Michel), journalier, à Couteilla
Marty (Pierre), domestique, à Corneilla de la Riviere.
Marty (Acisle), journalier, à Espira de l'Agly.
Mas (Joseph), journalier, à Millas.
Mascle (Joseph), journalier, à Toulonges.
Masvezy (Martin), journalier, à Fourques.
Mathieu (Auguste), maçon, à Saint-Pierre-d'Agnac.
Mattes (Jacques-Pierre), dit Basas, à Olette.
Méric (François), propriétaire, à Perpignan.
Modas (Honoré), journalier, à Villelongue.
Modas-Laclare (François), revendeur, à Castelnau.
Moliné (Antoine), journalier, à Canet.
Moliner (Joseph), père, marchand d'huiles, à Villelongue.
Moliner (Joseph) fils, journalier, à Villelongue.
Moliner (M.-Léandre), menuisier, à Baixas.
Molins (Louis), taillandier, à Perpignan.
Narac (Honoré), propriétaire, à Millas.
Nicolau (Jacques), journalier, à Thiers.
Nicolau (Gauderique), journalier, à Pézilla de la Rivière.
Normant (André), journalier, à Espèra de l'Agly.
Olive (Joseph), boulanger, à Perpignan,

Oliveres (Pierre), journalier.
Oliverès (Joseph), dit Argelat.
Oriol (Jean), journalier, à Paulo-del-Villa.
Pagès (Honoré), journalier, à Lia.
Pagès (Michel) fils, journalier, à Canet.
Pagès-Xatard (Jean), instituteur, à Arles-sur-Tech.
Parmy (Cyr), journalier, à Pia.
Passama (Bonaventure), propriétaire, à Pia.
Passama (Gauderique), cultivateur, à Pia.
Paul père, directeur de la boucherie sociétaire, à Perpignan.
Paulo-Guichon (Jacques), propriétaire, à Toreilles.
Pélissier (Antoine), faïencier, à Rivesaltes.
Péronne (Hippolyte), boulanger, à Thuir.
Pey-Bairos (Jean), négociant, à Céret.
Piqué (Joseph) fils aîné, à Toulonges.
Piquemal (Joseph), cafetier, à Saint-Hippolyte.
Planès (Jean), cordonnier, à Fourques.
Planè- (Pierre), journalier, à Castelnau.
Planès (Joseph), propriétaire, à Castelnau.
Plantin (Joseph), cordonnier, à Perpignan.
Pomayrol (François), propriétaire. à Pia.
Portès (Philippe), tisserand, à Villelongue de la Salanque.
Puell (Joseph), commis marchand, à Perpignan.
Pujol (Germain), docteur en médecine, à Argèles-sur-Mer.
Quès (Isidore), maçon, à Perpignan.
Ramiel (Mathieu), journalier, à Paulo-del-Villa.
Raspaud (Joseph), journalier, à Sainte-Marie.
Raspaud (Gauderique), journalier, à Sainte-Marie.
Raynal (Cyrille-François), journalier, à Toreilles.
Ribeille (Henry), ex-agent de police, à Salces.
Ribère (Hyacinthe), journalier, à Torrillas.
Ribes (Joseph), cordonnier, à Terrats.
Rigal (Honoré), fournier, à Saint-Hippolyte.
Rigaud (Jean), jardinier, à Elne.
Roger (Jacques), cabaretier, à Sainte-Marie.
Rolland (François), marchand, à Espira de l'Agly.
Romeu (Jacques), maçon, à Villelongue de la Rivière.
Romeu (J.-Baptiste), avocat, à Prades.
Rous (François), marchand d'étoffes, à Prades.
Rousseau (Auguste), cafetier, à Arles-sur-Tech.
Sabardeil (Joseph), journalier, à Pia.
Sabaté (Etienne), scieur de long, à Laroque.
Salettes (Valentin), journalier, à Elne.
Salettes (Joseph) père, propriétaire, à Pia.
Salie (Etienne), journalier, à Belesta.
Salvador (Pierre), propriétaire, à Sainte-Marie.

Salvat (François), journalier, à Saint-Estève.
Santonil (Bernard), cloutier, à Ille.
Sarda (Pierre), teinturier, à Millas.
Sarris (Jean), tisserand, à Elne.
Sedès (Louis), journalier, à Pia.
Serre (Alexandre), menuisier, à Collioure.
Serre (Joseph), maréchal-ferrant, à Prades.
Serre (Sébastien), briquetier, à Ille.
Serres (Joseph), propriétaire, à Saint-Laurent de Cerdans.
Simon (Joseph), musicien, à Prades.
Simon-Modat, dit Armangaud, maçon, à Castelnau.
Sirieys de Mérinac (Ernest), receveur particulier, à Céret.
Sixet-Santol (Jean), journalier, à Claira.
Solère (Jacques), boucher, à Prades.
Sors (Jean), buraliste, à Gattlar.
Surjus (Joseph), cabaretier, à Alenya.
Surjus-Sola, dit Soler, cordonnier, à Soler.
Tarroque (Philippe), journalier, à Alenya.
Tarroque (François), journalier, à Alenya.
Tarroque (Sébastien) journalier, à Alenya.
Tastu (Joseph), cabaretier, à Villelongue de la Salanque.
Tauriac (Vincent), menuisier, à Céret.
Tauringa (Joseph), berger, à Truillas.
Thibart (Joseph), journalier, à Port-Vendres.
Thomas (Pierre), cordonnier, à Baixas.
Tignères-Oller (Joseph), ex-commissaire, à Thuir.
Toreilles (Etienne), journalier, à Estagel.
Toreilles (Firmin), maçon, à Estagel.
Tournet (Emmanuel), journalier, à Thuir.
Trilles (Michel), journalier, à Truillas.
Triquéra (Joseph), propriétaire, à Estagel
Verdagner (François), maréchal-ferrant, à Ille.
Verdié (Michel) bourrelier, à Paulo-del-Villa.
Vidal (Jacques-Hip.) journalier, à Bompas.
Vidal (Narcisse), journalier, à Belesta.
Vigo (Jean-Baptiste), journalier, à Millas.
Vigo (Charles), tailleur, à Perpignan.
Vilar (Vincent), négociant à Sorède.
Villanove (Thomas), journalier, à Villelongue de la Salanque.
Villar (Jean), négociant, à Sorède.
Villeneuve (Pierre), maçon, à Perpignan.
Vinsac (Joseph), boulanger, à Perpignan.
Xamba (Joseph), cafetier, à Prades.

CHAPITRE LXXII.

RHIN (BAS-).

Les événements de ce département se bornèrent à une grande manifestation sans armes à Strasbourg, à la tête de laquelle un citoyen portait un drapeau qui avait comme inscription le mot : CONSTIUTION. Cette manifestation fut facilement réprimée par des charges de cavalerie et tout rentra dans le calme le plus complet.

LISTE DES VICTIMES CONNUES.

AFRIQUE. — EXIL. — INTERNEMENT. — PRISON.

Beyer avocat, à Strasbourg.
Blondin (Albert), étudiant en droit, à Strasbourg.
Bucchetti (Félix), épicier, à Strasbourg.
Cattoire, avocat, à Strasbourg.
Cron, aubergiste.
Deramez, ex-officier, à Strasbourg.
Dick, médecin, à Hagueneau.
Eckel (François), commis-négociant, à Strasbourg.
Egel (Martin), batelier, à Strasbourg.
Gros (Louis).
Keller, épicier, à Strasbourg.
Lauguisland (Jean-Martin), épicier, à Muttersholth.
Masse.
Meurer, tapissier.
Muhs, entrepreneur.
Müntz, ancien notaire, à Soultz-sous-Forest.
Ott (Chrétien).
Pitton, gaînier.
Prudhomme, notaire, à Rosesheim.
Schweimmiger, lithographe.
Ulrich, avocat.
Ulrich (Thiébaut), négociant, à Monsvilliers.
Wehrlé.
Weiss, couvreur.
Werber, typographe.
Zabern (Ch.-Guillaume), fabricant de cire, à Strasbourg.
Zorsch.

CHAPITRE LXXIII.

RHIN (HAUT-).

Je n'ai rien découvert de bien saillant sur ce département, sinon que la ville manufacturière de Mulhouse a été dans une agitation extrême pendant deux jours, qu'à Altkirch des réunions furent dispersés et les membres qui les composaient arrêtés, je n'ai donc qu'à enregistrer les quelques victimes connues :

AFRIQUE. — EXIL. — INTERNEMENT. — PRISON.

Aner (Maurice), tisserand, à Brettenbach.
Bauer, à Altkirch.
Baumann, charron, à Hansganren.
Bendelé (Louis), employé, à Eguisheim.
Bœsé, instituteur.
Bourqnin (Antoine), père, menuisier, à Chavanatte.
Bourquin (Joseph), fils, cultivateur, à Chavanatte.
Brodbeck (Jérome), à Illfurth.
Cassal, à Altkirch.
Chauffour (Xavier), avocat, à Altkirch.
Depallens (Daniel), à Gueberwiller.
Despierre (Germain), marchand de fer, à Belfort.
Flocon (Ferdinand), ex-membre du gouvernement provisoire, journaliste, à Colmar.
Gschwind, à Altkirch.
Heck, pharmacien, à Brichwiller.
Heilbery (Louis), docteur en philosophie.
Heinemann (Claude), à Belfort.
Herz (Jacques), vigneron, à Wintzenheim.
Jolibois (Emile), journaliste, à Colmar.
Mayer (Louis), cordonnier.
Meyer (Frédéric), journaliste, à Colmar.
Muetz.
Pelerin, peintre.
Pflieger (Prosper), à Altkirch.
Pidancet, clerc d'avoué, à Altkirch.
Reich, à Niedermichelback.
Riedmann (Théobald), à Luemschwiller.
Riéflin, à Altkirch.
Roeslin (Henri), journalier, à Illfurth.
Roggy, journalier, à Wattwiller.

Schaller (Louis), à Illfurth.
Schlegel, receveur au chemin de fer.
Schmidt, journaliste, à Colmar.
Schweitzer, arquebusier, à Niedermichelback.
Schwind, avocat.
Zenner (Joseph), entrepreneur, à Valdoye.
Zickel.

CHAPITRE LXXIV.

RHONE.

La ville de Lyon, ce centre révolutionnaire par excellence n'a pas eu la moindre petite émeute, et cependant, rien de bien surprenant dans cette attitude toute d'attente. — Il ne faut pas oublier que le 13 juin 1849, les Lyonnais étaient déjà descendus dans la rue pour la défense de la Constitution violée par l'expédition de Rome; les persécutions qui suivirent, la ville en état de siége pendant longtemps, un désarmement général effectué dans toute la ville avait enlevé à cette cité manufacturière son aspect traditionnel... Vint plus tard le fameux complot qui ne contribua pas moins à désorganiser les rangs de la démocratie. Au 2 décembre, toutes les positions stratégiques et les mesures les plus formidables étaient prises à la fois par les autorités et la garnison, le maréchal Castellanne avait le commandement général des troupes, c'est-à-dire que si les Lyonnais s'étaient décidés à tenter de nouveau la fortune des armes, ils auraient été inévitablement écrasés. Voilà la cause majeure qui fit que la seconde ville de France resta dans une attitude expectante. — Les victimes n'en furent pas moins nombreuses.

LISTE APPROXIMATIVE DES VICTIMES.

MORTS A CAYENNE.

Clavel (Antoine), tailleur à Lyon.
Tourès (Jean), marchand, à Lyon.

AUTRES DÉPORTÉS A CAYENNE.

Brayet, cordonnier, à Lyon.
Burgat, tisseur, à Lyon.

FEMMES POURSUIVIES

Bouchard (femme).
Léger (femme Madeleine).
Simonnet (femme), à Vaise.

AFRIQUE. — EXIL. — INTERNEMENT. — PRISON.

Allemand (Ch.-Eugène).
André (Jean-Baptiste).
Arrival (Antoine).
Auflo (Jean-Baptiste).
Aurys (Georges).
Balandra. chapelier.
Barbécot (Jean-Baptiste).
Barbier.
Barère, docteur en médecine, à la Croix-Rousse.
Belin (Pierre).
Bernascon (Claude).
Berrnel (Henri).
Berthelier (Henri-Honoré), à Lyon.
Bertholon (Joseph).
Bertrand (Toussaint). cultivateur.
Blanchon (Joseph).
Bois (Jean-Louis).
Boniface, pharmacien.
Bonjour (Jean-Marie).
Borel (Henri).
Boulogne (Jean), à Lyon.
Bourly (Jean).
Brioude (François).
Caillot (Esprit).
Cazeau (François).
Charras (Jean-Baptiste).
Chometon (François).
Christophe (Claude).
Clair (Jean).
Comte (Louis).
Coron (Jean).
Couderc (Charles).
Commuer (Conrad), teneur de livres, à Lyon.
Dalfaut (Jean).
Danson (Henri).
Darouat (Joseph), menuisier, aux Brotteaux.
Decours (Joseph).
Deschamps (Pierre).
Dessurgy. médecin, à Lyon.
Dolbeau (Honoré).
Droux (Claude), bottier, à Lyon.
Ducarre (Jean-François).
Dulac (Antoine).
Dupont (Auret).

Durand (Pierre), maître de musique.
Estivalet (Antoine).
Falconnet (Joseph).
Faure (Jean-François).
Féal (François).
Fond (Jean-Marie).
Fruch (Joseph).
Garapon (Joseph), tisseur, à Venissieux.
Garin (Charles).
Gasquet (Jean-Pierre).
Gautet (Antoine), fils.
Goyet (François).
Gratta (André).
Grignon (Benjamin).
Gudin, passementier, à Lyon.
Guichard (Claudius).
Guillau (Jacques), cordonnier, à Lyon.
Guinet (Louis).
Hervier (Jean-Marie).
Huch (Charles).
Humbert (Pierre).
Jacquenest (François).
Lacombe (Jean).
Latreille (Jean).
Lentillon, clerc de notaire.
Lerouge (Jean).
Lowski (Charles).
Maillier (Jean).
Mallet (François).
Mamissy (Jean-Marie).
Marcel (Jean-Louis).
Marchand.
Mayer (François).
Meunier (Alexandre).
Michelli (Etienne).
Mingal (Jean-Jacques).
Mircy (Jean-Claude).
Montagnier (Jean-Adolphe).
Mouraud (Joseph).
Mouton (Jean-Pierre).
Nesmes (Jean-François).
Neyrin (René).
Page (Jean-Baptiste).
Parent (Pierre).
Pellerin (Marc).
Penelle (Pierre).

Penod, clerc d'avoué, à Lyon.
Perret (Jean-Marie), tisseur, à Lyon.
Perrussel (An-Marie).
Poix (Pierre).
Ponant, à Lamure.
Raffin (Benoît).
Rénaud (Pierre).
Rey, imprimeur, à Lyon.
Richerand (Auguste).
Richerand (Pierre), à Venissieux.
Rollet (Benoît).
Rousset (Jacques).
Saignol (Gilbert).
Salace (Adrien).
Saulaville (Benoît).
Sarobert (Augustin).
Séliman.
Sezanne, imprimeur, à Lyon.
Sigaud (Jacques).
Simonnet, aubergiste, à Vaise.
Siraut (François).
Struffluig (François-Etienne).
Thuilier (Jean).
Tracol (Joseph).
Varrichon (Etienne).
Végisse (Jean-Baptiste).
Venture (Alphonse).
Verrière, horloger, à Lyon.
Viala, dit Béziers.
Vidal (Jacques).
Ville (Jean).
Villermin (Charles).
Vincent (Guillaume).

CHAPITRE LXXV.

SAONE (HAUTE-).

Les localités de Jussey, Vellexon, Mantoche, Essertenne et d'autres endroits ont ressenti une assez vive agitation et beaucoup d'arrestations y ont été opérées.

LISTE DES VICTIMES CONNUES :

AFRIQUE. — EXIL. — INTERNEMENT. — PRISON.

Bardot (François) à Corbenay.
Bouguenay. à Vesoul.
Chaudey (Gustave). avocat, à Vesoul.
Habert, propriétaire, à Saponcourt.
Huguenin (Auguste), ex représentant, à Lure.
Lardier, notaire, à Héricourt.
Leclerc, à Luxeuil.
Mallet (Frédéric), menuisier.
Oudot, médecin, à Saponcourt.
Petit, négociant, à Navenne.
Rigal. à Clairefontaine.
Tillon, négociant, à Hericourt.

CHAPITRE LXXVI.

SAONE-ET-LOIRE.

Résumé des événements : La petite ville de Tournus donne l'exemple de
la résistance. — La mairie est prise par les républicains. — Le maire
et le juge de paix sont faits prisonniers pendant quelques heures. —
Arrivée du 4e léger. — Il contribue à rétablir le calme. — Le tocsin
sonne à Fontaines. — Les républicains de cet endroit marchent su
Chagny. — Même exemple à Saint-Gengoux, où les républicains en
force opèrent un mouvement offensif sur Cluny et Mâcon. — Ils sont
près de 2000 volontaires. — Légère escarmouche. — Coups de fusils
échangés. — L'action devient plus acharnée. — Les républicains battent en retraite laissant entre les mains des soldats six morts et nombre de blessés.

LISTE DES VICTIMES CONNUES :

MORTS A CAYENNE.

Gabon, maçon, à Jennelard.
Gonot (Jean), charpentier, à Cluny.
Hilaire, maçon, à Mâcon.

AUTRE DÉPORTÉ A CAYENNE.

Cas (Antoine), carrier, à Chagny.

AFRIQUE. — EXIL. — INTERNEMENT. — PRISON.

Alliot, instituteur, à Saint-Léger-sous-Beuvron.
Barbet (Jean-François), cadet, propriétaire, à Romigny
Barbey (Jean-Claude), propriétaire, à Romigny.
Bazin, avocat, à Autun.
Bernard (Pierre), ancien notaire, à Rully.
Bernard, à Tournus.
Berthaud (Adolphe).
Berthier (Paul), à Sennecey-le-Grand.
Bessard (Alexis), clerc de notaire, à Tournus.
Beury (Charles), tonnelier, à Bourg-Neuf.
Bidaud (Jean-Baptiste).
Boisset (Am.-Philibert).
Boivin (Louis), maire de Couches.
Bourgeois (Ant.-Auguste), tanneur, à Louhans.
Boyaud (François), serrurier, à Saint-Gengoux.
Brunet (Pierre).
Chaffin, à Louhans.
Chagny (Alexandre), tanneur, à Saint-Gengoux.
Champeaux (Benoît), cultivateur, à Buffière.
Chauche (Jean-Baptiste), à Chalon-sur-Saône.
Chazaud (Philibert), propriétaire, à Mont-Saint-Vincent.
Collin, papetier, à Mâcon.
Comaret, à Fontaine.
Cortet (Antoine-Jean), cultivateur, à Chagny.
Cyr, cafetier, à Saint-Sorlin.
Darru (Claude-N.), à Louhans.
Devaud (Jean-Baptiste), agent d'affaires, à Chalon-sur-Saône.
Deschamps (Jean-Marie), à Charolles.
Devoncoux (Philippe), à Autun.
Diornier, à Louhans.
Duchesne (Julien), journaliste, à Mâcon.
Dumont, a Cluny.
Durand (François), cultivateur, à Anost.
Faillant (Claude), à Buffière.
Fargeot, à Cluny.
Fond, fils du représentant du Rhône, à Chaponat.
Fort (Noël), cordonnier, à Mornai.
Foulard, à Tuffé.
Garnier (Emile), à Saint-Gengoux.
Gaudil, huissier, à Mâcon.
Gautheron (Jean-Marie).
Girard (Jean).
Gondard (Jean).
Greuzard (Abraham), garde-champêtre, à Saint-Gengoux.

Grivaud (Louis), plâtrier, à Saint-Gengoux.
Grobon (François), journaliste, à Mâcon.
Guichard (Auguste).
Guy (Daniel), horloger, à Chagny.
Janneot (Jean-Claude), huissier, à Mont-Pont.
Joffroy, à Cluny.
Jousse, à Saint-Michel-de-Chavaignes.
Large (Pierre), marchand de nouveautés, à Tournus.
Lasalle (Claude), à Tournus.
Lavaux, à Saint-Léger-sur-d'Heuille.
Lecheneault (Louis), vigneron, à Chagny.
Lémonon (Gabriel), marchand de bois, à Mâcon.
Litaud (Jean), à Cluny.
Lombard, à Mâcon.
Lunel, ex-maire de Villaines-la-Carelle.
Luquet, commissionnaire en vins, à Mâcon.
Luquet, à Tournus.
Maille (Claude-François).
Mainjollet, médecin, à Montigny-le-Comte.
Marin, à Louhans.
Martinet (Eugène), à Châlons-sur-Saône.
Mathieu (Claude).
Mérandon, avocat, à Autun.
Mercier, huissier, à Mâcon.
Miraille (Guillaume), à Donzy-Lepertuis.
Nardon (Camille), à Autun.
Orléat, entrepreneur, à Mâcon.
Paquelin, à Saint-Sorlin.
Pâté, notaire, à Chagny.
Pelliat, à Mâcon.
Perrieau (Claude), cabaretier, à Lasselle.
Pérusson, à Mâcon.
Pessand, marchand de vins, à Saint-Sorlin.
Petit Jean (J.-Pierre), aubergiste, à Savigny-en-Revenant.
Pichon (Auguste), pharmacien, à Louhans.
Plety (Joseph), à Autun.
Plumet, à Mâcon.
Poncet (Antoine).
Prency (Jean), aubergiste, à Louhans.
Protheau (Philibert).
Prudent (Louis).
Rambour (Pierre).
Reculon, à Tournus.
Riboulet (Sébastien), instituteur, à Sébastien.
Robergeot, à Cluny.
Roth-Grapin, cafetier, à Châlons-sur-Saône.

Rousselot (Etienne), à Mont-St-Vincent.
Ruas (Abel), commissionnaire en vins, à Berzé-la-Ville.
Sannie (J.-Blanzy), à Anost.
Sauvageon (Antoine).
Sinay, négociant, à Châlon-sur-Saône.
Têtedoux, instituteur, à Marcon.
Thiers (Antoine), coutelier, à Cormatin.
Treffier (Claude), tonnelier, à Mâcon.
Trémeau.
Tricard (Gervais), tonnelier, à St-Clément.
Turbec, adjoint, à Couches.
Vadot (André), boucher, à Louhans.
Vaisseau (J.-Baptiste), à Tournus.
Valfort, tapissier, à Mâcon.
Venot, à Saint-Martin-en-Bresse.
Vésinier, journaliste, à Mâcon.
Viennet (Jean), arpenteur, à Châlons-sur-Saône.
Viochot (Louis).
Vouillon (Pierre), cultivateur, à Cluny.

CHAPITRE LXXVII.

SARTHE.

Résumé des événements : Le Mans et Mamers sont très-agités, mais ne recourent à aucune résistance ouverte. Il n'en est pas de même de la petite ville de La Suze. — Cette localité manufacturière s'exaspère à l'annonce du coup d'Etat. — Un homme très-influent, le citoyen Trouvé-Chauvel, décide la population à protester les armes à la main. — Prise de la mairie. — Désarmement des gendarmes. — Des barricades sont élevées sur tous les points de la ville. — Après trois jours de résistance sans qu'un coup de fusil soit, tiré les républicains se décident à déposer les armes. — Les arrestations sont nombreuses.

LISTE DES VICTIMES CONNUES.

AFRIQUE. — EXIL. — INTERNEMENT. — PRISON.

Avice (Alexis-Henri), à Vibraye.
Barbier, docteur en médecine.
Beaufils-Huguenau (Alexis), mercier, à Bonnétable.
Beauvais (Eugène), marchand, à Dollon.

Bennardeau, à la Suze.
Biin (Louis), propriétaire, à la Suze.
Blossier (Thomas), vétérinaire, à Beaumont.
Boistard, tailleur, à La Chartre.
Boivin Leroy, fabricant de faïence, à Ecommoy.
Bontemps (Adolphe), au Mans.
Bontemps (Marcellus), au Mans.
Bontemps (Eugène), au Mans.
Bouju, instituteur, à La Ferté-Bernard.
Boulard (Henri), propriétaire, à Ecommoy.
Boureg (Philippe). tisseur, à Nuillé-le Jalais.
Boussenière (Ed.-Alexandre), propriétaire, au Mans.
Bouteloup, journaliste, au Mans.
Breteau (Jacques), tisserand, à Luard.
Bultel.
Burat, médecin. au Mans.
Cabaret (Elie), à Gondreceux.
Carreau (Julien), fabricant, à Parigude-l'Evêque.
Cazeau (Célestin). propriétaire, à Parigarde-l'Evêque.
Chevrollier, tourneur, au Mans.
Clerel (Auguste), marchand chauffournier, à La Chartre.
Clotté, pharmacien, à la Ferté-Bernard.
Clotté, à Epernay.
Cormier (Pierre), à Brette.
Corailleau (J.-Baptiste), menuisier, à Brette.
Cosquin, professeur au collége de la Flèche.
Covas (L.-Philippe), au Mans.
Cutival (J.-Marie), tanneur, à La Suze.
Desille (René), sellier, à La Suze.
Donet (Victor), propriétaire, à La Suze.
Fameau (Sylvain-Parf.), avoué, au Mans.
Faure (Philippe), journaliste, au Mans.
Foulard, propriétaire, à Tuffé.
Foussard (Paul), tanneur, à Vibraye.
Garreau fils, médecin, à La Suze.
Gary (Joseph), cordonnier, au Mans.
Gasselin (Louis), marchand de vins en gros, à La Suze.
Gasselin-Morandiere, à La Suze.
Gaudry, fabricant de poterie, à Vibraye.
Girard (I.-Eugène), propriétaire, à Bonnétable.
Granger (Charles), pharmacien, à Mamers.
Granger (Vincent) au Mans.
Grignon (François), à Saint Georges-du-Rosay.
Griveaux (Hippolyte), boulanger, à La Chartre.
Griveaux-Bondevin, perruquier, à La Chartre.
Guyon, curé interdit, à Neufchâtel.

Hamonnet (Alfred), clerc de notaire, à Thorigné.

Haupt (Georges), à la Coulie.

Hervé (Alexandre), tisserand, à Pruillé-l'Eguillé.

Hervé (J.-Jaques) père. propriétaire, à Pruillé-l'Eguillé.

Heurtebise (Charles), clerc de notaire, à Etival.

Janouski (Napoleon), médecin, à Bolois.

Jouffreau (Louis), à La Chartre.

Jousse, à Saint-Michel-de-Chavrignaus.

Joussereau. propriétaire.

Lair (Louis-Sérap.), marchand de bois, à St-Mards-l'Outillé.

Lebel de Launay.

Lecerf, à Mamers.

Legeay (Victor), peintre, à La Chartre.

Lemonnier (Henri), médecin, à Château-du-Loir.

Lenoble, maire de Recqueil.

Leroy (Louis), propriétaire, à Miquel.

Levillain (François-Joseph), marchand de bois, à Volnay.

Lipette (Joseph), contre maître sellier, à La Suze.

Lochu, charpentier, à la Suze.

Lonchet (Victor), juge au Tribunal de commerce du Mans.

Lulé (Victor), tanneur, à La Suze.

Lunel, ex-maire de Villaine la-Carelle.

Maillard, maçon, à St-Mards-l'Outillé.

Malherbe (J.-Urbain), mécanicien, à Bonnétable.

Marchand, marchand de sangsues.

Masson (Henri), cordonnier, à Bonnétable.

Mégret (Jacques Hippolyte), cordonnier, à Jonquille.

Mercier (Jules), à Saint-Georges-du-Palais.

Merruau, ex-maire de Pontvillain.

Milliet, propriétaire, au Mans.

Moreau (Alphonse), clerc de notaire, à Lude.

Mouffle (J.-Baptiste), cordonnier, à Brulon.

Mulot (Julien), corroyeur, à Mamers.

Nebelle (François), contre-maître tanneur, à La Suze.

Neveu (François), cultivateur, à Nueillé-le-Julien.

Nicaux (Jean), cordonnier, à Bonnétable.

Pauly (Anatole), charpentier, à La Ferté-Bernard.

Pavy (André), charron, à Pruillé-l'Eguillé.

Penrey, à Lucé.

Perderéau (Réné), à La Suze.

Philipp. (Pierre-R.), marbrier, à Sablé.

Pierre (Félix-J.), greffier de la justice de paix, de La Suze.

Pineau (Louis), forgeron, à Nogent-sur-Sarthe.

Pioger père, au Mans.

Pioger fils, au Mans.

Pitet, tisserand.

Poché, épicier-droguiste, à Noyen.
Pottier (Adolphe), cordonnier, à Mamers.
Pourmarin (Victor), tisserand, à Dollon.
Prunier.
Renardeau, propriétaire.
Richaud, propriétaire.
Rioux (Théodore), cafetier.
Robert (Julien), marchand, au Grand-Lucé.
Rocher, tanneur, à La Suze.
Rouillier, à La Suze.
Rouillier, à La Suze.
Savard, propriétaire.
Semery, à La Flèche.
Sidoine (Eugène), cabaretier, à Dollon.
Silly, journaliste, au Mans.
Simon, commissionnaire de roulage, au Mans.
Surgé (Pierre), menuisier, à Chérancé.
Travers (Louis), instituteur, à Dollon.
Trouvé (Edouard), commis de banque, au Mans.
Trouvé-Chauvel, banquier, au Mans.
Trouvé-Freslon, tanneur, au Mans.
Veillard-Lebreton, cafetier, au Mans.
Wille (Juste), corroyeur, à La Suze.

CHAPITRE LXXVIII.

SEINE.

JOURNÉE DU 2 DÉCEMBRE (1).

Résumé des événements : Une première réunion des représentants de la gauche se tient chez le citoyen Yvan, secrétaire de l'Assemblée. — La résistance armée y est discutée et adoptée en principe. — Les représentants Bac et Yvan sont chargés de soumettre ce projet aux membres de la majorité. — Leurs démarches sont généralement infructueuses. — L'agitation gagne la population. — De 1500 à 2000 jeunes gens républicains sont refoulés vers la rue du Vieux-Colombier par les gardes municipaux. — Les journalistes réunis dans différents endroits rédigent des protestations. — Déclaration des représentants de

(1) Les premières phases du coup d'Etat sont racontées au commencement de ce volume.

la Montagne en réunion chez le citoyen Marie. — Quelques membres de la gauche modérée ainsi que deux représentants de la droite s'y associent. — Signataires au nombre de 169. — Proclamation d'un comité de résistance composé de représentants républicains. — D'autres réunions ont lieu sur plusieurs points de la ville. — Une très-importante est tenue chez le représentant Lafon. — Le comité de résistance y est élu. — Cette réunion dans la crainte d'être inquiétée se transporte chez le citoyen Goürnet. — La résistance armée est décidée pour le lendemain matin. — L'aspect des Parisiens dans la soirée est généralement hostile au coup d'Etat. — Patrouilles nombreuses de troupe.

Déclaration des Représentants de la Montagne et de la gauche républicaine chez le citoyen Marie.

Les représentants du peuple restés libres,

Vu l'article 68 de la Constitution, ainsi conçu :

« Toute mesure par laquelle le Président de la République dissout l'Assemblée nationale est un crime de haute trahison.

« Par ce seul fait, le Président est déchu de ses fonctions ; les citoyens sont tenus de lui refuser obéissance ; le pouvoir exécutif passe de plein droit à l'Assemblée nationale ; les juges de la Haute-Cour de justice se réunissent immédiatement, à peine de forfaiture ; ils convoquent les jurés dans le lieu qu'ils désignent pour procéder au jugement du Président et de ses complices. »

Décrètent :

I.

Louis-Bonaparte est déchu de ses fonctions de Président de la République.

II.

Tous citoyens et fonctionnaires publics sont tenus de lui refuser obéissance, sous peine de complicité.

III.

L'arrêt rendu le 2 décembre par la Haute-Cour de justice, et qui déclare Louis-Bonaparte prévenu de crime de haute trahison sera publié et exécuté.

En conséquence, les autorités civiles et militaires sont requises, sous peine de forfaiture, de prêter main forte à l'exécution dudit arrêt.

Fait en séance de permanence, le 3 décembre 1851.

Arago (Emmanuel), Arnaud (Ariége), Arnaud (Var), Aubry (Nord), Anglade, Bancel, Bard (Antoine), Brives, Bruys (Amédée), Bac (Théodore), Bajard, Bandsept, Barrault (Emile), Barthelémy Eure-et-Loire), Belin, Benoît (Rhône), Bertholon, Besse, Bourzat, Breymand, Brillier, Bruckner, Burgard, Charamausle, Combier, Canet, Carbonneau, Carnot, Cassal, Ceyras, Chabert,

Chaix, Chamiot, Chanay, Charrassin, Chauffour (Victor), Cha-
vassieu, Chouvy, Chovellon, Clavier, Crépu, Crestin (Léon),
Curnier, Delavallade, Detours, Dupulz, Dussoubs (Gaston),
Dain, Delbetz, Delbrel, Delebecqué, Denayrouse, Derriey, Di-
dier (Henri) Doutre, Duché, Ducoux, Dufraisse, Dulac, Dupont
(de Bussac). Duprat (Pascal). Durand-Savoyat, Durrieu (Paulin),
Ennery, d'Etchegoyen, Faure (Rhône), Farconnet, Favand, Fa-
vre (Jules), Fawtier, Fayolle (Creuse), de Flotte, Fond, Forel,
Frichon, Gambon (Charles), Gindriez, Gastier, Gavarret, Guil-
got, Guiter, Hennequin, Hochffluhl, Huguenin, Hugo (Victor),
Joigneaux, Joly, Jehl, Jollivet, Jusserand, Kestner, Laboulaye,
Laclaudure, Lafon. Leyuet (général), Lamarque, Lamennais,
Leroux (Pierre), (Leroux (Jules), Loiset, Madier-Montjau, Ma-
lardier, Martin (Alex.); Mathé (Félix), Michel (de Bourges),
Michot Boutet, Mülembeck, Mie (Auguste), Madesclaire, Madet
(Charles), Maigne (Francisque), Mathieu (de la Drôme), Mil-
lotte, Montagut, Moreau (Creuse), Morellet, Perdiguier, Par-
fait (Noël), Pelletier, Pénières, Perrinon, Pons-Tande, Pradié,
Quinet (Edgard). Racouchot, Rey (général), Reymond, Richardet,
Rochut, Rouët. Rantian, Raspail (Rhône), Renaud, Repellin,
Rey (Drôme), Richard (Cantal), Rigal, Sue (Eugène), Sage, Sain,
Salvat, Saint - Marc Rigaudie, Saint-Romme, Sartin, Sautayra,
Savatier-Laroche, Savoye, Schœlcher, Signart, Sommier., Sou-
biés, Subervie (général), Tournier (Constant), Testelin, Vache-
résse, Vendois, Versigny, Vidal, Vignes, Viguier, Westercamp
et Yvan.

Deux représentants appartenant à la majorité se sont joints
également à cette protestation, ce sont MM. Bravard-Veyrières,
du Puy-de-Dome, et Bréhier, de la Manche.

La plupart de tous ces signataires ont été bannis du territoire
français.

Proclamation d'un comité composé de Représentants du peuple.

« Louis-Napoléon est un traître!

« Il a violé la Constitution!

« Il s'est lui-même mis hors la loi!

« Les Représentants républicains rappellent au peuple et à
« l'armée les articles 68 et 110 de la Constitution, ainsi con-
« çus :

« Article 68. — Toute mesure par laquelle le Président de la
« République dissout l'Assemblée, la proroge, ou met obstacle
« à son mandat, est un crime de haute trahison. Par ce seul
« fait, le Président est déchu de ses fonctions, les citoyens
« sont tenus de lui refuser obéissance.

« Article 110. — L'assemblée constituante confie la défense
« de la présente Constitution, et les droits qu'elle consacre,
« la garde nationale et au patriotisme de tous les Français.

« Le peuple, désormais et à jamais, en possession du suf-
« frage universel, le peuple qui n'a besoin d'aucun prince pour
« le lui rendre, saura châtier le rebelle.

« Que le peuple fasse son devoir, les Représentants républi-
« cains marchent à sa tête.

« Vive la République ! vive la Constitution ! Aux armes !

« *Signé :* Michel (de Bourges), Schœlcher, gé-
néral Leydet, Mathieu (de la Drome), Las-
teyras, Brives, Breymand, Joigneaux,
V. Chauffour, Cassal, Gilland, Jules Favre,
Victor Hugo, Emmanuel Arago, Madier-
Montjau, Mathé, Signard, Roujat, Viguier,
Eugène Sue, de Flotte. »

La soirée du 2 décembre finit par une très-vive agitation qui
s'étendit dans tous les principaux quartiers de Paris. On se
donna rendez-vous pour l'action le lendemain matin au faubourg Saint-Antoine.

JOURNÉE DU 3 DÉCEMBRE.

Résumé des événements : Transfert des représentants de la majorité arrêtés la veille, de la caserne d'Orsay à Vincennes. — Leur passage en
omnibus, escortés de lanciers, dans le faubourg Saint-Antoine. — Ils
sont reconnus par le peuple. — Le cri : « Délivrons-les ! » se fait entendre. — Quelques citoyens se lancent à la tête des chevaux. — Au
nombre de ces citoyens courageux, on doit citer le représentant Malardier et le citoyen Frédéric Cournet. — Les représentants ne veulent
pas être délivrés. — Ils conjurent le peuple de n'en rien faire. — La
foule est indignée de cette lâcheté des mandataires. — De huit à
neuf heures du matin un grand nombre de républicains se trouvent
réunis à la salle Roysin. — Seize représentants républicains se sont
joints à eux. — A neuf heures ils sortent en foule et crient sur tout
le parcours du faubourg Saint-Antoine : *Aux armes ! Aux barricades !
Vive la République ! Vive la Constitution !* — Les représentants sont
ceints de leurs écharpes. — On construit une barricade au coin des
rues Cotte et Sainte-Marguerite. — Prise du Poste de la rue Montreuil.
— Les dix soldats qui la composent sont désarmés. — Le poste
du Marché-Noir vient de subir le même sort. — Arrivée du 19e de
ligne commandé par le chef de bataillon Pujol. — La première
compagnie a pour chef le capitaine Petit. — Huit représentants sont
debout sur la barricade, ce sont : Baudin, Brillier, Schœlcher, Malardier, de Flotte, Bruckner, Maigne et Dulac. — Le représentant Schœlcher recommande à ses amis de ne pas commencer le feu. — Les soldats avancent toujours. — Les représentants descendent de la
barricade et vont au devant d'eux. — Le représentant Schœlcher engage la troupe à respecter la Constitution. — Le capitaine Petit veut

lui imposer silence et menace de faire tirer. — Les sept représentants d'une seule voix répondent qu'ils se feront tuer, mais qu'ils ne reculeront pas et ils crient *Vive la République! Vive la Constitution!* — L'officier Petit commande le mouvement en avant et fait charger les armes. — Les représentants croyant leur dernière heure arrivée, se découvrent et crient de nouveau *Vive la République!* — Mais les soldats semblent ne pas les apercevoir. — Ils continuent leur marche sur la barricade sans toucher aux représentants. — Les citoyens Bruckner et Schœlcher seulement sont menacés. — Un coup de feu part de la barricade. — La troupe répond par une décharge générale. — Le représentant Baudin debout sur la barricade et qui voulait haranguer les soldats tombe foudroyé de trois balles. — Un courageux ouvrier debout à côté de Baudin, vient aussi d'être tué. — Il s'appelle Clément (Henri). — Prise définitive de la barricade. — Les représentants Malardier, Schœlcher, Dulac et Brillier continuent à appeler le peuple aux armes. — Mais le faubourg Saint-Antoine semble indifférent. — Sur d'autres points l'agitation grandit. — Des barricades nombreuses s'élèvent dans les rues du Petit-Carreau, Beaubourg, Bourg-l'Abbé, Grenéta Aumaire, Transnonain et Saint-Denis.—Manifestation bruyante sur les boulevards. — Le faubourg Saint-Marceau s'agite. — De Flotte l'exhorte à la résistance. — Les citoyens Madier-Monjau et Bastide tentent de soulever Belleville. — Commencement de barricades. — Appel aux armes signé : A. Madier-Monjau. — Un appel à l'armée est affiché au carré Saint-Martin. — Le proscrit Gustave Naquet vient d'arriver. — Il fait partie d'un groupe qui pousse à la résistance. — Les plus ardents de ce groupe sont les citoyens Boquet, Nétré, Jules Leroux et Desmoulins. — Ils affichent une proclamation signée : « Le Comité central des corporations. » — Proclamation impitoyable du ministre de la guerre Saint-Arnaud. — Prise par la troupe et sans beaucoup de résistance des barricades des rues du Temple et de Rambuteau. — Escarmouches de tous côtés. — Combat acharné dans les rues Beaubourg, Transnonain et Grenéta. — Les républicains pris entre deux feux. — Un grand nombre sont tués et beaucoup sont faits prisonniers. — Plusieurs de ces prisonniers sont fusillés sommairement. — Un groupe de représentants est réuni chez le citoyen Landrin. — On y rédige une proclamation très-énergique contre le coup d'État. — Parmi les signataires, on remarque les noms de M. Émile de Girardin et du prince Napoléon. — Sur les boulevards le colonel de Rochefort, à la tête du 1er de lanciers, charge la foule qui persiste à crier *Vive la République! vive la Constitution! vive l'Assemblée nationale! à bas les traîtres!* — La nuit met fin à la résistance pour le 3 décembre. — On se prépare de tous côtés pour le lendemain.

MORT HÉROÏQUE DE BAUDIN.

Ce résumé succinct de la journée du 3 décembre donne l'ensemble de la lutte soutenue par les défenseurs de la Constitution. Des traits admirables de bravoure sont, comme toujours, à enregistrer. Ainsi quoi de plus beau, de plus exemplaire que cette mort de Baudin. Ce représentant ne s'était jamais fait remarquer par de grands ou beaux discours au sein de l'Assemblée Législative, où il siégeait, parce qu'il croyait, sans doute, que des actes valaient beaucoup mieux que les belles paroles; il comprenait que si le peuple lui avait délégué des pouvoirs, il lui devait, il se devait à lui-même de les défendre en cas de danger; il ne faillit point à sa mission; la Constitution était violée; il ceignit son écharpe, se rendit au faubourg Saint-Antoine et là, debout sur une barricade, à côté de l'ouvrier Clément, il somme les soldats de respecter la Constitution; le danger est imminent, les fusils sont chargés, les soldats, qui ne savent pas, la plupart, ce que c'est qu'une constitution, vont tirer sur celui qui représente la loi; mais rien ne l'arrête, sans se préoccuper ce qu'il en adviendra, il se fait tuer, non pour ses 25 francs, mais bien pour le mandat impératif qu'il a reçu des électeurs. — C'est ainsi que finit ce martyr du droit.

Quelques moments avant sa mort, exhortant les ouvriers à la résistance, l'un d'eux lui dit :

« Est-ce que vous croyez que nous voulons nous faire tuer « pour vous conserver vos 25 francs par jour?

« Demeurez-là encore un instant, mon ami, répliqua Baudin « avec un sourire amer, et vous allez voir comment on meurt « pour 25 francs. »

A la même heure, le représentant Madier-Montjau et le citoyen Bastide poussaient à la résistance à Belleville. Des barricades furent construites et l'appel aux armes suivant fut affiché :

Aux armes !

« La République, attaquée par celui qui lui avait juré fidélité, « doit se défendre et punir les traîtres.

« A la voix de ses représentants fidèles, le faubourg Saint-« Antoine s'est levé et combat.

« Les déparlements n'attendent qu'un signal, et il est « donné.

« Debout tous ceux qui veulent vivre et mourir libres !

« Pour le Comité de résistance de la Montagne,
« Le représentant du peuple délégué,
« MADIER-MONTJAU. »

La résistance, ce jour-là, dure jusqu'à près de minuit. Le même soir, les représentants Roger du Nord, Charras, Baze, Leflô, Lamoricière, Changarnirr, Cavaignac et Bedeau étaient transférés au fort de Ham.

JOURNÉE DU 4 DÉCEMBRE.

Résumé des événements : Les ouvriers commencent à donner. — De nouvelles barricades sont élevées dans les rues des Jeuneurs, du Petit-Carreau, Saint-Denis, Tiquetonne, Montmartre et enfin du côté de la rue du Temple et du Conservatoire des Arts-et-Métiers. — D'autres

sont en construction sur les boulevards Bonne-Nouvelle et Saint-Denis.
— Prise par les républicains de la mairie du Ve arrondissement. —
Ils mettent la main sur 300 fusils et des munitions. — On entend des
cris de « A bas les traîtres! à bas les prétoriens! » — Le quartier
latin commence à s'émouvoir. — Les rues de la Harpe, Saint-André-
des-Arts, etc., etc. sont couvertes de barricades. — Une jeune femme
est debout sur la barricade de la Porte-Saint-Denis. — Elle donne
lecture de la proclamation des représentants républicains. — La
troupe est à chaque instant accueillie par les cris de « Vive la République! vive la Constitution! à bas les prétoriens! à bas Soulouque! »
— L'attaque contre les barricades commence. — Beaucoup sont
prises sans beaucoup de résistance. — Le 72e de ligne est repoussé
dans la rue Saint-Denis. — Les combattants de la barricade se battent comme des lions. — Presque au même moment, détonation épouvantable sur toute la ligne des boulevards. — Sans provocation aucune, l'artillerie et la ligne tirent à mitraille sur la foule. — Un nombre considérable de tués et de blessés. — Plusieurs maisons sont
ébranlées à coups de canon. — On piétine dans le sang. — Les soldats semblent tous ivres. — Sur un autre point, dans la rue Montorgueil un groupe de courageux citoyens veut tenter un dernier effort
— Denis Dussoubs est à la tête. — Arrivée d'un bataillon du 51e de
ligne, commandé par le chef de bataillon Jeannin. — Denis Dussoubs
va au devant. — Il exhorte les soldats à se joindre aux républicains
ces derniers semblent émus de l'accent de Dussoubs, mais n'obéissent
pas. — Sans provocation même, ils tirent sur la barricade. — Dussoubs tombe, deux balles lui ont fracassé la tête. — La résistance,
dès ce moment, peut être considérée comme finie. — Quelques barricades sont encore enlevées de vive force dans quelques quartiers.
— Beaucoup de citoyens sont fusillés sommairement. — Un nombre
plus considérable encore sont entassés dans les forts de la capitale.

MORT DE DENIS DUSSOUBS.

Ce grand citoyen se battait déjà depuis deux jours; il avait
assisté à plusieurs barricades prises par la troupe : dans celles
de la rue Saint-Denis surtout il s'était distingué d'une manière
toute particulière. Il était ceint de l'écharpe de représentant
appartenant à son frère, malade depuis plusieurs jours. La
marche des événements le rendait triste, sans cependant être
abattu ; il pensa qu'un dernier effort pouvait quelque peu changer l'aspect des choses; il se mit donc à la tête d'un groupe
composé en grande partie d'hommes énergiques qui étaient
retranchés derrière une barricade de la rue Montorgueil, et,
lorsqu'il vit arriver des troupes. il s'empressa d'aller au-devant
et de les rappeler au devoir, mais ce fut en vain, et cependant
ses paroles étaient empreintes d'un bel accent : « Malheureux
soldats! dit-il, vous devez être désespérés de ce qu'on vous
fait faire : Venez à nous! » Mais, encore une fois, ces belles
paroles n'eurent pas d'écho chez les soldats et, il s'en retour-
nait à la barricade en poussant le cri de : « Vive la République! » lorsqu'une décharge le tua raide.

On ne pourra jamais assez rendre hommage au héros républicain qui mourut si noblement... Ses restes reposent au cimetière Montparnasse, à côté de la tombe des Quatre sergents de La Rochelle.

Avant de clore le résumé des événements de Paris, je dois mentionner un épisode qui eut pu avoir une grande influence par la suite s'il avait réussi. On venait d'arrêter le citoyen Crémieux et quelques autres représentants républicains réunis chez lui, et on le conduisait sous escorte en prison, lorsque par hasard le représentant Malardier vint à passer, il reconnut ses collègues, passa son écharpe et exhorta le peuple à délivrer les prisonniers. — Les mesures prises par le chef de la troupe empêchèrent ce projet d'aboutir.

TUÉS PENDANT L'ACTION.

(Liste dressée par M. Trébuchet, attaché à la préfecture de police.)

Abde, libraire, à Paris.
Avanel, allumeur de gaz.
Boyer, pharmacien.
Boyer, cocher.
Bertaux, garçon marchand de vins.
Bidois, employé.
Brun, négociant.
Bacfort, cordonnier.
Boulet-Desbarreaux, clerc d'huissier.
Bastard, cuisinier.
Beaufond, tailleur.
Boursier, enfant de sept ans et demi.
Belval, ébéniste.
Bor, ferblantier.
Baudin (Alphonse), représentant du peuple.
Bricaut, commis.
Boquin, menuisier.
Bucholtz, tailleur.
Colet, carrossier.
Carpentier, clerc d'avoué.
Coignière, carrossier.
Claret, peintre.
Chaudron, gantier.
Cambiaso, sans profession.
Coquard, propriétaire, à Vire (Calvados).
Charpentier de Belcourt, négociant, à Paris.

12.

Castrique, peintre.
Cochin, marchand de journaux.
Cointin, bourrelier.
Claire, boucher.
Carrel, tourneur.
Cassé, employé.
Chaussard, domestique.
Debeauchamp, rentier.
Derains, avocat.
Durand, charpentier.
Devart, entrepreneur.
Dussoubs (Denis) frère ou représentant.
Deransart, coiffeur.
Debaecque, négociant.
David, professeur.
Dubosq, employé.
Doncerain, cordonnier.
Delorme, maçon.
Dudé, chartier.
Decastre, tailleur.
Demarsy, rentier.
Duchesnay, propriétaire.
Delon, commis voyageur.
Daubigny, polisseur d'acier.
De Couvercelles, fleuriste.
Doré, cordonnier.
Demasy, rentier.
Dagan, menuisier.
Deslions, papetier.
Friedel, menuisier.
Février, propriétaire.
Filly, commis.
Frois du Chevalier, négociant.
Fèvre, sellier.
Firmin, passementier.
Gougeon, domestique.
Grellier (Demoiselle), femme de ménage.
Guillard (femme), dame de comptoir.
Garnier (femme), dame de confiance.
Geoffroy, fondeur.
Gantillon, dessinateur.
Genon, garçon marchand de vins.
Grimaud, arçonnier.
Garony, cordonnier.
Gond, journalier.
Gaumel, architecte.

Gobi, domestique.
Grillard, boulanger.
Guiblier, commis marchand.
Hoffe, rentier.
Houley, cocher.
Haguaux, bimbélottier.
N...
N...
N... } Inconnus, dont on n'a pu constater l'identité, passés
N...   par les armes ou trouvés morts sur les barricades.
N...
N...
Jouin, scieur de pierres.
Julliette, bitumier.
Lièvre, négociant.
Lemière, commis libraire.
Laplace, sculpteur (15 ans).
Léauty, rentier, à Gentilly (Seine).
Lefloque, journalier, à Paris.
Labille, bijoutier.
Lemercier, broyeur.
Lelièvre, commis.
Lefèvre, cuisinier.
Langlois, porteur aux halles.
Leucir, employé.
Lacroix, fabricant d'abats-jour.
Lefort, polisseur.
Lacour, concierge.
Laîné, ébéniste.
Laly, homme d'affaires.
Ledaust (femme), femme de ménage.
Laurent, sellier.
Leclerc, garçon boucher.
Muller, domestique.
Merlet, ancien sous-préfet.
Mathos, chapelier.
Mormard, rentier.
Moreau, corroyeur.
Moreau, gantier.
Maubry, journalier.
Mouton, teinturier.
Maloisel, coiffeur.
Moreau, sculpteur.
Monpelas, parfumeur.
Molin, courtier.
Morel, journalier.

Mermilliod, tabletier.
Maury-Bernard, portefaix.
Mahé, domestique.
Nicolas, commis en marchandises.
Naveau, fleuriste.
Noël (Françoise), giletière.
Offinville, gantier.
Prochasson, laitier.
Pécot, marchand de vins.
Pontet, propriétaire.
Pornin-ki, rentier.
Pillon, bijoutier.
Pierrard, cordonnier.
Pineau, charpentier.
Paisgneau, fabricant de boutons.
Pariss, pharmacien.
Parisot, cuisinier.
Poujaud, maçon.
Poussard, greffier de la justice de paix de Brie-Comte-Robert.
Robert, marchand de coco, à Paris.
Raboisson (femme), couturière.
Robert, peintre en bâtiments.
Rio, professeur de langues.
Roussel, employé.
Remy, bijoutier.
Rosset, cocher.
Seguin (femme), brodeuse.
Simas (demoiselle), demoiselle de boutique.
Selan, propriétaire.
Thirion de Montauban, propriétaire.
Thiébault, paveur.
Theillart, maçon.
Vatré, peintre en bâtiments.
Vidal (femme).
Vidot, teinturier.
Vial, cocher.
Vassant, corroyeur.
Vannier, tourneur de cristaux.
Varen, peintre en bâtiments.

A cette liste doit être ajouté le nom du citoyen Clément (Henri), serrurier, à Paris, tué sur la barricade du faubourg Antoine, à côté de Baudin.

MORTS A CAYENNE.

Laugrand (Victor), professeur, à Paris.
Pornin, passementier, à Paris.

Autres déportés a Cayenne.

Bochenski (Marcel), tailleur, à Paris.
Carrette (François-Auguste), négociant, à Boulogne-s.-Seine.
Couderc, mécanicien, à Paris.
Courvallier (Louis E.), cordonnier.
Lafon, tailleur.
Levoyer, fumiste.
Mariette (Adrien), sellier.
Maurel (Claude), imprimeur.
Morin, voyageur de commerce.
Quibel (Pierre), chapelier, à Montreuil.
Reus, cuisinier, à Paris.

Femmes poursuivies.

Allemand (Louise-Fernande), demoiselle de compagnie, à Paris.
Clouard (Eugènie) femme Mogat, couturière.
Detoin (Jeanne), femme.
Gaussin (Héléna), femme.
Gobert (Rosalie), dite femme Bérgevin, brodeuse.
Roland (Pauline), à Paris (morte en revenant d'Afrique).

Afrique. — Exil. — Internement. — Prison.

Abazaer, à Paris
Achard (Jacques), ouvrier cartier, à Paris.
Agard (L.-Joseph), chaudronnier, à Paris.
Ajalbert (Pierre-M.), peintre en bâtiment.
Albert (F.-Agnès), garçon de bureau.
Aligon (Ant.-Basile), tailleur, à Belleville.
Allard (Et.-Nicolas), maçon, à Vanves.
Allard (Julien), à Paris.
Allègre (A.), menuisier.
Amand (Ant.-Joseph), commissionnaire en bois, à la Villette.
Amblard (Pierre), conducteur d'omnibus, à Paris.
Amiot (Victor), forgeron, à Grenelle.
Antoine (Aug.-Gilbut), menuisier, à Paris.
Aristide, menuisier.
Artaud aîné, lampiste.
Artaud jeune, lampiste.
Aubourg (Joseph), marchand de tableaux.
Audry (Charles), journalier, à Chevilly.
Aumont, à Paris.
Auxbourg (Henri).
Auzières (Armand), fabricant d'images.
Auzon (Auguste), teinturier.
Aymard (Auguste), marchand des quatre saisons.

Baillet.

Balagua (Jean-Marie), mercier, à Bercy.

Baraquin (Louis-Henri, géomètre, à Rouen.

Barbast, à Paris.

Barbaux (Jacques-Alf.), garçon marchand de vins, à Paris.

Barbonde, serrurier.

Baudouin (Edouard), serrurier.

Baune (Aimé), homme de lettres.

Bayart (François-Joseph), corroyeur.

Beaumont ex-commandant de l'Hôtel-de-Ville, à Paris.

Beauvais (Alexandre), employé, à la Chapelle.

Beauzé (Henri-Pli.), cordonnier à Paris.

Belleville (Clovis-Jos.), cuisinier, à Paris.

Benard (Pierre-Et.)

Bennon (Germain), fondeur, à Belleville.

Benoist (J.-Baptiste), imprimeur sur étoffes, à Paris.

Benoît (Jean), cuisinier.

Berault (Jules-Hector), chineur, à Gentilly.

Beretta, menuisier, à Paris.

Bernard (Jean), coiffeur, à la Chapelle.

Bernier (Félix-Jos.), mécanicien, à Paris.

Bernier (Mathieu), ébéniste.

Bernot (Henri), passementier.

Berru (Camille), journaliste.

Berthaut (Alp.-Philibert), bijoutier.

Berthe (Jean), tourneur, à la Chapelle.

Berthelot-Mellioux (Jos.-Etienne).

Bertrand (J.-Eleonore), fondeur, à Paris.

Bezançon (Edouard), rentier.

Bichet (Louis), maçon, à la Cour-Neuve.

Bienne (Ch.-Jules), bimbelottier, à Paris.

Billard (Jules-Achille), sellier.

Billotte, marchand de vins.

Billy (Ch.-Victor), cordonnier, à Gentilly.

Bisson (Th.-Alphonse), limonadier.

Bizet (Pierre), avocat.

Blaise (Brice), cordonnier.

Blanchon (Jean), cordonnier.

Blot (Elydoc), cordonnier.

Boireau.

Boisneau (François).

Boîteux (Louis).

Bombrée (J.-Victor), maçon.

Bondois (Charles), tourneur en cuivre.

Bongleux (Henri-Prosper), marchand de vins, à Saint-Denis.

Bonhomme (Stanislas), teneur de livres, à Paris.

Bonnet (Louis), à Ivry.
Bonvallet, à Paris.
Boquet (J.-Baptiste), professeur.
Bordier (Louis), ébéniste, à Belleville.
Bordier (Jacques), ébéniste, à Paris.
Bosset (P.-Alexandre), porteur.
Boudaille (J.-Louis), conducteur.
Boudet (Hippolyte), marchand de vins.
Boulanger (J.-Antoine), peintre.
Boulanger (François(, ouvrier en peignes.
Boullenger (Louis-Emile), chaussonnier.
Bourcelot (Antoine), ouvrier en boules.
Bourdier (Antoine), lithographe.
Bourdin (Alp.-Louis), ouvrier mécanicien.
Bourdon.
Bréard (Adolphe).
Bréguet.
Bride (Auguste), commis libraire.
Briffaut (Joseph), marchand de bouillon
Brisedoux.
Briottet (Auguste), tourneur.
Brives (Alphonse).
Brouty (Adolphe), tailleur.
Brun (Antoine), colporteur.
Brunat, huissier.
Buisson.
Burel (J.-Eugène), à Belleville.
Byard (Jules Achille), sellier, à Paris.
Cahaigne (Jules), journaliste.
Caillet (Charles), emballeur, à la Villette.
Cadenet, maître d'escrime, à Paris.
Cahaigne (Jules), journaliste.
Caillaud.
Caillet (Charles), emballeur à la Villette.
Campion (Hippolyte), cartonnier.
Cantrel (Jacques), cordonnier.
Canut (Nicolas), menuisier.
Carlier (B.-Joseph), mécanicien, à la Chapelle.
Carter (Félix), sculpteur, à Paris.
Cartron, scieur de marbre.
Castellino.
Cellier (Charles), huissier.
Challamel-Lacour, professeur de philosophie.
Challe (Louis), à la Chapelle-Saint-Denis.
Chanyenois (Edouard), graveur sur cristaux, à Paris.
Champy (Charles-P.), ouvrier boutonnier.

Charavay (P.-Edun), commis-libraire.
Charles (Frédéric), journalier, à Lhuy.

Charlier (François), tailleur, à Lhuy.
Charpy (Gabriel), champignonniste, à Charenton.
Châtelain (Louis-P.), marchand de charbon, à Paris.
Chaule (J.-Paulin), pharmacien, à Paris.
Chazotte (Ant.-Alexandre), colporteur, à Palaiseau.
Chéron (Alphonse), serrurier, à Paris.
Choquin.
Clabault (Alphonse), garçon boulanger, à Montmartre.
Clavel, journaliste, à Paris.
Clouard (Louis-Jul.), cordonnier.
Collette (Ch.-Auguste), cordonnier.
Collinet, ouvrier tabletier.
Collot, professeur.
Combes (Louis-J.), lithographe.
Comble (J.-Baptiste), typographe.
Corriez (P.-François), employé d'administration.
Coste (Pierre), charbonnier.
Cournet (Frédéric), officier de marine.
Couture, cordonnier.
Couverchel (Louis-Alexandre), marchand de vins, à Bercy.
Crespelle, propriétaire, à Paris.
Créiaux (Fr.-Isidore), commis peaussier.
Crousse (Albert-J.), clerc d'avoué.
Crocé Spinelli, négociant en orfévrerie.
Cuif (J.-Louis), menuisier, à Charenton.
Cunel, à Paris.
Dagne (Guillaume, mécanicien.
Darchais (J.-Marie), carrier, à Arcueil.
Daridan (Alfred), peintre en bâtiment, à Paris
Daspect (J.-Josep), sellier.
David (François), serrurieur.
Debeauvais, employé au chemin de fer du Nord.
Debonne (François), cordonnier.
Declerc (Adolphe), peintre en bâtiment.
Decot (Louis-Auguste), bonnetier.
Dchay (Georges).
Delabarre (Louis-Ch.), typographe.
Delahaye, cordonnier.
Delente (François), bouquiniste.
Delpech, sculpteur.
Deluc.
Demarchi (Jules-Fr.(, cordonnier.
Demolliens (Parfait), fondeur en caractères.
Denis, ébéniste.

Denise (Eugène), tailleur.
Deschanel (Emile), homme de lettres.
Desessart (Fr.-Maximilien), charpentier.
Deslandes (Hildebert), bottier.
Desmoulins (Auguste), typographe.
Desnoyers (Alphonse), domestique, à Sougères.
Devierre (Louis-Pie), menuisier, à Paris.
Deville (Charles), médecin.
Devillier (Victor), cordonnier.
Devresse (Clément), commis-libraire.
Dibier (Pierre), courtier en librairie.
Dieudonné (J.-Baptiste), menuisier.
Dormes (Ch.-Antoine), courtier en librairie.
Douard (Jacques), chapelier.
Dreux (J.-Baptiste), homme de peine.
Drevet, mécanicien.
Dubois (Hubert), imprimeur sur papier peint, à Belleville
Ducancel, brosseur, à Paris.
Duchozal (Joseph), marchand de futailles.
Duluar.
Dupard (Louis-R.), tailleur.
Dupont (Pierre), chansonnier.
Duportel, marchand de vin.
Duprat (Guillaume).
Duras (Léopold), journaliste.
Durrieu (Xavier), journaliste.
Durrieu frère cadet.
Duterne aîné, doreur sur métaux.
Duterne jeune, doreur sur métaux.
Eymond, ex-officier de la garde nationale de Paris.
Fabard (Louis), cordonnier.
Favrelle.
Ferreau (Edmond-Hip), limonadier.
Feuillerade F.-Casimir), tourneur en bois.
Fillias (Achille), homme de lettres.
Fillias (Victor), homme de lettres.
Flabert (Joseph).
Fombertaux (Eugène), teneur de livres.
Fontaine (Gustave, à Neuilly.
Fontaine (Pierre), traiteur, à Neuilly.
Fonvielle (Wilfrid), homme de lettres, à Paris.
Forestier, colonel de la 6e légion.
Fournier (Aug.-Louis), serrurier, à La Chapelle.
Foy (J.-Bernard), peintre en bâtiments, à Paris.
François (Cadet), voiturier, à La Ville te.
Freilly, cuisinier, à Paris.

Frénot (Eugène), bijoutier.
Frison, tailleur.
Frond (Victor), sous-lieutenant de pompiers.
Gabriel.
Gacher (Quintien), marchand de meubles.
Galy (Bertrand), garçon boulanger.
Gardêche (J.-Henri), marchand de vin.
Gardenbas.
Gardien (Pierre), agent comptable.
Garraud, statuaire.
Gaspérini, homme de lettres.
Gauguet (Joseph), tailleur.
Gay (Adi).
Geniller, professeur de mathématiqaes.
Gérard, ouvrier sculpteur.
Ginttrie.
Girardet (Désiré), chauffeur, à Grenelle.
Girod (Auguste), garçon marchand de vin, à Paris.
Girondeau, sans profession.
Godard (Eugène), tourneur.
Gonord (J.-Désiré), jardinier, à Clichy la Garenne.
Gouache (Jules), journaliste, à Paris.
Goulvins (Louis-Victor), éperonnier,
Grave (Joseph), terrassier.
Grignan
Gué (Victor).
Guépard (Ant.-Léopold), teneur de livres.
Guérin (Aug.-Philippe), libraire.
Guérin, chimiste.
Guthmann (Jean), professeur de piano.
Guyot.
Habrant (Alfred), mécanicien.
Hary (F.-Toussaint), fabricant de jouets.
Hetzel (P.-J.), libraire.
Hiardin (Thomas-François), serrurier, aux Thernes.
Hilbach, traiteur, à Paris.
Hordequin, cuisinier.
Houdt (d').
Houl.
Hours, docteur en médecine.
Huet (François), marchand de vins.
Huss (Guillaume), mécanicien.
Huyot (Adolphe), limonadier.
Ily (François), cordonnier.
Jacotier, relieur.
Jacoubet, architecte.

Jacques (Amédée), professeur de philosophie.
Jaecque (Joseph), cocher, à la Chapelle.
Jacquet (Jules), à Paris.
Jardin (Eugène), menuisier, à Passy.
Jazale (Joseph), apprenti tailleur, à Montmartre.
Jochume (J.-François), fondeur, à Paris.
Jouatte (François), ferblantier.
Jourdain (Maximilien), journalier.
Kesler (Edouard), journaliste.
Klein (Charles), garçon marchand de vin.
Kuch.
Lacaze.
Lachambaudie (Pierre), fabuliste.
Lacuvé (Louis), émailleur.
Lajoie (Pierre), commissionnaire.
Lancien (Jules), garçon épicier.
Lannes (J.-François), peintre.
Lardeaux, aubergiste.
Large (Antoine), journalier.
Lasserre.
Langrand (Prosper), gérant *du Peuple.*
Laurens, ex-sous-officier d'artillerie.
Laurent (Maximilien), ouvrier.
Lavaux (Charles), arçonnier, à Plaisance.
Lebègue (Joseph-Aîné), passementier, à Paris.
Lebloys (Ernest), homme de lettres.
Lebrun (Charles), imprimeur.
Lechevalier (Jules), journaliste.
Lecœur, sans profession.
Lecomte (Minor).
Lecomte (Joseph), capitaine en retraite.
Lecomte, lithographe.
Lecornu (Pierre), marchand de vins.
Lecossoy (Antoine), boulanger, à Epinay-sur-Seine.
Lecroix (D. Nicolas), instituteur, à Clichy-la-Garenne.
Lefebvre (Victor), à Paris.
Legard (J.-François), menuisier, à Saint-Denis.
Legendre (Alexis), dessinateur en broderies, à Paris.
Legrand (Louis-Et.), boulanger.
Legrand (Louis-Grat.), ouvriers des ports.
Legros (J.-Célestin), menuisier.
Lejeune (de la Sarthe).
Lelièvre (Pierre), typographe.
Lemaître (Edouard), clerc de notaire.
Lemaître (Charles), fondeur en cuivre, à la Chapelle.
Lemaître (Amable), homme de lettres, à Paris.

Lemerie.
Lenoir (Léopold), ébéniste.
Lepage (Charles).
Lerède (Louis), vannier.
Leroy (P. Sylvain), charpentier, à Grenelle.
Limage (J.-Louis), tisseur, à Paris.
Limasset (Philibert).
Lods (Auguste), limonadier, à Montreuil.
Longepied (E.), professeur, à Paris.
Louré, ouvrier.
Lucas (Narisse), ébéniste.
Luneau (Jean), lieutenant de la garde républicaine.
Magen (Hippolyte), homme de lettres.
Maillard (Louis-G.), fabricant de billards.
Malapert, avocat.
Malherbe (Auguste), serrurier, à Montmartre.
Mallarme, monteur en bronze, à Paris.
Marchais (J.-Marie), carrier, à Arcueil.
Marene (J.-Pierre), tailleur, à Paris.
Maréchal (P.-Léon), cordonnier.
Maréchal, tailleur de pierres.
Marle (Louis), typographe.
Marle (Jérôme-Ol.), typographe.
Martine (Henri-Alph.).
Massart.
Maucot (Louis), confiseur.
Menet (Joseph), sellier.
Merceron (J.-Baptiste), menuisier.
Mercier.
Merlet, typographe.
Mestais (Stanislas), tailleur, aux Batignolles.
Meunier (Ch.-Léon), carrier, à Vanves.
Mennier (Arsène), journaliste, à Paris.
Michaut (Charles), tailleur.
Michel.
Michon (J.-Baptiste), rempailleur.
Mioguet, ouvrier.
Monginot (J.-B.-Charles), chef du personnel de la sécurité commerciale, à Paris.
Monnin (François), bottier.
Morain (J.-Pierre), propriétaire, à Neuilly.
Morard, à Paris.
Moreau (Raphaël), cordonnier.
Morel (Ch.-Joseph), fabricant de papier de verre, à St-Denis.
Morel, capitaine de la garde nationale, à Paris.
Motte (Esprit), cordonnier.

Mouchot, sans profession.
Moulin (J.-Baptiste), glaisier.
Mouline.
Mouton, cordonnier.
Musson, boulanger.
Nadal (J.-P.-Alfred), artiste peintre.
Naquet (Gustave), journaliste.
Naret (Alexis-H.).
Nétré.
Noguez, limonadier.
Noury (Réné), tailleur.
Olivier (Auguste).
Olivier (Démosthène), ex-constituant.
Orry (Henry), bijoutier.
Ouvré (Victor), fabricant de produits chimiques.
Pailleux (Ferdinand), perruquier, à Vaugirard.
Pannier, ouvrier, à Paris.
Pasquier (Dominique), perruquier, à Châtillon.
Passet (J.-Antoine), ex-directeur de bals, à l'Hermitage.
Paturel, à Rouen.
Paugné (Louis).
Paulus, chapelier.
Pellissier (Ch.-Jules), passementier.
Pelloux (Adolphe), cocher.
Perina (Joseph), ouvrier cordonnier.
Perrara (J.-François), tailleur de pierres.
Petiot (J.-Victor), horloger.
Petit (Charles-François), tourneur sur métaux.
Peutot (François), ébéniste.
Philippe (L.-Alphonse), taillandier.
Polino.
Polliat, sculpteur, à Paris.
Pommereau (Louis).
Poquet (Victor), cordonnier.
Préault (J.-Louis), sans profession.
Préaux (Adolphe), cultivateur à Montreuil-sur-Bois.
Prêtet (Aristide), ébéniste, à Paris.
Preupain (Arsène), ouvrier en mèches.
Prevat (Louis-G.), emballeur, à Vaugirard.
Prévost (Louis-G.), emballeur, à Paris!
Prosper, commissaire central, à Rouen.
Prot (Félix), peintre en bâtiments, à Paris.
Pujet, à Paris.
Quesnel (Ch.-Nicolas), tailleur, à Saint-Denis.
Raginel (Louis), homme de lettres, à Paris.
Ragon, notaire.

Rambaud (Philippe), coiffeur, à Montrouge.
Ravaud (Louis), passementier, à Paris.
Ravaud (Claude), passementier.
Ravaud (J.-Marie), passementier.
Regnaud, brocanteur.
Regnier (Joseph), tailleur, à Belleville.
Reitz (Philippe), rentier, à Paris.
Richard (Jules), tailleur.
Riché (Alphonse), layetier.
Rigondet (François), chauffeur, à Grenelle.
Rizolier, tonnelier, à Bercy.
Robert, menuisier, à Paris.
Robin (Louis), maçon, à Vanves.
Robin (Charles), serrurier, à Vanves.
Robine (Charles), tapissier, à Paris.
Robyns (J.-Achille), commis marchand.
Roch (Pierre), marchand de meubles.
Rochet, propriétaire.
Rolland (Louis), artilleur-canonnier.
Rondot, garçon d'hôtel.
Rosetti, horloger.
Rougemaille (Joseph), apprenti tourneur.
Rousier (Léon-Alex.), blanchisseur, à Vanves.
Rousseau (Charles), artiste peintre, à Ivry.
Rousselot (Eugène), limonadier, à Paris.
Rouvreau (Henri), tailleur, à Paris.
Rubatto (François), blanchisseur, à Neuilly.
Ruin, à Paris.
Sabot (F.-Louis), forgeron.
Sagnier (André), cordonnier.
Savart (J.-Baptiste), instituteur, à Paris.
Schmidt, journaliste, à Paris.
Schross, à Paris.
Segard (J.-François), menuisier, à Saint-Denis.
Selm, tourneur, à Paris.
Singuerlet, avocat, à Paris.
Six, à Paris.
Souchet (Onésime), journalier, à Ivry.
Souchet (Auguste), ferblantier, à Paris.
Souchet-Servinières (Eugène), tailleur, à Paris.
Stevenot, à Paris.
Tabire (Eugène), corroyeur, à Paris.
Tachon, à Paris.
Tarteron (Philippe), scieur de marbre, à Paris.
Tartinville (Joseph), jardinier, à Belleville.
Theis (J.-Baptiste), mouleur, à Paris.

Theys, cordonnier, à Paris.

Thomas, serrurier, à Paris.

Thoré (Théophile), publiciste, à Paris.

Thouard (Joseph), ancien consul, à Paris.

Thurnez (Henri), bottier, à Paris.

Toussaint (Pierre), facteur d'orgues, à Paris.

Touzard (Auguste), tailleur, à Paris.

Transon (Louis-Ant.), boutonnier, à Paris.

Trencard (Vincent), porcelainier, à Paris.

Turkeim (Alfred), agent de remplacement militaire, à Paris.

Turmel, à Paris.

Vacossin (Léon-Aug.), imprimeur sur étoffes, à Saint-Denis.

Vaillant, imprimeur sur étoffes, à Paris.

Vallée (Magloire), scieur de long, à La Chapelle.

Vallée (Athanase), layetier, à Paris.

Vallée (Paul), à Paris.

Vascollier (Ant.-Joseph), journalier, à Saint-Denis.

Vasbenter (Louis), homme de lettres, à Paris.

Vasseur (Louis), marchand de vins, à Paris.

Vatin (Ch.-Constant), fabricant de boutons, à Belleville.

Vaulier (Eugène-F.), serrurier, à Paris.

Venard (François), teinturier, à Belleville.

Veny, traiteur, à Géneviller.

Verly (Henry), teinturier, à Saint-Denis.

Vernier (Alexandre-F.), coutelier, à Paris.

Vialine, médecin, à Paris.

Viard (J.-François), cordonnier, à Paris.

Vidil (Jules-Paul), capitaine au 9me hussards, à Paris.

Vieillard (Eugène), étudiant en médecine, à Paris.

Vimont (Louis), tailleur, à Saint-Denis.

Vinchon (André-Félix), marchand de programmes, à Paris.

Vitrey (Jules-Alf.), fabricant de corsets, à Paris.

Voassar, à Paris.

Vogué (Louis-M.), châlier, à Paris.

Voignier (Charles), cordonnier, à Paris.

Voinier, à Paris.

Voisin (Jules), voyageur de commerce, à Paris.

Voissard (François), tailleur, à Paris.

Watripon (Léon), homme de lettres, à Paris.

Weber, tailleur de pierres, à Paris.

Xavier (Louis), marchand de mottes, à Paris.

Zimmermann (Joseph), ébéniste, à Paris.

CHAPITRE LXXIX.

SEINE-ET-MARNE.

Une chose qui est à remarquer, c'est que les départements qui environnent celui de la Seine ont gardé une attitude très-calme; quelque agitation pourtant s'est produite à Meaux et à Coulommiers, mais Melun et Fontainebleau n'ont rien fait pour empêcher le coup d'Etat. — Je ne sais même si beaucoup de citoyens ont eu à en déplorer les suites, en tous cas voici les noms que j'ai trouvés dans les journaux officiels.

AFRIQUE. — EXIL. — INTERNEMENT. — PRISON.

Audry (Charles), marchand de volailles, à Meaux.
Bellemain (F.-Joseph), cordonnier, à Flagy.
Bertrand (Louis-Pr.), huissier, à Farennoutiers.
Blanchet (Auguste), manœuvre, à Chalentre-la-Reporte.
Brutfert (Alphonse), vigneron, à Pommeuse.
Charlier, journalier, à Lagny.
Coupé (François), manœuvre, à Fontaine-le-Port.
Guérin (Louis-F.), homme de lettres, à Chauffuy.
Magniez (Auguste), menuisier, à Souppes.
Ricard (Pierre), maître de pension, à La Ferté-Gaucher.
Thierré (Ant.-Denis), clerc de notaire, à Nangis.
Tiercelin (Armand), teinturier, à La Ferté-sous-Jouarre.

CHAPITRE LXXX.

SEINE-ET-OISE.

Rien sur ce département, rien à dire; les dépêches constatent « la tranquillité la plus parfaite. » — Les persécutés sont cependant assez nombreux, je cite les noms qu'on a pu connaître.

AFRIQUE. — EXIL. — INTERNEMENT. — PRISON.

Adelmann, charpentier, à Villepreux.
André (F.-Louis), maçon, à Rocquancourt.
Ay (Edouard), ébéniste, à Versailles.
Barbichon.
Barbieux (F.-Albert), ancien magistrat, à Versailles.
Bazin (Ant.-Mathieu), cordonnier, à Mons.
Bernard, propriétaire, à Etampes.

Bernard, féculier, à Moigny.
Bertrand (Georges), confiseur, à Versailles.
Bigel (Adrien), voiturier, à Meudon.
Bouret, médecin, à Etréchy.
Bouvier (Auguste), ancien notaire, à Adainville.
Cayot (Etienne-Aug.), carrier, à Dannemois.
Chevalier (Charles), cordonnier, à Saint-Germain-en-Laye.
Cordier.
Dolonye (Victor), scieur de long, à Versailles.
Diet, greffier de la justice de paix de Saclos.
Faut (Henri), vigneron, à Boissy-sans-avoir.
Fremont (J.-Henri), journalier, à Chaville.
Gamé.
Gauché (J.-Baptiste). menuisier, à Echarcon.
Gauffé (Hippolyte), épicier, à Bonneuil.
Guinet (Jean), terrassier, à Sèvres.
Grouësy (J.-Louis), cultivateur, à Jouy-le-Mortier.
Guillochin (Victor), journalier, à Plaisir.
Jacquelin.
Lechanteur (Ferdinand), marchand de meubles, à Versailles.
Lecuyer (Henri), menuisier, à Lucy.
Lethoïc (Alexis), menuisier, à Meudon.
Liouard (Auguste), instituteur, à Chavenay.
Maillard (Emmanuel), journalier, à l'Haumares.
Mermiau.
Martin, médecin, à Etampes.
Ménard (Louis-P.), tuilier, à Saint-Maurice.
Morard (Alph.-Louis), propriétaire. à Mally.
Moret (Paul), lampiste, à Beaumont.
Orange (Guillaume), chirurgien, à Versailles.
Pépin (Lucien), géomètre, à Orsay.
Putrot.
Pongamie.
Robert, père, dit Bonnet-Rouge, tourneur, à pontoise.
Roland (Pierre), horloger, à Monthléry.
Soufflot, charpentier, à Etampes.
Suedois (Louis-F.), propriétaire, à Beaulnes.
Thiéry (Ch.-Louis), bijoutier, à Pontoise.

CHAPITRE LXXXI.

SEINE-INFÉRIEURE.

Il y a eu de l'agitation à Rouen, au Havre et à Neufchâtel, et les arrestations ont été nombreuses. — Voici quelques-uns des noms insérés dans les journaux :

DÉPORTÉS A CAYENNE.

Beaufour (Eustache), fabricant, à Rouen.
Delatour, commis aux douanes, à Ingouville.
Guérard (Alphonse), voilier, au Havre.

FEMME POURSUIVIE.

Duvelle (femme). au Havre.

AFRIQUE. — EXIL. — INTERNEMENT. — PRISON.

Aymard, peintre, au Havre.
Brindeau, journaliste, au Havre.
Carron, peintre en bâtiments, à Rouen.
Chesnée, homme de lettres, à Rouen.
Dallay, à Rouen.
Dalesme, à Rouen.
Deligny, dentiste, au Havre.
Ducy (Philippe), à Sotteville.
Dupont, à Rouen.
Gaffney (Bertrand), journaliste, au Havre.
Gauthier, fils, à Caudebec.
Hennet, au Havre.
Leballeur de Villiers, père, maire de Rouen.
Leballeur de Villiers, fils, journaliste, à Rouen.
Lemonnier (Albert), cafetier, à Saint-Valéry-en-Caux.
Manchon, avocat, à Rouen.
Marais, à Rouen.
Ponty, à Rouen.
Pottelette, marchand de bois des Indes, à Rouen.
Rennesson, fils, à Caudebec.
Rosée, à Rouen.
Salvat, commandant de la garde nationale de Sotteville.
Touzé (Modeste), à Caudebec.
Voisel, au Havre.
Walter, sergent au 24me de ligne, à Rouen. (Condamné à cinq ans de prison. — 1er conseil de guerre. — Président, le colonel Lebrun, du 58me de ligne.)

CHAPITRE LXXXII.

SEVRES (DEUX).

Il y a eu quelques velléités de résistance à Niort. — Les villes de Melle et de Bressuire ont été aussi très-agitées. — Le département compte un chiffre assez considérable de citoyens inquiétés. — Les noms suivants ont été trouvés dans *le Moniteur officiel* :

DÉPORTÉ A CAYENNE.

Vien (Daniel), cultivateur, à Niort.

AFRIQUE. — EXIL. — INTERNEMENT. — PRISON.

Allain, propriétaire, à Bressuire.
Anny, avocat, à Niort.
Arrondeau (Jean), huissier, à Melle.
Audouin (Augustin), aubergiste, à Magné.
Boisson (Charles), cordonnier, à Niort.
Bonnin (Thomas), propriétaire, à Rouillé.
Chaumier fils, négociant, à Niort.
Clerc-Lassalle, vice-président du tribunal civil de Niort.
Damon (Charles), à Mauzé.
Fayette (Jean), cordonnier, à Mauzé.
Ferrero, à Niort.
Garaud (Henri), filassier, à Niort.
Ginestal, médecin, à Niort.
Girard.
Gorrin, médecin.
Grandeau (Pierre), menuisier, à Saint-Maxire.
Guay, commandant de la garde nationale de Niort.
Hayes (Arsène-Pierre), cordonnier, à Niort.
Janneau, propriétaire.
Jarrieau (François-Pierre), propriétaire, à St-Maxire.
Laborthe de Jumiat (Gustave), avocat, à Niort.
Lecoq (Barthélemy), cafetier, à Melle.
Maichain (Joseph), propriétaire, à Niort.
Mangor, à Niort.
Mignot (Jean), cordonnier, à Mauzé.
Morin, cordonnier, à Niort.
Paris (Jean), cabaretier, à Arçais.
Piet, ouvrier, à Niort.
Plisson (Fr.-Eugène), voyageur de commerce, à Niort.
Ribreau, à Niort.
Roussel, tanneur.

Saillant fils, employé du cadastre.
Savariau (Pierre), propriétaire, à Niort.
Savy (Constant), avocat, à Niort.
Taféry (Constant), typographe, à Niort.
Talon-Larante (Charles), voyageur de commerce, à St-Florent.
Verdier (François-Dominique), directeur de l'usine à gaz de Niort.
Voularnière, avocat, à Melle.

CHAPITRE LXXXIII.

SOMME.

Un commencement de résistance avait eu lieu à Quevauvilliers, mais les cuirassiers ont promptement réprimé cette tentative. — La ville d'Amiens a été aussi assez agitée, néanmoins les arrestations connues ne sont pas nombreuses ; voici celles que nous avons trouvées dans les journaux officieux :

Afrique. — Exil. — Internement. — Prison.

Autier, médecin, à Amiens.
Belloy (Camille), à Dromesnil.
Brazier (Just), menuisier, à Amiens.
Cattiaux, à Amiens.
Chevalier (Joseph-Ph.), pharmacien, à Amiens.
Dècle, journaliste, à Amiens.
Engrammer, à Amiens.
Leblanc, instituteur, à Amiens.
Murgallet, à Amiens.
Thuillier, à Amiens.
Venant (Charles), fumiste, à Amiens.

CHAPITRE LXXXIV.

TARN.

Je n'ai pu découvrir beaucoup de détails sur la résistance de Mazamet ; les correspondances se taisent à cet égard, tout ce que j'ai pu savoir c'est qu'elle a donné lieu à nombre d'arrestations. Le reste du département a été aussi très-agité, principalement les villes d'Albi, Gaillac, Lavaur et La Bastide.

LISTE DES VICTIMES CONNUES.

DÉPORTÉS A CAYENNE.

Barthès (Jean), aubergiste, à Mazamet.
Barthès (François), scieur de long, à Labastide.
Bonnassiole (Jean), cafetier, à Mazamet.
Bordes (Eugène), commis négociant, à Mazamet.
Scévola (Ambroise), scieur de long, à Labastide.

AFRIQUE. — EXIL. — INTERNEMENT. — PRISON.

Amalric (Jean), à Mazamet.
Astruc (Fulcrand), affineur de draps à la Bastide.
Aussillous (Victor), chaudronnier, à la Bastide.
Crozes (Jean), commis négociant, à la Bastide.
Debesse (J.-Baptiste), commis, à Carcassonne.
Dougados (Daniel), serrurier, à Mazamet.
Escande (Louis), fileur, à Mazamet.
Estrabeau (Auguste), fileur, à Mazamet.
Ferret (Etienne), à Montplaisir.
Fontès (Auguste), briquetier, à Albi.
Mouret (Pierre), à la Bastide-Bonayron.
Puech (J.-Antoine), officier de santé, à Albi.
Rouanet (François), à la Bastide Bonayron.
Rouanet (Louis), à la Bastide-Bonayron.
Seigonne (Théophile), à Puy-Laureau.

CHAPITRE LXXXV.

TARN-ET-GARONNE.

Le préfet de ce département, M. Pardeilhan-Mezin a refusé d'adhérer au coup d'Etat, et la résistance armée a été assez énergique à Moissac et à Castelsarrazin; les détails manquent et les noms des victimes n'ont été insérés dans les journaux officieux qu'en très-petit nombre. — Voici ceux que j'ai trouvés:

AFRIQUE. — EXIL. — INTERNEMENT. — PRISON.

Ansas (J.-M.-Aristide), à Montauban.
Bayron (Henri), à Moissac.

Bousquet, à Moissac.
Busson (Auguste), scribe, à Moissac.
Castera (Guillaume), à Moissac.
Chabrié, à Moissac.
Château, à Moissac.
Constans, avoué, à Castelsarrazin.
Delber (Junior), à Moissac.
Doucet (Pierre), revendeur de volailles, à Moissac.
Flammens (Pierre), avocat, à Castelsarrazin.
Lambert (Guillaume), langueyeur deporcs, à Moissac.
Leygue-Casseminoir, à Moissac.
Manau, à Moissac.
Monié (Eloi-Jean), sans profession, à Castelsarrazin.
Pagès (Louis), dit Luc, à Montauban.
Prodhon (Raccio), à Moissac.
Raccio (Antoine), à Moissac.
Roche-Bergé, à Castelsarrazin.

CHAPITRE LXXXVI.

VAR.

Résumé des événements : Grande agitation à Toulon dans la journée du
3 décembre. — Des groupes occupent divers poitns de la ville. — Ils
sont dipersés par la troupe. — Soulèvement de Hyères. — L'infanterie
de marine réprime le mouvement. — Cuers vient de se soulever. —
Le maire et les gendarmes voulant défendre l'entrée de la mairie sont
arrêtés et conduits en prison. — Le brigadier de gendarmerie est tué
d'un coup de fusil. — Registres et bureaux des contributions indirectes brûlés en place publique. — Le préfet, M. Pastoureau part à
la tête d'un bataillon du 50° de ligne, commandé par le colonel Trauers.
— La ville de Cuers est occupée par surprise. — Une sentinelle républicaine est fusillée sommairement et tous les conseillers municipaux
sont arrêtés. — Les communes du Luc, la Garde-Freynet, Vidauban
viennent de prendre les armes. — La mairie du Luc est prise par les
républicains. Flassans, Fonfaron, Mayons, Canet et Pignans se sont
joints au soulèvement. — Les gendarmes du Luc viennent d'être désarmés et conduits en prison, ainsi que le maire, M. Gilly, et le directeur de la poste, M. Amalric. — D'autres fonctionnaires, le percepteur, M. Caors et le receveur de l'enregistrement, M. Porre, les
suivent de près. — Un groupe de légitimistes tout entier a subi le
même sort. — Les choses se passent à peu près de même à la Garde-
Freynet. — Onze gendarmes sont désarmés et emprisonnés, ainsi que
le juge de paix, le directeur de la poste, le percepteur et d'autres
réactionnaires de l'endroit. — Le curé de Mayons est arrêté par ses

ouailles. — Toutes les postes sont arrêtées. — Plus de communications. — Arrivée de Marseille de Camille Duteil. — Réunion tenue à Brignoles. — La résistance y est prêchée et adoptée sur-le-champ. — Dans la matinée 1000 à 1200 républicains se dirigent au chant de *la Marseillaise* sur la mairie. — Ils s'en emparent et nomment immédiatement une commission révolutionnaire. — Toutes les communes de l'arrondissement imitent le chef-lieu et se soulèvent en masse. — Les plus importantes sont : Saint-Maximin, Saint-Zacharie, Besses, Ollières, Seillon, Bruc, Tourvès et Barjols. — Draguignan aussi est très-agité. — L'aspect des troupes et de la gendarmerie est menaçant. — La population est dans l'expectative. — Cagnes et Fayence viennent de prendre les armes. — Les républicains du Luc et de la Garde-Freynet ont fait leur jonction et marchent sur Draguignan. — Grand enthousiasme. — D'autres colonnes nombreuses composées des républicains de Gassin, Cogolin, Grimaud et Saint-Tropez suivent le même exemple. — Les citoyens Ferrier et Campdoras les commandent. — La citoyenne Ferrier est à la tête de la colonne portant un drapeau rouge. — Ils sont près de 5000 combattants. — Le préfet Pastoureau et la troupe quittent Toulon et marchent sur Draguignan menacée. — Camille Duteil est nommé par acclamation général de l'armée révolutionnaire. — Il n'est pas l'homme de la situation. — Il fait preuve d'indécision. — Les colonnes républicaines arrivent aux Arcs. — Prise de Lorgues par les défenseurs de la Constitution. — Les volontaires des Arcs font leur entrée dans Lorgues au chant de *la Marseillaise*. — Les réactionnaires qui s'étaient réfugiés à la mairie sont désarmés et faits prisonniers. — Les républicains s'emparent de Salernes. — La joie est à son comble. — Entrée triomphale des hommes du droit. — On leur offre un banquet. — Escarmouche près de Flayosc entre la troupe et un groupe de républicains. — La troupe vient d'occuper Brignoles — Des troupes partent de Marseille. — Les républicains apprennent les nouvelles de Paris. — Le découragement commence. — On n'a plus de confiance dans le chef Duteil. — On décide de concentrer le gros de l'armée républicaine à Aups. — Le préfet Pastoureau se dirige aussi sur Aups, ayant avec lui onze compagnies du 50ᵉ de ligne, des soldats du train et beaucoup de gendarmerie. — En route il fait fusiller un républicain nommé Bidauré. — Les républicains sont massés au nombre de 5000 sur l'esplanade d'Aups. — Apparition soudaine de la troupe. — Les républicains sont pour ainsi dire cernés. — Commencement du combat. — La cavalerie vient de faire une charge. — Panique désastreuse. — Fuite des paysans. — La cavalerie les sabrent sans pitié. — L'infanterie tire des feux de peloton. — Riposte des républicains. — Les soldats ne se connaissent plus. — Ils tirent à tort et à travers. — Les républicains se rallient sur une hauteur près de la ville. — Le combat recommence avec vigueur. — Mais la troupe en force est victorieuse. — Retraite des républicains. — Les gendarmes sabrent sans pitié les paysans. — Plus de soixante cadavres républicains jonchent le sol. — Un nombre considérable de blessés. — Le préfet Pastoureau et la troupe repartent pour Salernes. — Martin Bidauré que l'on croyait mort de sa première fusillade est amené de nouveau devant le préfet. — Ordre est donné une seconde fois de le fusiller. — Martin Bidauré reçoit une nouvelle décharge qui cette fois le tue. — Répressions terribles. — Quatre autres prisonniers sont fusillés sommairement, ce sont : Aragon,

Coulet, Guyol et Imbert. — Les victimes de ce département sont incalculables. — Elles montent à plus de 3000. — Liste des noms trouvés dans les journaux :

Tués ou fusillés sommairement (ceux connus).

Martin (Ferdinand), dit Bidauré, (fusillé deux fois).
Aymard.
Aragon, au Muy.
Coulet, aux Arcs.
Giraud, à Brignoles.
Guyol (Justin), à Vidauban.
Imbert, au Muy.
Laborde.
Maurel (Hippolyte).
Villeclaire (Étienne).

Deux autres fusillés.

(Les gendarmes croyaient les avoir tués, mais ils ont guéri)

Giraud, dit l'Espérance, tisserand, au Luc.
N... (Antoine), au Luc.

Déportés a Cayenne.

Arnaud (Michel), cultivateur, à Vinon.
Barthélemy (Jacques), cafetier.
Blanc (Jean-Baptiste), tanneur, à Bayol.
Gardanne (Amedée), rentier, à Hyères.
Inguimbat (Edme), charron, au Muy.
Padowain, cordonnier.
Périmard (Louis), jardinier. à Brignoles.

Femmes poursuivies.

Bérenguier (Angélique), femme.
Codon (Elisabeth), femme Zaframy, à Gonfaron.
Ferrier, femme du maire de Grimaud.
Icard (Césarine), femme.
Isnard (Julie), femme.
Loujon (Solange), femme.
Loujon (Appoline), femme.
Mané (Joséphine), femme.
Truc (Césarine), femme.

Afrique. — Exil. — Internement. — Prison..

Abbeau (Benonin), postillon, à Saint-Maximin.
Abeille (Victor), cultivateur, à Tourtout.

Abel (Marius), menuisier, à Toulon.
Abraham (Antoine), ménager, à Masargues.
Achard (Henry), propriétaire, à Lamotte.
Achard (Romain), propriétaire, à Lamothe.
Achard (Alphonse), cordonnier, à Lamotte.
Achard (J.-Louis), sellier, à Draguignan.
Agnel (J.-Honoré), cultivateur, à Cabasse.
Agnès (J.-Baptiste), tisserand, à Fox-Amphoux.
Agnès (Edouard), menuisier, à Régusse.
Agurrat (Baptiste), tailleur, au Puget.
Agurrat (François), propriétaire, au Puget.
Aillaud (Honoré), maçon, à Montnuyran.
Alexandrel (J.-Baptiste), commis-marchand, au Muy.
Allard (Louis), cultivateur, à Pourcieux.
Allard (Charles), cultivateur, à Sillons.
Allègre (Bonaventure), cultivateur, à Besse.
Allègre (Joseph), cultivateur, à Cuers.
Allègre (Victor), cultivateur, à Cuers.
Alliet (Pierre), cultivateur, à Barjols.
Ambart (Amable), propriétaire, à Carcès.
Ambart (Charles), tourneur, à Carcès.
Ambrois (Jules), boulanger, à Régusse.
Amic (Louis), cultivateur, au Val.
Amic (J.-François), charretier, à Camps.
Amic (Honoré), perruquier, au Muy.
Andrieu (César-   ), cardonnier, à Fréjus.
Anglade (Joseph), tailleur, à Toulon.
Archier (Jean-Joseph), cultivateur, à Aups.
Arignon (Pierre), cultivateur, à Fox-Amphoux.
Armand (Pascal), cultivateur, à Varages.
Armerat (Alphonse), cordonnier, à Carros.
Armiel (Jean-Baptiste), cultivateur, à Salernes.
Arnaud (J.-Baptiste), cultivateur, à Bras.
Arnaud (Auguste), cultivateur, à Bras.
Arnaud (Melchior), cultivateur, à Baudenon.
Arnaud (Victor), cultivateur, à Lamotte.
Arnaux (Louis), boucher, à Vidauban.
Arnoux (J.-Louis), cultivateur, à Régusse.
Aruoux (Thomas), cultivateur, à Barjols.
Aubert (Louis), cultivateur, à Ollières.
Aubert (Isidore) chapelier, à Camps.
Aubert (Fr.-Siméon), cultivateur, à Camps.
Aubin (Joseph-M.), cordonnier, à Draguignan.
Audibert (J.-Antoine), menuisier, à Ginasservis.
Audibert (J.-Baptiste), maréchal ferrant, à Entrecasseaux.
Audier (Germain), cultivateur, à Correns.

Audier (Félicien), fournier, à Correns.
Audière (Hyppolyte), cultivateur, à Laverdière.
Audigier (Joseph.-A.), cultivateur, à Roquebranne.
Audran (André), cafetier, à Brignoles,
Augarde (Honoré), cultivateur, à Varages.
Augarde (F.-Louis), cultivateur, à Varages.
Augarde (Désiré), cultivateur, à La Verdière.
Augarde (Vincent), cultivateur, à La Verdière.
Autrand (Adolphe), forgeron, à Barjols.
Autric (Justin), manouvrier, à Montmeyrac.
Auvet (Joseph-Nic.), cultivateur, à Bruc-Auriac.
Auvet (Jean) cultivateur, à La Verdière.
Avignon (Germain), cultivateur, au Val.
Azan (Denis), cultivateur, à Ollioules.
Bac (Germain), cultivateur, à Pontevès.
Bagary (Pierre), garde forestier, à Moissac.
Balland (J.-Baptiste), à Toulon.
Barbaroux (Etienne), cultivateur, à Bras.
Barbaroux (J.-Paul, maçon, à Garéoult.
Barlier (Hilarion), cultivateur, à Brignoles.
Balatier (Marius), tanneur, à Barjols.
Barthélemy (J.-Antoine), cafetier, à Vidauban.
Barthélemy (Léon), cultivateur, à Pourcieux.
Barthélemy (Martin), cultivateur, à Saint-Maximin.
Barthélemy (F.-Joseph), machiniste, à Saint-Maximin.
Barthélemy (Marius), cultivateur, à Cabasse.
Basset (Antoine), cultivateur, à Salernes.
Basset (Gustave), pharmacien, à Salernes.
Basso (Marius), marchand de comestibles, à Fréjus.
Baude (Casimir), tanneur, à Brignoles.
Bayol (Simon), cultivateur, à Varages.
Beau (Jacques), à Toulon.
Beauvallet, à Toulon.
Bech (Eugène), tonnelier, à Entrecastaux.
Bech (Maximin), cultivateur, à Saint-Maximin.
Bech (Honoré), cultivateur, à Saint-Maximin.
Béguin (Gabriel), cultivateur, à Varages.
Beillon (François), jardinier, à Brignoles.
Bellague (Etienne), menuisier, à Fréjus.
Bellon (Hippolyte), ouvrier faïencier, à Varages.
Bellon (François), cultivateur, à Rians.
Benoît (Pascal), cultivateur, aux Arcs.
Bennonnin (Louis), cultivateur, à Camps.
Bérard (Antoine), marchand, à Garéoult.
Bérard (J.-François), plâtrier, à Brignoles.
Béraud (J.-Baptiste), cultivateur, à Montauroux.

Bérenguier (Louis), cultivateur, à Carnoules.
Bérenguier (Toussaint), cultivateur, à Maillon-du-Luc.
Bernard (Auguste), charron, à Barjols.
Bernard (Barthélemy), cultivateur, à Vidauban.
Bernard (H.-Louis), portefaix, à Ollioules.
Bernard (J.-Joseph), jardinier, à Hyères.
Bernard (Louis), cultivateur, à Cuers.
Berne (Maurice), maçon, à Brignoles.
Berne (Constant), cultivateur, à Vin.
Berne (Blaise), cantonnier, à Camps.
Berne (Louis), cultivateur, à Saint-Julien.
Berne (L.-Joseph), cultivateur, à Saint-Julien.
Berne (Joseph), cultivateur, à Fox-Amphoux.
Berne (Joseph), cultivateur, à Saint-Julien.
Berne (André), tanneur, à Barjols.
Bernier (Philippe), ébéniste, à Toulon.
Berrut (Ferdinand), cultivateur, à Gontevès.
Bertin (Philippe), cultivateur, à Salernes.
Bertrand (Auxille), cultivateur, à Lamotte.
Bertrand (Justinien), cultivateur, à La Verdière.
Besson (Joseph), cultivateur, à Bras.
Beylon (Honoré), domestique, à Flassans.
Bienvenu (Constantin), cultivateur, à Vinon.
Blacas (Joseph), cultivateur, à Sillans.
Blachat (Marius-O.), fournier, à La Celle.
Blanc (J.-Baptiste), cultivateur, à Rians.
Blanc (François), cultivateur, à Collobrières.
Blanc (Honoré), cultivateur, à Tourtour.
Blanc (J.-Baptiste), propriétaire, à Claviens.
Blanc (Pons-Paulin), menuisier, à Montauroux.
Blanc (Germain), cultivateur, à Vidauban.
Blanc (Célestin), cultivateur, à La Verdière.
Blanc (Gustave), cultivateur, à Vinon.
Blanc (Calixte), voiturier, à Gonfaron.
Blanc (Victor), chaufournier, à Barjols.
Blanc (Hubert), chaufournier, à Barjols.
Blanc (François), ménager, à Néoules.
Blanc (L.-Frédéric), perruquier, à Rians.
Blanc (Amédée), cultivateur, à La Verdière.
Blanc (J.-Baptiste), cultivateur, à Seillans.
Blanc (Louis), cultivateur, à Cabasse.
Blanc (André), cultivateur, au Val.
Blanc (Ferdinand), cultivateur, au Val.
Blanc (Paul), cultivateur, à Saint-Julien.
Blanc (Etienne), cultivateur, à Sainte-Anastasie.
Blanc (Joseph), cultivateur, à Roc-Baron.

Blanc (L.-Jacques), cultivateur, au Val,
Blanc (Louis), cultivateur, à Brignoles.
Blanc (Alexandre), maçon, à Aups.
Blanc (Antoine), cultivateur, au Puget.
Blancard (Louis), marchand de fer, au Puget.
Bluzet (Paulin), cultivateur, à Fox-Amphoux.
Boëri (François), mineur, à Toulon.
Bœuf (Frédéric), distillateur, à Vin.
Bœuf (Pierre), mineur, à Regusse.
Bœuf (Henri), tisserand, à Seillans.
Bœuf (Fortuné), verrier, à Vidauban.
Bonnaud (François), cordonnier, à Clavières.
Bonnaud (André), cultivateur, à Bras.
Bonnaud (Antoine), cultivateur, à Bras.
Bonnaud (Philémon), cultivateur, au Val.
Bonneaud (Jean), cultivateur, à Cuers.
Bonnefoy (Philippe), cultivateur, à Tourvès.
Bonnefoy (François), cultivateur, à Régusse.
Bonnefoy (Joseph), cultivateur, à Tourvès.
Bonnet (François), cafetier, à Montfort.
Bonnet (J.-Baptiste), cultivateur, à Montfort.
Bonnifay (François), cultivateur, à Mazaugas.
Bouchard (Casimir), cultivateur, à La Celle.
Bouffier (Julien), cultivateur, à Pignans.
Bouffier (Etienne), ménager, à Pignans.
Bouffier (Lazare), cultivateur, à Pontevès.
Bouffier (Louis), charpentier, à Hyères.
Bouge (Alexandre), cultivateur, à Vin.
Bougès (Victor), cultivateur, à Vidauban.
Bouis (J.-Louis), cultivateur, à Correns.
Bouisson (Blaise), cultivateur, au Val.
Bouisson (Omer-Elie), cultivateur, à Besse.
Bouisson (J.-Baptiste), bûcheron, à Cuers.
Bouisson (Laurent), cultivateur, à Cuers.
Bouisson, ancien maire de Pierrefeu.
Bourges (J.-Pierre), cultivateur, à Artignac.
Bourrillon (Romain), boulanger, à Draguignan.
Boyer (Jacques), cafetier, à Aruns.
Boyer (Hippolyte), chapelier, à Camps.
Boyer (Philémon), perruquier, à Pourcieux.
Boyer (Camille), bouchonnier, à Collobrières.
Boyer (J.-Baptiste), perruquier, à Toulon.
Bremond (Joseph), boulanger, à Vinon.
Bremond (Benoît), tanneur, à Brignoles.
Bremond (Charles), cultivateur, à Seillans.
Bremond (J.-Baptiste), cultivateur, à Rians.

Bremond (André), cultivateur, à Tourvès.
Brenguier (Pierre), cultivateur, à Carrens.
Brenguier (Germain), cultivateur, à Carrens.
Brenguier (Auguste), maçon, à Garéoult.
Brenguier (Marius), cultivateur, à Camps.
Brenguier (J. Eugène), cultivateur, à Seillans.
Brocard (Casimir), garde forestier, à Montmeyran.
Brocard (Saturnin), cultivateur, à Montmeyran.
Broquier (Edouard), cultivateur, à Carnoules.
Broquier (Henri), cultivateur, à Carnoules.
Broquier (Léon-Ferd.), cabaretier, à Carnoules.
Broquier (Louis Fréd.), cultivateur, à Carnoules.
Broquier (Firmin), cultivateur, à Carnoules.
Brouchier (J.-Joseph), tisserand), à Rians.
Brun (Pascal), journalier, à Luc.
Brun (Sauveur).
Brun (Casimir), charretier, à Brignoles.
Brun (Amable-F.), cultivateur, à Brignoles.
Brun (Joseph), cultivateur, à Cabasse.
Brun (J.-Pascal), cultivateur, à Besse.
Brun (Gervais), cultivateur, à Pontevès.
Brun (Joseph), propriétaire, à Saint-Raphaël.
Brun (Henri), cultivateur, à Châteaudouble.
Brun (Victor), forgeron, à Beaudol.
Brunet (Marius), tourneur, à Aiguines.
Brunet, clerc d'avoué, à Draguignan.
Burle (F.-Louis), perruquier, au Val.
Rurle (F.-Marius), cultivateur, à Rians.
Burles (Louis-F,), cultivateur, à Varages.
Burles (François), cultivateur, à Varages.
Cabofigue (Fdouard), bouchonnier, à Gonfaron.
Caboulet, capitaine en retraite, à Cuers.
Caillat (Joseph), serrurier, au Puget.
Calvet (Prosper), cultivateur, à Toulon.
Calvet, marin, à Toulon.
Camail (Joseph), cultivateur, à Felassans.
Campdoras, chirurgien militaire, à Toulon.
Cannebier (Gustave), boulanger, à Salernes.
Canniot (Louis), cordonnier, à Brignoles.
Canolle (Bernard), cultivateur, à Bras.
Capus (Eugène), tanneur, à Barjols.
Carasson (Ulysse-M.), tonnelier, à Gonfaron.
Carles (Marcel), cultivateur, à Barjols.
Carmagnole (Victor), tourneur, à Figanières.
Carret (Augustin), berger, à Mazaugues.
Cassin, dit Chabonnat, ouvrier, à Flassans.

Castel (J.-Joseph), cultivateur, à Mons.
Castellanet (Jean), cultivateur, à Taradeau.
Castelly (André), cultivateur. à Carrens.
Caussenille (Antoine), cultivateur, à Draguignan.
Cauvet (Jean), maçon, à Hyères.
Cauvin (Toussaint), cordonnier, à Varages.
Cauvin (Joseph-F.), cultivateur, au Puget.
Cauvin (Frédéric), cordonnier, à Saint-Tropez.
Cauvin (Tropez), bourrelier, au Puget.
Cavalier (Jean), domestique, à Draguignan.
Cavalier (Honoré), cultivateur, à Claviers.
Cavalier (Pons), cultivateur, à Claviers.
Cavalier (Antoine), cultivateur, à Claviers.
Cavalier (Frédéric), cultivateur, à Vidauban.
Cays (François), bouchonnier, au Muy.
Celle (Charles-B.), propriétaire, à la Garde-Freynet.
Chautard (Antoine), cultivateur, à Calliau.
Chaix (Nicolas), cultivateur, à Vinon.
Chapuis (Edouard), à Toulon.
Chapuis (Léonard), au Luc.
Chichetti (Louis), tanneur, à Barjols.
Chichetti (François), tanneur, à Barjols.
Christian (Hippolyte), cultivateur, à Hyères.
Cival (Augustin), tanneur, à Tourvès.
Claude (Joseph-A.), bouchonnier, au Muy.
Clègue (André), propriétaire, à Pignans.
Clément (Ferdinand), cultivateur, à Salernes.
Clément, écrivain de marine, à Cuers.
Clérion (J.-Benoît), cultivateur, au Luc.
Cochet (Réné), à Toulon.
Codon (Etienne), cultivateur, au Luc.
Colle, bouchonnier, à la Garde-Freynet.
Colle (Eugène), charretier, à Salernes.
Collet (Etienne), cordonnier, à Forcalqueiret.
Collet (Isidore), charretier, à Barjols.
Collombet (J.-Baptiste), tisserand, à Salernes.
Collomp (Emmanuel), cordonnier, à Lorgues.
Combes (Joseph), cordonnier, à Artignose.
Constant (Joseph), cultivateur, à Artignose.
Constant (J.-Baptiste), fabricant, à Salernes.
Constant, à Brignoles.
Constant (Pierre), cultivateur, à Carcès.
Constantin (Edouard), boulanger, à Varages.
Constantin (Marius), cultivateur, à Cuers.
Coste (J.-François). scieur de long, à La Seyne.
Cote, père, ex-maire de Salernes.

Coudroyer (J.-Baptiste), cultivateur, à Vidauban.
Coulet (François), charretier, au Muy.
Coulomb (J.-François), cultivateur, à Varages.
Coulomb (Eugène), bouchonnier, à Collobrères.
Coulomb (J.-Laurent), cultivateur, à Montmeyan.
Coulomb (Etienne), bourrelier, à Varages.
Coulomb (Marcellin), perruquier, à Varages.
Coulomb, instituteur, à Piarefeu.
Courchet (François), à la Garde-Freynet.
Court (Jacques), menuisier, à Bagnols.
Cresson (Adrien), à Toulon.
Croesy (Jacques), serrurier, à Salernes.
Crotte (Sébastien), bouchonnier, à Vidauban.
Crozet (Joseph), cultivateur, à Mazaugues.
Crozet (Marius), cultivateur, à Mazaugues.
Dalmas (Honoré), menuisier, à Toulon.
Darde (Victor), charron, à Aups.
Daumas (Jérôme), cultivateur, à Forcalqueret.
Dauphin (Pons), tisserand, à Artignac.
Dauphin (Hilaire), cultivateur, à Baudrien.
Dauphin (Joseph), cultivateur, à Montmeyan.
Davert (Joseph), cordonnier, à Aups.
David (Maurice), cultivateur, à Vidauban.
David (Marius).
David (Pierre), au Luc.
Décez (J.-Baptiste), à Toulon.
Decugis (Etienne), cultivateur, à Brignoles.
Decugus (Joseph), calfat, à la Seyne.
Denans (Pierre-François), cultivateur, à Montmeyan.
Denans (Daniel), cultivateur, à Moissac.
Denans (Gabriel), menuisier, à Montmeyan.
Denans (Louis-B.), cultivateur, à Montmeyan.
Depeille (J.-Joseph), cultivateur, à Cuers.
Dol (Marius), cordonnier, à Hyères.
Dol (Jean), à Cuers.
Dollonne (Auguste), cultivateur, au Puget.
Donadey (Jacques), menuisier, à La Valette.
Donadey (Marius), perruquier, à La Valette.
Drevès (Etienne), cultivateur, à Claviers.
Dubuisson (Jules), tailleur, à Toulon.
Ducros (Antoine), tisserand, à St-Julien.
Durand, médecin, à la Cadière.
Durand (Adrien), agriculteur, à Pignans.
Durand (Joseph), cultivateur, à la Verdière.
Durand (Josep-François), charbonnier, à St-Maximin.
Duteil (Camille), journaliste, à Marseille.

Dutel (Joseph), à Toulon.
Emeric.
Equi (Casimir), scieur de long, à Seillans.
Esclanger (Joseph), cordonnier, à Ginasservis.
Escoffier (Hyacinthe), bouchonnier, à Muy.
Espitallier (Jacques), mesureur public, à Toulon.
Estelle (Hippolyte), tanneur, à Cotignac.
Estelle (Ferdinand), cultivateur, à Vins.
Etienne (Marius), boulanger, à Cannes.
Eyries (Aug.-César), perruquier, à Draguignan.
Fabre (Louis), cultivateur, aux Arcs.
Fabre (Pierre), maçon, à Fréjus.
Fabre (Joseph), cordonnier, à Lorgues.
Fabre (Etienne), cultivateur, à Besse.
Fabre (César), cultivateur, à Besse.
Fabre (Augustin), boulanger, à Correns.
Fabre (Denis), charpentier, à Toulon.
Fabre (Jacques), cultivateur, à Cuers.
Fabrègue (Victor), cultivateur, à Cotignac.
Falicon (J.-Baptiste), cultivateur, à Gonfaran.
Fassy (J.-Baptiste), cultivateur, à Seillans.
Fassy (Joseph), cultivateur, à Seillans.
Fassy (Auguste), cultivateur, à Gillans.
Fassy (F.-Louis), propriétaire, à Saint-Maximin.
Fanchier (Joseph), cultivateur, à Brignoles.
Faure (Jean), cultivateur, à Hyères
Félicon (J.-Baptiste), cordonnier, à Vidauban.
Félix (Pierre), cultivateur, à Roquebrussanne.
Feneuil (Marius), chapelier, à Vidauban.
Férand (Marius), cultivateur, à la Verdière.
Férand (Joseph), cultivateur, à St-Julien.
Férand (Antoine), cultivateur, à Ginasservis.
Férand (Victor), tailleur, à Callas.
Ferand (Augustin), maréchal-ferrant, à Figanières.
Fernand (François), cultivateur, à Solliès-Farlède.
Ferrand (Ferreol), maréchal-ferrant, à Châteaudouble.
Ferrat (Antoine), tailleur, à Villeroye.
Ferrier, maire de Grimaud.
Flayol (J.-André), facteur, à Saint-Maximin.
Flayoze (Joseph), cultivateur, à Entrecasteaux.
Florens (J.-Joseph), cultivateur, à Moissac.
Florens (Alphonse), cultivateur, à St-Martin.
Fortoul (Hyacinthe), pharmacien, à Toulon.
Foubert (Joseph), cultivateur, à Carsens.
Foubert (J.-César), cultivateur, à Carsens.
Foubert (Etienne), tisserand, à Corrense.

Fouillé (Louis-M.), adjudant de la chiourme, à Toulon.
Fouque (Lambert), cultivateur, à Regusse.
Fouque (Jean), cultivateur, à Cabasse.
Fouque (Pierre), menuisier, à Luc.
Fouque (Siméon), cultivateur, à Tourvès.
Fouques (Apollon).
Fournier (Étienne).
France (J.-Baptiste), cultivateur, à Vinon.
François (Fortuné), tonnelier, à Pignans.
Frégier (Fortuné), cultivateur, à Camps.
Gagnard (François), cultivateur, à St-Maximin.
Gal (François), ébéniste, à Salernes.
Gammerre (Louis), ménager, à Camps.
Gand (François), cafetier, à Roquebrussanne.
Gandolfa (Hippolyte).
Gantheaume (Charles), cultivateur, à Solliès-Farlède.
Garassin (J.-Baptiste), cultivateur, à Tourvès.
Garcin (Auguste), faïencier, à Salernes.
Garcin (J.-Baptiste), maçon, à Barjols.
Garcin (Théodore), meunier, à Varages.
Garcin (Honoré), cultivateur, à Barjols.
Gardanne (Toussaint), cultivateur, à Solliès-Ville.
Garnaux, (L.-Michel), bouchonnier, à Cogodin.
Garnier (Philippe), cultivateur, à Camps.
Garnier (J.-Baptiste), portefaix, à Cuers.
Garrachon (J.-Baptiste), cultivateur, à Montmeyan.
Gasquet (Lucien), receveur, à St-Maximin.
Gasquet (J.-Baptiste), propriétaire, au Puget.
Gasquet (J.-Louis), perruquier, à Carnoules.
Gassier (François), cultivateur, à Seillans.
Gassier (Pascal), maçon, à Brignoles.
Gassier (Denis), chapelier, à Camps.
Gastinel (Joseph), ménager, à Lancotte.
Gauch (François), cultivateur, à St-Maximin.
Gauthier (Jean), tourneur en faïence, à Varages.
Gauthier (Claude), charretier, au Muy.
Gauthier (Louis), tanneur, au Val.
Gérard (Claude), médecin, à Baudrieu.
Gerbas (J.-Louis), chargeur de vins, à St-Maximin.
Gerffroy (Alexandre), au Luc.
Germain (Louis), fondeur, à Fréjus.
Germain (François), cultivateur, à Tourvès.
Gibelin (Mareillin), dit le Manchot, à Aups.
Gillet (Antoine), cultivateur, à la Verdière.
Gilly (Elisée). chapelier, à Camps.
Ginouvès (Marius), bouchonnier, à Gonforan.

Ginouvès (Joseph), cultivateur, à Cuers.
Ginouvès (Louis), cultivateur, à Cuers.
Girardet (François), portefaix, à St-Maximin.
Giraud (J.-Baptiste), à Toulon.
Giraud (Joseph), cultivateur, à Montmeyan.
Giraud (Etienne), cordonnier, à Rians.
Giraud (Joseph), ménager, à Tourtor.
Giraud (Victor), marchand, à Montauroux.
Giraud (Mathieu), cultivateur, à Varages.
Giraud (Joseph), cultivateur, à Varages.
Giraud (Denis), cultivateur, à Varages.
Giraud (Frédéric), cultivateur, à Trans.
Giraud (Auguste), cultivateur, à Carcès.
Giraud (J.-Joseph), chauffournier, à St-Maximin.
Giraud (Joseph), journalier, à Belgentier.
Giraud (Pierre), potier, à la Seyne.
Giraud (Baptiste), cultivateur, à Callas.
Giraud (François-Dominique), bouchonnier, au Luc.
Godard (Zachée), menuisier, à Cabasse.
Goiraud (J.-Joseph), cultivateur, à Pourrières.
Goiraud (Louis), propriétaire, au Muy.
Gombaud (Pascal), cordonnier, à Rians.
Gondet (Jacques), à Toulon.
Gondolphe (André), tisserand, à Bagnols.
Gondran (Jacques), cultivateur, à Régusse.
Gonsollens (Claude), maçon, à Néoulles.
Goulin (Joseph), berger, à Seillans.
Gourraud (Marius), cultivateur, à Entrecasteaux.
Gourraud (Joseph), cultivateur, à Entrecasteaux.
Grand (Sauveur), médecin, à Collobrières.
Gras (Louis), meunier, à Brignoles.
Gras (Darius), cultivateur, à Camps.
Grisolle (Guérin), chapellier, à Camps.
Grisolle (J.-Baptiste), ménager, à Garéoult.
Grisolle (Barthélemy), chapelier, à Camps.
Gueidon (François), maçon, à Brignoles.
Gueit (Antoine), cultivateur, à Selliens-Farlède.
Gueit (Benoît), cultivateur, à Cuers.
Gueit (Félix), propriétaire, au Puget.
Gueit (François), cordonnier, à Cuers.
Gueit (Valentin), cultivateur, à Cuers.
Guérin (Barthélemy), maçon, à Cogolin.
Gueydon (Joseph), cultivateur, à Saint-Raphaël.
Guichet (Henri), à Toulon.
Guignon (Godefroy), cultivateur, à Saint-Martin.
Guignonnet (Joseph), cultivateur, au Muy.

Guigon (François), cultivateur, à Monfort.
Guigon (Blaise), cultivateur, à Carcès.
Guigon (François), ex-militaire, à Gonfaron.
Guigues (Frédéric), propriétaire, à Callas.
Guigues (Lucien), ex-constituant, à Digne.
Guillien (Clément), cultivateur, à Vins.
Guillien (Joseph), cultivateur à Vins.
Guillon (Joseph), cordonnier, à Calliau.
Guiol (Joseph), cultivateur, à Hyères.
Guyon fils, propriétaire, à Belgentier.
Hallo, avocat à Toulon.
Hébréard (Jean), maréchal-ferrant, à Bagnols.
Hébréard (Pierre), maréchal-ferrant, à Saint-Paul.
Hébréard (Christophe), aubergiste à Saint-Paul.
Hennequin (Nicolas), rentier, à Charleville-St-Raphaël.
Henri (Jean-Etienne), châtreur, à Vidauban.
Henri (Benoît), ménager, à Vidauban.
Henri (Jules), bouchonnier, à la Garde-Freynet.
Héraud (Albert), chapelier, à Camps.
Héraud (François-B.), perruquier à Entrecasteaux.
Hermitte (François), cultivateur, à Brignols.
Hermitte (Pierre), tanneur, à Brignols.
Hotto (Charles), menuisier, à St-Raphaël.
Hourceau (Sylvain), menuisier, à Toulon.
Hugon (Etienne), cultivateur, à St-Maximin.
Hugot (Joseph), à Toulon.
Hugues (François), tailleur de pierres, à Ollioules.
Hugues (Vincent), cultivateur, à la Verdière.
Hugues (Gabriel), tailleur de pierres, à Ollioules.
Icart (Victor), cultivateur, à Varages.
Imbert (Joachim), bouchonnier, au Muy.
Imbert (Honoré), cultivateur, à Vidauban.
Imbert (Honoré), cordonnier, à Fréjus.
Imbert (Jean-Bernard), cordonnier, à Collobrières.
Isnard (Louis), dit Albin, à Barjols.
Isnard (Marius), cordonnier, aux Salles.
Isnard (Jean-Etienne), marchand de vin, à Toulon.
Isoard (Jean-Baptiste), marchand de comestibles, à Aups.
Isssert (Joseph), cordonnier au Puget.
Jacon.
Jaume, bouchonnier, à la Garde-Freynet.
Jaume (Dominique) marchand d'étoffes, à la Garde-Freynet.
Janelle (André), cordonnier à Cuers.
Jarloux (Antoine), bouchonnier, à Collobrières.
Jaubert (Gervais), tailleur, à Montmeyan.
Jaubert (Désiré), cultivateur, à Montmeyan.

Jaubert (Rosselin), cultivateur, à Montmeyan.
Jaubert (Napoléon), cultivateur, à Montmeyan.
Jaubert (Augustin), propriétaire, à Montmeyan.
Jaubert (Zacharie) maçon, à Montmeyan.
Jautard (Joseph), cultivateur au Luc.
Jean (Louis), tisserand, à Regusse.
Jean (Henri), cultivateur, à Regusse.
Jean (Maximin), cultivateur, à Regusse.
Jean (César), tailleur, à Artignose.
Jean (Marius), tailleur, à Montauroux.
Joseph (Pierre), cultivateur, à Hyères.
Jouannet (Baptistin), chapelier à Vidaudan.
Joulian (Ferdinand), cultivateur, à Besse.
Joulian (Jean-Benoît), cultivateur, à Besse.
Joulian (P.-Martin), cultivateur, à Besse.
Jourraud (Joseph), cultivateur, à Entrecasteaux.
Jourraud (Marius), cultivateur, à Entrecasteaux.
Jouve (Joseph), cultivateur, à Rians.
Jouvenal (Alexandre), charpentier, à Toulon.
Jouvenc (Joseph), cultivateur, à Vinon.
Jouvenel (Léon), cordonnier, à Artignose.
Jnès (François-Bathilde), cultivateur, à Roquebrussanne.
Jnès (François-Pelage), cultivateur, à Roquebrussanne.
Juhan (Joseph), cultivateur, à Lamotte.
Jupier (P.-Maximin), cultivateur, à Pignan.
Juvénal, ancien adjoint, à Cuers.
Krieger (J.-Baptiste), à Toulon.
Laborde (Ant.-Etienne), tailleur, à Draguignan.
Lafage (Pierre), menuisier, à Toulon.
Lambert (Ambroise), propriétaire, à Bauduen.
Lambert (Henri), cultivateur, à Fayens.
Lambert (Honoré), boulanger, à Seillans.
Lambert (Charles), meunier, à Trans.
Lambert (J.-Baptiste), cabaretier, à Tourettes.
Lantelme (Louis), cultivateur, à Ollières.
Lesauvagerie (César), menuisier à Camps.
Latil (François), propriétaire, au Muy.
Latil (Henri), cordonnier, à Varages.
Laugier (Honoré), pharmacien, à Callas.
Laugier (Pierre), cultivateur, à Bargemont.
Laugier (Jean-Joseph), coutelier, à Toulon.
Laugier (Jean), cultivateur, à Hyères.
Laugier (Jules), meunier, au Muy.
Laurent (Félix), coutelier, au Muy.
Laurent (Joseph-Aug.), boulanger, à Rians.
Laurent (Jean-Daniel), cultivateur à Hyères.

Lautier (Joseph), cultivateur, à Vinon.
Lavagne (J.-Baptiste), bouchonnier, au Muy.
Lavagne (Auguste), maçon, à Vidauban.
Laville, maître de timonnerie, à Pierrefeu.
Layet (J.-Baptiste), menuisier, à Toulon.
Lazerme, à Brignoles.
Ledeau (Camille), à Toulon.
Legay.
Lemoine (Charles), à Toulon.
Ley (Casimir), cultivateur, à Cabane.
Leydier (Louis), cultivateur, à Mazauues.
Liautaud (Joseph), cordonnier, à Pourrières.
Lieutaud (Grégoire), maçon, à Brignoles.
Livon (Joseph), tailleur, à Saint-Julien.
Lombard (Louis), cultivateur, à Entrecasteaux.
Long (Charles), cultivateur, à Vidauban.
Long (Casimir), cultivateur, à Cotignac.
Long, docteur en médecine, à Cuers.
Louche (Joseph), cultivateur à Seillans.
Louis (Adolphe), cultivateur, à Cuers.
Luquet (Joseph), cultivateur, à Entrecasteaux.
Luquet (Pascal), cultivateur, à Fayence.
Mafioli (J.-Baptiste), maçon, à la Motte.
Maille (Joseph), cultivateur, au Val·
Maille (Bruno), cultivateur, à Fox-Amphoux.
Maille (François), maréchal ferrant, à Fox-Amphoux.
Majastre (Camille), cultivateur, à Cuers.
Malamaive (Jean), cultivateur, à Flassans.
Maudin (Joseph), cultivateur, à Montmeyan.
Maria (Joseph), cultivateur à La Motte.
Marimy (Etienne), tanneur, à Barjols.
Marin (Joseph), cultivateur, à Vidauban.
Marin (Pierre-Eugène), maçon, à Vidauban.
Marion (Théodore), tisserand, à Correns.
Marius (Auguste), tanneur, à Brignols.
Marjurier (Louis), tanneur, à Brignols.
Marquand, à Toulon.
Marquis (Célestin), cultivateur, à Besse.
Martel (François), cultivateur, à Fayence.
Martel (Louis-Honoré), propriétaire, à Pignans.
Martel (Hilarion), ouvrier tanneur, à Cotignac.
Martel (Marc-Ad.), médecin, à la Garde-Freynet.
Martin (Fortuné), marchand de bois, à Antignosc.
Martin (Marcel), boulanger, à Barjols.
Martin (Barthélemy), propriétaire, à Fréjus.
Martin (Joseph), ménager, à Sainte-Anastasie.

14.

Martin (Louis), cultivateur, à Sainte-Anastasie.
Martin (Lazare), fabricant, « la Verdière.
Martin (Benonin), propriétaire, au Puget.
Martin (Joseph), père, cultivateur, à Cuers.
Martin (Joseph), fils, cultivateur, à Cuers.
Martin (Barnabé), cultivateur, à Hyères.
Martin (Ferdinand), négociant, à Baudol.
Massaget, marchand drapier, à Hyères.
Masse, (Basile), commissionnaire, à Cuers.
Maunier (Grégoire), cordonnier, à Regusse.
Maurin (Marius), cultivateur, à Tourvès.
Maurine (Joseph), cordonnier, à Fréjus.
Maurras (Simon), cultivateur, à Vinon.
Maurras (André), cultivateur, à Vinon.
Maximim (Léon), cultivateur, à Forcalquieret.
Méaly, à Toulon.
Meiffren (Marcellin), cultivateur, à Montfort.
Meissonnier (Adolphe), cafetier, à Hyères.
Menut (L.-Gabriel), boulanger, à Genasservis.
Menut (J.-Louis), cultivateur, à Saint-Maximin.
Méric (François), cultivateur, à Flassans.
Méric (Louis), cultivateur, à Besse.
Michel (Joseph), cultivateur, au Val.
Michel (Pascal), cultivateur, à Tourtour.
Michel (Joseph-François), tisserand, à la Verdière.
Michel (Antoine), cordonnier, à Claviers.
Mireur (Louis), cultivateur, au Muy.
Mireur (Calixte), cultivateur, à Saint-Raphaël.
Mistral (Barthélemy), cordonnier, à Callas.
Moisson (Joseph), cultivateur, à Saint-Martin.
Montagnac (Augustin), cultivateur, à Varages.
Montalbe (Paul), cultivateur, au Muy.
Montaud (L.-Cyrille), cultivateur, à Pontevès.
Moriéson ou Morin, charretier, à Montauroux.
Moriès (Jean), maréchal ferrant, à Montauroux.
Moulan (Thomas), cultivateur, à Barjols.
Moulet (Louis), cultivateur, à Saint-Maximin.
Mourgues (Antoine), cultivateur, à Aups.
Mourre (Jean-Paul.)
Mourre (Jean-Baptiste.)
Mourre (Désiré), dit le Pacifique, à Cuers.
Mourret (Sylvestre), maréchal ferrant, à Gonfaron.
Mouton (Blaise), cultivateur, à Bras.
Mouton (Jean-Joseph), boulanger, à Montferrat.
Moutte (Joseph-J.), charretier, à Pourrières.
Moutte (François-Charles), menuisier, à Ollioules.

Moutlet (Edouard),
Muraire (Joseph), cultivateur, à Gonfaron.
Navelle (Marius), cultivateur, à Saint-Julien.
Nègre (Marius), chapelier, à Camps.
Nicolas (Etienne), cultivateur, à Varages.
Nicolas (Firmin), menuisier, à Montmeyan.
Nicolas (Grégoire), cultivateur, à Montmeyan.
Nicolas (Louis), chapelier, au Luc.
Nicolas (Joseph), cultivateur, à Saint-Julien.
Niel (Edouard), maréchal ferrant, à Vidauban.
Niras (Jean-Joseph), marchand, à Tallas.
Nivière (Joseph).
Nivière (Paul), cultivateur, à Vinon.
Nivière (Joseph), cultivateur, à Cabasse.
Olivier (Eugène), maçon, à Figanières.
Olivier (César), menager, à Besse.
Ollivier (Joseph), menager, au Muy.
Orgias (J.-Baptiste), serrurier, à Trans.
Paille (Victor), maréchal-ferrant, à Vilberoze.
Parato (Laurent), maçon, à Bagnols.
Pardigon (Auguste), cultivateur, à Vinon.
Parou (Hippolyte), menuisier, à Callion.
Pascal (J.-Baptiste), cafetier, à Salernes.
Pascal (J.-Marius), cultivateur, à Châteaudouble.
Pascal (J.-Baptiste), cultivateur, à Bras.
Pascal (Constantin), cultivateur, à Camps.
Pascal (Hippolyte), secrétaire de la mairie de Callian.
Pascalin (Célestin), cultivateur, à Néoulles.
Pascalis (Augustin), maçon, à Cabasse.
Pascalis (Louis), menager, à Cabasse.
Pastorini (Auguste), cordonnier, à Ste-Anastasie.
Paul (Stanislas), cultivateur, à Tourèvs.
Payan (Alexandre), cultivateur, à Montmeyan.
Pécourt (Amans), maçon, au Luc.
Peiré (Grégoire), cultivateur, Regusse.
Pelussy (Pierre), aubergiste, à Mons.
Pélissier (Jules), forgeron, à Varages.
Pellas (J.-Baptiste), cultivateur, à St-Julien.
Pellas (Jules), cordonnier à Vinon.
Pellegrin (Antoine), maréchal-ferrant, à Artignose.
Pellicot (Antoine), perruquier à Draguignan.
Pellore (Alphonse), cultivateur, à Bauderen.
Perlutti, propriétaire, à Cuers.
Perrache (J.-Baptiste), cultivateur, à Vinon.
Perrimond (Joseph), cultivateur, à Vidauban.
Perrimond (Pierre), cultivateur, à Vidauban.

Perrymond (Joseph), boucher, au Muy.
Petit (L.-Mathieu), cultivateur, à Seillans.
Petit (P.-Louis), ébéniste, à Trans.
Peyron (Marcel), tailleur, à Barjols.
Philibert (Pierre), ferblantier, à Varages.
Philibert (L.-Joseph), cultivateur, à Verdière.
Pignet (Jacques), épicier, à Brignoles.
Piston (Joseph), cultivateur. à Artignose.
Planchier (Joseph), cultivateur, à Tourvès.
Polaire (Louis), cordonnier. à Brignoles.
Pontier (Joseph), ménager, à St-Julien.
Porre (Louis), cultivateur, à Pontevès.
Portal (Etienne), propriétaire, à Flassans.
Pourcelly (Joseph), cultivateur, à Cuers.
Pourpre (Victor), tailleur de pierres, à Rians.
Pourquier (Louis), calfat, à Toulon.
Pourrière (Célestin), cultivateur, à Saint-Martin.
Poussel (Adrien), menuisier, à Vidauban.
Poussel (J.-Baptiste), bûcheron, à Vidauban.
Prédy (Alexandre), ouvrier.
Preiré (Victor), maréchal ferrant, à Laverdière.
Provençal, médecin, à Cayres.
Querel (Auguste), cultivateur à La Verdière.
Rabel (Louis), cultivateur, à Aups.
Raimbaud (Victor), à Belgentier.
Rambaud (Emilien), boulanger, à La Verdière.
Rame (Joseph), tanneur, à Brignoles,
Rampin (François), maçon, à Coirnoulles.
Rasson (Antoine), cultivateur à Salernes.
Rastègue (Joseph), cultivateur, au Val.
Ravel (Pierre), cultivateur, au Muy.
Ravel (Alphonse), cultivateur, à St-Martin.
Ravel (Pierre), cultivateur, à Hyeres.
Raxplandin (J.-Baptiste), cultivateur, à Barjols.
Raymond (Joseph), tanneur.
Raymond (Joseph), bouchonnier, à Vidauban.
Raymoneng (Joachim), maréchal-ferrant, à Roquebrussanne.
Raymoneng (Antoine), cultivateur, à Roquebrussanne.
Raynaud (Marius, cultivateur, à Pignans.
Raynaud (Louis), décatisseur, à Toulon.
Raynouard (Joseph), à Lorgues.
Reboul (Baptiste-G.), à Pontevès.
Reboul (Henri-J.), ménayer, à Roquebrussanne.
Reboul (François), cordonnier, à Roquebrussanne.
Reboul (Joseph). cultivateur à Roquebrussanne.
Reboul (François), cultivateur, à Seilans.

Reboul (Louis), ménager, à Seilans.
Reboul (François), cultivateur, à Cuers.
Reboul (J.-Joseph), cultivateur, à Cuers.
Reboul (Joseph) père, cultivateur, à Cuers.
Rebuffat (Augustin), jardinier, à Laverdière.
Rebuffat (Ferdinand), cultivateur, à St-Julien.
Rebuffat (J.-Baptiste), malonnier, à Salernes.
Rebuffat (Henri), cultivateur, à St-Maximin.
Rebuffat (Marius), cultivateur, à St-Martin-las Pallières.
Rebuffat (Benoit), notaire, à Fayence.
Réné (Valentin), menuisier, à Draguignan,
Réné, à Toulon.
Requier (Maurice), cultivateur á Tourvès.
Requier (Anselme), boulanger, à Ste-Anastasie.
Revest (François), propriétaire, à Flassans.
Revest (François), cordonnier, à Ollioules.
Rey (Alphonse), bourrelier, à Salernes.
Rey (Célestin), cultivateur, à La Valette.
Rey (Lazare), bûcheron, à La Vallette.
Rey (Antoine), bûcheron, à La Vallette.
Reynaud (Jeannet), tisserand, à St-Maximin.
Reynaud (Paulin), cultivateur, à La Verdière.
Reynaud (Polycarpe), cultivateur, à La Verdière.
Reynier (Etienne), cultivateur, à Roc-Baron.
Reynier (Pierre), cultivateur, à Roc-Baron.
Reynier (Louis), cultivateur, à Brignoles.
Ricard (Joseph), cantonnier, à Tourvès.
Ricaud (Stanislas), cultivateur, à Ste-Anastasie.
Ricaud (Hilarion), menuisier, à Ste-Anastasie.
Richaud (Joseph), cultivateur, à Genasservis.
Richaud (Casimir), cultivateur, à Genasservis.
Richaud (Raymond), cultivateur, à Genasservis.
Ricord (Joseph), tisserand, à Lamotte.
Ricord (Barthélemy), tisserand, à Lamotte.
Ricord (Benoît), tapissier, à Toulon.
Ricquier (Casimir), cultivateur, au Puget.
Rigaud (Victor), cultivateur, à Cotignac.
Rimbaud (André), ménager, à Flassans.
Ripert (J.-Joseph), propriétaire, à Carrens.
Riquier (Hilarion), maçon, à Roquebrussanne.
Riquier (Frédéric), maçon, à Muzaugues,
Robert (Antoine), cultivateur, à Genasservis.
Robert (Florentin), propriétaire, à Vidauban.
Roche (J.-Pascal), cultivateur, à Pourrières.
Roquebrun (Marcel), cultivateur, à La Verdière.
Roquefort (Auguste), aubergiste, à Lamotte.

Rossely (Jacques), père, aubergiste, à Barjols.
Rossi (Thomas), chapelier, à Fayence.
Roubaud (François), quincaillier, à Lorgues.
Roubaud (Joseph), machiniste, à Besse.
Roubaud (François), propriétaire, à Brignoles.
Roubies (Augustin), boulanger, à Figanières.
Roustan (Etienne), cordonnier, à Brignoles.
Rouvel (François), tailleur, à La Vallette.
Rouvier (Césaire), cordonnier, à Correns.
Rouvier (Victor), menuisier, à Lamotte.
Rouvier (Louis), cultivateur, à Villeroge.
Rouvier (Joseph), bouchonnier, à Hyères.
Roux (Hippolyte), cultivateur, à Moissac.
Roux (Casimir.-V.), ménager, à Moissac.
Roux (P.-Joseph), ménager, à Moissac.
Roux (P.-Valentin), ménager, à Moissac.
Roux (Germain).
Roux (Louis), fournier, à Tourvès.
Roux (J.-Baptiste), cuisinier, à Salernes.
Roux (Frédéric), cultivateur, à Moissac.
Rugias (Ferdinand), propriétaire, à Fayence.
Ruy (Fortinée), cultivateur, à Cuers.
Sabatier (Gervais), cultivateur, à Pontevès.
Sabatier (Joseph), cultivateur, à Varages.
Sabatier (Joseph), cultivateur, à La Verrière.
Sabatier (Joseph), cultivateur, à Pontevès.
Saint-Martin (Frédéric), cultivateur, à Montmeyan.
Salle (J.-Louis), propriétaire, à Camps.
Salle (Calixte), boucher, au Puget.
Salle (Hippolyte), cultivateur, au Puget.
Salle (Pierre), tisserand, à Solliès-Ville.
Salome (Scyrus), maréchal-ferrant, à Salernes.
Salomon (Philippe), cultivateur, à Flassans.
Sauvaire (Paul), propriétaire, à Mons.
Sauvan (Louis-Nap.), dit Constant, à Cuers.
Sauve (Blaise), cultivateur, au Val.
Sauve (J.-Baptiste), tanneur, au Val.
Sauve (Louis), boucher, au Val.
Sauzède (J.-Baptiste), charretier, à Forcalqueiret.
Savine (Désiré), cordonnier, à Lamotte.
Second (Jean), ménager, à Callian.
Ségner (Charles).
Ségnier (Joseph), bouchonnier, à St-Raphaël.
Senès (Pierre), boulanger, au Muy.
Senès (Célestin), à Solliès-Pont.
Serenne (J.-Alexandre), cultivateur, à Salernes.

Serraillier (Toussaint), cultivateur, à Draguignan.
Serret (Louis), marchand, à Pignans.
Severan (Joseph), cultivateur, à Vinon.
Seysset.
Sibille (Jean), cultivateur, à Salernes.
Sicard (Pierre), cultivateur, à Montmeyan.
Sicyès (François), cultivateur, à Entrecasteaux.
Siéyès (J.-Louis), cultivateur, à Entrecasteaux.
Sigaloux (Antoine), cultivateur, à Montferrat.
Silvy (Marc), cordonnier, à Pourrières.
Siméon (Joseph), propriétaire, à Vinon.
Siméon (Simon), cultivateur, à Gonfaron.
Siméon (Louis), cultivateur, à Carrens.
Simon (Honoré), négociant, à Carcès.
Sisteron (Denis), cordonnier à Tourtour.
Sivan (Lazare), cultivateur, à La Celle.
Sivan (Louis), cultivateur, à Hyères.
Soliman (F.-Victor), à Toulon.
Sope (Emmanuel), ménager, à Artignac.
Souleillet (Ferdinand), cultivateur, à St-Martin.
Soulès (Pierre), à Miélan.
Souleyet (Edmond), propriétaire, à Besse.
Soumiau (Louis-B.), cultivateur, à Carsens.
Tardieu (Pierre), cultivateur, à Hyères.
Tassy (Emmanuel), cordonnier, à Aups.
Telière (Joseph), jardinier, à Hyères.
Terras (Marius), cultivateur, à Cuers.
Terrin (Charles), propriétaire, à Solliès-Pont.
Testavier (J.-Baptiste), cafetier, au Muy.
Testory (Joseph), journalier, aux Arcs.
Teysseire (Frédéric), cultivateur, au Pugel,
Thevenot, à Toulon,
Thomacetty (Joseph), cultivateur, à Cabasse.
Thomas (Etienne), cultivateur, à Claviers.
Thomas (Théodore), propriétaire, au Muy.
Tochon (Joseph), cultivateur, à Tourvès.
Tombarel (Hermantin), maçon, à Lamotte.
Tourel (Martin), cultivateur, à Pontevès.
Tournel (Honoré), cultivateur, à Montmeyan.
Tournier (Louis), tisserand, à Cotignac.
Tourtin (Joseph), cultivateur, à Tourvès.
Trabaud (J.-Lange), cultivateur, à Montauroux.
Tricon (Gabriel), cultivateur, à Salernes.
Trignon (Pierre), cultivateur, à Fox-Amphoux.
Tripoul (J.-Baptiste), charretier, à Figanières.
Troin (Charles), à Lorgues.

Tronche (Louis), charretier, à Bargemon.
Trouillon (J.-Baptiste), à Toulon.
Truc (François), cultivateur, à Gonfaron.
Truc (Alfred), maréchal-ferrant, à Vidauban.
Truc (Emile), maréchal-ferrant, à Vidauban.
Truc (Louis), cultivateur, à Montauroux.
Turle (Rodolphe), à Brignoles.
Turle (Ferdinand), cultivateur, au Luc.
Turle (Justinien), tanneur, à Carnoulles.
Vachier (Joseph), cultivateur à Artignose.
Valentin (Joseph), bourrelier, à Draguignan.
Vanon (Daniel), maçon, à Callas.
Vaquier (Joseph), cultivateur aux Arcs.
Varagnols (Denis.-Aug.), ménager, à Vidauban.
Vascoin (Sylvestre), cultivateur, à Moissac.
Ventre (Joseph), cultivateur, au Val.
Ventre (Joseph), cultivateur, à Besse.
Verlaque (Apolinaire), cultivateur, a Ollieres.
Verlaque (J.-Baptiste), maçon, à Camps.
Verlaque (Blaise), maçon, au Val.
Verlaque (J.-Aimable), cultivateur, à Montmeyran.
Vero (François), cultivateur, à Moissac.
Verse (Albin), cultivateur, à Cuers.
Verse (J.-Louis), cultivateur, à Cuers.
Verse (Augustin), cultivateur, à Cuers.
Vidal (Hippolyte), cultivateur, à Montmeyran.
Vidal (Adrien), cultivateur, à Montmeyran.
Vidal (Jean), cordonnier, à Draguignan.
Vincent (Lucien), tailleur, à Burjols.
Vincent (J. Baptiste), cultivateur, au Val.
Vincent (Laurent), menuisier, à Toulon.
Viollier (Joseph), tisserand, à Châteaudouble.
Zaframy (César), fabricant de bouchons, à Gonfaron.

CHAPITRE LXXXVII.

VAUCLUSE.

Résumé des événements : Prise de la mairie à Orange. — Une autre tentative sur la sous-préfecture échoue. — Les rassemblements sont dispersés par le 11e dragons. — Soulèvement d'Apt. — Gendarmes et autorités sont arrêtés et conduits en prison. — Le tocsin sonne dans toute la ville. — Les villages environnants sans exception ont pris les armes. — Plus de 3000 républicains réunis. — Ils prennent la résolution de marcher sur Avignon. — Le général d'Antist envoie des troupes à leur rencontre. — Elles arrivent presque en même temps que les républicains près de Lisle, à quelques lieues d'Avignon. — Les républicains accourent en masse de tous côtés et grossissent la colonne expéditionnaire. — Les soldats hésitent à attaquer, puis battent en retraite. — Prise de Lisle par les républicains. — Les gardes nationaux n'opposent aucune résistance et se laissent désarmer. — Quelques escarmouches sur les routes. — Le général d'Antist fait fusiller trois prisonniers. — Les mauvaises nouvelles de Paris mettent fin à la résistance. — Le département est décimé par les arrestations.

LISTE DES VICTIMES CONNUES :

MORTS A CAYENNE.

Blanc (J.-Baptiste), perruquier, à Saint-Martin de Castillon.
Bruno (Denis), chaussonnier, à Carpentras.

AUTRES DÉPORTÉS A CAYENNE.

Carabet (François), maréchal-ferrant, à Apt.
Châteauminois, serrurier, à Saint-Saturnin.
Chauvenet (Claude), cordonnier, à Caderousse.
Combes (Laurent), cultivateur, à Avignon.
Faland (Pierre), cordonnier, à Latour-d'Aygues.
Fernand (Narcisse), cultivateur, à Veleron.
Frison (Paul), garde, à Cheval-Blanc.
Gros (Etienne), tourneur, à Chevallon.
Icart (Ferdinand), cultivateur, à Cabrire du Contat.
Journet (Joseph), cultivateur, à Letour.
Loursac (Antoine), ex-sergent de ville, à Orange.
Mézenc (Michel), serrurier, à Mazon.
Mialle (Henry), jardinier, à Orange.
Rigaud (Jean), cultivateur, à Montdragon.
Rigaud (Joseph), commissaire de police, à Perne.
Talet (J.-Louis), notaire, à Letour.

AFRIQUE. — EXIL. — INTERNEMENT. — PRISON.

Abeille (Pierre), aubergiste, à Valleron.
Abel (Pierre), à Orange.
Alamette (Joseph), à Beaumont.
Appy (Daniel), docteur en médecine, à Gordes.
Arnaud (Claude), à Bédarride.
Arnoux (J.-Charles), agent d'affaires, à Orange.
Aubert (Etienne), cultivateur, à Rustrel.

Aubert (Marius), à Beaumont.
Auric (Joseph), serrurier, à Orange.
Barbe (Pierre-Ph.), portefaix, à Avignon.
Barlingue (Joseph) fils, à Caseneuve.
Baud (Jacques), cultivateur, à Cheval-Blanc.
Béridot (François), cordonnier, à Lisle.
Béridot (Victorin), cordonnier, à Gordes.
Blanval (Denis), à Cadonet.
Bonardona (Bonaventure), à Ville.
Borel (Joseph), à Rustrel.
Bouche (Daniel), à Bédarrides.
Bourgué (Elzéar), ouvrier, à Apt.
Bourgué (Joseph), dit Valentin, à la Coste.
Bourne (François), perruquier, à Roussillon.
Bourzat (Urbain), à Avignon.
Boyer (André), maçon, à Orange.
Brémont (Pierre), ouvrier cordonnier.
Bressy (Adolphe), à Velleron.
Briant (J.-Baptiste), cultivateur, à Goult.
Brun (Alphonse), chaudronnier, à Carpentras.
Brun (Véron-Aug.), cultivateur, à Joncas.
Bruneau (Amédée), cultivateur, à la Caste.
Cairo (Adolphe), dit Lapaton, à Apt.
Carbonnel (André), à Apt.
Caritons (Joseph), facteur des messageries, à Avignon.
Carle (Hyppolyte), charron, à Gordes.
Céphale (Pierre), boulanger, à Saint-Saturnin d'Apt.
Chabert (Claude), cabaretier, à Sainte-Cécile.
Chabran (Pierre), à Velleron.
Chabrant (Auguste), dit Tympano, à Menerbes.
Christin (Victor), cordonnier, à Murs.
Clerc (Joseph), cultivateur, à Valleron.
Coustou (J.-Baptiste), dit Leferailler, à Avignon.
Cousin (Etienne), à Beaumont.
Dugat -Estublier, (Jacques), docteur en médecine, à Orange.
Dupuy (Joseph), ouvrier tanneur, à Apt.
Estève (François), fils.
Faure (Michel) perruquier, à Velleron.
Gardiol (Pierre), tonnelier, à la Coste.
Gay (y. Joseph), à Velleron.
Goudard (Xavier), cultivateur, à Velleron.
Gourdes (Marius), boulanger, à Apt.
Graille (Mathieu), cordonnier, à Gordes.
Grégoire (Grégoire), cultivateur, à Castillon.
Grégoire (Joseph), cultivateur, à Roussillon.
Griffoul (Pierre), ferblantier, à Lisle.

Gros (Denis), maître maçon, a Cheval-Blanc.
Guérin, journaliste, à Avignon.
Imbert (Augustin), à Oppèdes.
Jacomond (Benoît), fabricant de vermicellé, à Orange.
Jamot (J.-Baptiste), menuisier, à Caderousse.
Jaumard (Bernard), maçon, à Joncas.
Jean (Joseph), à Rustrel.
Jean-Antoine, dit Bouguel, cultivateur, à Saint-Martin de Cas-
   tellane.
Jeanne (Laurent), dit le Fréret, à Velleron.
Jirard (Louis-Nap.), à Lisle.
Jouffret (J.-Joseph), dit Maquignon, à Velleron.
Juramy (Charles), cordonnier, à Visan.
Lacour (Diogène), à Velleron.
Lapeyre (Hippolyte), cultivateur à Bonniaux.
Legros (Etienne), à Cavaillon.
Magnan (Gratien), à Cavaillon.
Maillet (J.-Baptiste), fournier, à la Coste.
Martin (Antoine), tailleur, à Rustrel.
Martin (Maurice), cultivateur, à Caderousse.
Ménier (Hilaire), cultivateur, à Velleron.
Menu (François), cultivateur, à Marnas.
Méritan (Joseph), dit Barbès, à Apt.
Mille (Isidore), tailleur d'habits, à Caseneuve.
Millet (Joseph), cultivateur, à Piolène.
Molinas (Joseph) père, à Bonniaux.
Molinas (Gabriel), cultivateur, à Oppèdes.
Mondon (Louis), cultivateur, à Lérignan.
Noque (Rémy-André), menuisier, à Mirabeau.
Pardigon (Louis) père, propriétaire, à Mirabeau.
Pascal (Charles), journaliste, à Avignon,
Peisson (Frédéric), à Beaumieu.
Penache (François), courtier, à Velleron.
Perret (Hilarion), à Gordes.
Pin (Alexandre), à Villars.
Pin (Elzear), ex-constituant, poëte, à Apt.
Pons (Mathieu) cadet, à Bonniaux.
Poussel journaliste, à Avignon.
Prevot (Louis-F.), menuisier, à Saint-Martin-de-Castillon.
Rambeaud (J.-Baptiste), cultivateur, à Sablé.
Rey (Joseph), cultivateur, à Velleron.
Rey (Michel), à Avignon.
Reynaud (Joseph), à Sainte-Cécile.
Reyre (J.-François), à Courtion.
Ripert (François), cultivateur, à Gorgas.
Roque (Rémy), à Mirabeau.

Boubaud (Auguste-P.), officier de santé, à Visan.
Rousset (Frédéric), tailleur d'habits, à Gordes.
Rousset (Louis), cultivateur, à Apt.
Roux (Aug.-Eugène) fils, à Cayranne.
Roux (Pierre), tourneur, à Avignon.
Roux (J.-Baptiste), cultivateur, à Villars.
Roux (J.-Baptiste), cultivateur, à Villars.
Royère (Eric-J.-B.), à Apt.
Royère (Joseph), à Carpentras.
Saint-Félix (Paul), peintre en bâtiments, à Orange.
Salles (Jacques), mineur, à Mont-Dragon.
Vache (Jean), à Cayranne.
Vernier (J.-Véran), à Lisle.
Verrier (Xavier), menuisier, à Malemort.
Vidan (Joseph.
Villain (F.-Eugène), ex-marin, à Avignon.
Villon (J.-Joseph), aubergiste, à Menerbes.
Zichett (Jacques) père, faïencier, à Apt.

CHAPITRE LXXXVIII.

VENDÉE.

Cette partie du Poitou, ancien foyer de la chouanerie, ne s'est pas montré très-ému lors du coup d'Etat. En tout cas les renseignements n'abondent pas dans les colonnes du *Moniteur*. Il mentionne seulement deux arrestations dont voici les noms :

Clémenceau, avocat, à Napoléon-Vendée.
Gallois (Napoléon), journaliste, à Napoléon-Vendée.

CHAPITRE LXXXIX.

VIENNE.

Rien de bien précis sur ce département; les dépêches de l'époque signalent beaucoup d'agitation à Châtellerault et des arrestations assez nombreuses. Voici les noms des citoyens mentionnés dans les journaux.

AFRIQUE. — EXIL. — INTERNEMENT. — PRISON.

Aubin, instituteur, à Poitiers.
Barral, journaliste, à Poitiers.

Bonnal, journaliste, à Poitiers.
Collard, doreur, à Poitiers.
Desroches, ancien entrepreneur, à Châtellerault.
Dupleisset, avocat, à Poitiers.
Fradin (Clément), avocat, à Châtellerault.
Gaudeau (Gustave), propriétaire, à Châtellerault.
Girault, pasteur protestant, à Poitiers.
Jarassé, ancien maire de Champigny-le-Sec.
Lerpinière, médecin, à Châtellerault.
Levasseur, ex-brigadier de gendarmerie, à Poitiers.
Limousineau, avocat, à Poitiers.
Morisset, menuisier, à Châtellerault.

CHAPITRE XC.

VIENNE (HAUTE).

Résumé des événements : Vive agitation à Limoges. — Quelques républicains de cette ville vont dans les campagnes prêcher la résistance.
— Linards et quelques autres villages se sont soulevés. — Des troupes
et des gendarmes sont envoyés pour les réprimer. — Combat près de
Linards. — Plusieurs républicains tombent blessés. — Un grand
nombre sont arrêtés. — Bellac et Saint-Yrieix sont aussi très-agités.
— Fin de la résistance à l'arrivée des nouvelles de Paris.

LISTE APPROXIMATIVE DES VICTIMES.

DÉPORTÉ A CAYENNE.

Constant (André), ébéniste, à Saint-Léonard.

AFRIQUE. — EXIL. — INTERNEMENT. — PRISON

Allègre (J.-Marie), ex-constituant et avocat, à Limoges.
Arnaud (Léonard), clerc de notaire, Linards.
Bac (Isidore), peintre en porcelaine, à Limoges.
Bain (J.-Baptiste), vétérinaire, à Limoges.
Bancaud (Jean), cabaretier, à Vicq.
Baraton (Théodore), marchand de bois, à Bellac.
Barry (Pierre), menuisier, à Limoges.
Bazin, instituteur, à Saint-Junien.
Blondet (Emile), officier de santé, à Châlus.
Bonneix, cabaretier, à Limoges.
Bourderonnet (Louis), propriétaire, à Saint-Junien.

Bourg (Martial), à Saint-Paul.

Boutet, porcelainier, à Limoges.

Briquet (Charles), porcelainier, à Limoges.

Brun-Séchaud (Prosper), médecin, à Châlus.

Chadal (Pierre), porcelainier, à Limoges.

Chadefand (F.-Louis), instituteur privé, à Saint-Junien.

Chartier (Louis), propriétaire, à Saint-Germain-les-Belles.

Chatenet (Antoine), porcelainier, à Limoges.

Chybois (Hippolyte), conseiller municipal, à Limoges.

Danty, à Limoges.

Desvallois (J.-Titus), propriétaire, à Bilhac.

Devaux (Jacques), adjoint, à Linards

Doucet (Joseph), tailleur, à Bellac.

Dussoubs (Firmin-J.-B.), avocat, à Chalard.

Filloux (Charles), fabricant de draps, à Monterolles.

Forgeau (Jean) aubergiste, à Peysat.

Forgemolle (Gédéon), propriétaire, à Chamboret.

Frichon (Cadet), frère du représentant de ce nom, à Limoges.

Gourdy, dit Tetu, à Beaumont.

Goursolas (François), avocat, à Limoges.

Guinot (Jean) aîné, boucher, à Saint-Mathieu.

Hergolt, à Limoges.

Lafont (Albin-François), porcelainier , à Saint-Germain-les-Belles.

Lagrangerie (J.-Baptiste), cordonnier, à Bellac.

Lavignère (F -Victor), propriétaire, à Saint-Barbeau.

Lorgues (Jacques), sabotier, à Bellac.

Marsaly, huissier, à Saint-Germain-les-Belles.

Martial (Pierre), entrepreneur, à Saint-Mathieu.

Massy, ébéniste, à Limoges.

Maury (Théobald), propriétaire, à Ambazac.

Maury (Aristide), ancien juge de paix et membre du Conseil géncral.

Menut (Martial), à Saint-Auvent.

Mourier, cordonnier.

Paillet, lampiste, à Limoges.

Paquet (Guillaume), corroyeur, à Limoges.

Perier (François), propriétaire, à Saint-Jouvant.

Planteau tailleur, à Limoges.

Pradeau (Martial), clerc d'huissier.

Redon (Etienne), agriculteur à Saint-Yrieix.

Rié-Roch (Charles), porcelainier, à Limoges.

Sarre (Pierre), cultivateur, à Saint-Paul.

Tharaud, tisserand, à Limoges.

Thomas (Pierre), cafetier, à Limoges.

Thomassin, notaire, à Saint-Junieu.

CHAPITRE XCI.

VOSGES.

Il n'existe que très-peu de renseignements sur ce département; on sait seulement que les villes d'Epinal, Saint-Dié et Remiremont ont inspiré pour un moment des craintes sérieuses, mais les nouvelles de Paris sont venues jeter la stupeur en même temps que le découragement parmi les républicains. Néanmoins de nombreuses arrestations ont été opérées. Voici la liste connue :

MORT A CAYENNE.

Féteau, forgeron, à Guillevillotte.

AFRIQUE. — EXIL. — INTERNEMENT. — PRISON.

André, à Remiremont.
Arnoud, chapelier, à Epinal.
Buffet, à Neufchâteau.
Charlier, professeur, à Schirmeck.
Chevalier (Jean-Baptiste), avocat, à Saint-Dié.
Couché, à Remiremont.
Crouvisier, mécanicien, à Epinal.
Dettvillers (Jean-François), dit Martin, à Mirecourt.
Evon fils, agronome, à Epinal.
Fondrevaye, marchand de cristaux, à Epinal.
Fontaine, menuisier, à Epinal.
Franck (Louis), carrossier, à Saint-Dié.
Gaillard (Louis), sans profession, à Montlès-Lamarche.
Georges (J.-Baptiste), instituteur, à Saint-Dié.
Husson (J.-Baptiste), marchand de fer, à Raon-l'Etape.
Husson-Briel (Charles), négociant, à Bulgnéville.
Iselet, sellier, à Saint-Dié.
Iselet (Nicolas), cafetier, à Raon-l'Etape.
Jolibois, à Deyvillers.
Kroubert, à Neufchâteau.
Kurtz (J.-Georges), épicier, à Saint-Dié.
Lionnet (Jean-Baptiste), ouvrier carrier, à Celles.
Marcot (Victor-Léonard), ex-commissaire de police, à Rambervillers.
Mathieu, avocat, à Epinal.
Mathis (Jean-Nicolas), marchand de vins, à Rambervilliers.
Munich, notaire, à Vittel.
Rognier, bijoutier, à Remiremont.

Selme-Duvernay, journaliste, à Remiremont.
Tabouret (Cl.-Alexis), fabricant de chandelles, à Darney.
Thomas (François-Ernest), à Remiremont.
Toussaint (P.-Charles), à Darney-aux-Chênes.
Vadet (Eugène), fabricant de papier peint, à Epinal.
Voirain (Aug.-Joseph), vigneron, à Dolaincourt.

CHAPITRE XCII.

YONNE.

Résumé des événements : Auxerre est très-agité. — Des groupes nombreux stationnent sur différents points de la ville. — En même temps Saint-Sauveur se soulève. — Le professeur Thiébault fait un appel aux armes. — Les républicains s'emparent de la mairie. — Ils prennent la résolution de marcher sur Auxerre. — Ils parviennent à soulever quelques villages. — Arrivée devant les murs de Toucy. — La troupe commandée par le lieutenant Fistié arrive presque en même temps. — Des renforts de républicains affluent des villages de Villiers, Saint-Benoît et de Mézilles. — Court engagement. — Défaite malheureuse des républicains. — Autre combat près d'Escampes. — Nouvelles pertes dans les rangs républicains. — On compte plusieurs morts. — Plus d'espoir. — Les nouvelles de Paris ont tout paralysé.

LISTE DES VICTIMES CONNUES :

AFRIQUE. — EXIL. — INTERNEMENT. — PRISON.

Allart (Clément), menuisier, à Druyes.
Ansault (Auguste-François), teinturier, à Toucy.
Asselineau (F.-Germain), cultivateur, à Thury.
Balland (Adolphe-Fréd.), peintre, à Saint-Sauveur.
Ballut (Lazare), tisserand, à Jouffaux.
Baujé (Ch.-Auguste), charron, à Collemière.
Belhomme, chapelier.
Bérenger (J.-Pierre), juré-compteur, à Vermanton.
Bernot (Edme), potier, à Treigny.
Berthaud (Michel), charron, à Cravant.
Berthiot (Jean), tuilier, à Asnières.
Bertin (Claude), manœuvre, à Châtel-Censoir.
Bertrand (Cyrille), chaulier, à Champ-du-Fousson.
Besson (Jean), mécanicien, à Toucy.

Beuves (Joachim-P.), tisserand, à Bazanou.
Bienvenu (Jean), garçon boucher, à Vermanton.
Billard (Jean), hongreur, à Villiers.
Boirin (Ch.-Marcel), chaudronnier, à Saint-Florentin.
Boissard (J.-Baptiste). tonnelier, à Cravarel.
Bonnaire, tailleur d'habits.
Bonnerot (Louis), laboureur, à Villumes.
Bordat (Auguste), garçon meunier, à Druyes.
Boucheron (Léonard), maçon, à Villiers-Saint-Benoit.
Bourey (Edm.-François), aubergiste, à Avallon.
Bouillot (Pierre), charpentier, à Saint-Sauveur.
Bourgeois (Ed.-Ant.), cordonnier, à Saint-Fargeau.
Breton (Louis-Jean), cordonnier, à Saint-Sauveur.
Breuiller (Adolphe-P.), sabotier, à Bléneau.
Capet (Jean-Pierre), marchand de vins, à Sens.
Cazeaux, menuisier, à Saint-Florentin.
Chaignet (François-Eugène), propriétaire, à Tonnerre.
Chamet, à Toucy.
Champion (Michel), manœuvre, à Villiers Saint-Benoit.
Charpy (François), cerclier, à Méry-la-Vallée.
Charpy (Sévère), cerclier, à Méry-la-Vallée.
Collas (Clément).
Collet.
Corbin (Augustin), journalier, à Levan.
Coulon (Joseph), ouvrier menuisier.
Cozot (H.-Henri), fabricant de peignes, à Saint-Sauveur.
Creuillot (Alex.-Théodore), tailleur, à Fontaines.
Crochot (Gabriel), propriétaire, à Auxerre.
Dappoigny (Noel), fournier, à Druyes.
David (Hippolyte), aubergiste, à Saint-Sauveur.
Dethou, à Joigny.
Dousset, à Saint-Sauveur.
Durelle, (Louis-Paulin), commis, à Avallon.
Eudes-Dugaillon (A.), homme de lettres, à Auxerre.
Fredouille (Julien), tailleur, à Onaire.
Garet (Hubert-Jean), propriétaire, à Leugny.
Gauthier (Jean-Baptiste), charpentier, à Poligny.
Geste (Henri-Léopold), domestique, à Chaumina.
Gibrac (Pierre), marchand de parapluies.
Gibras, à Auxerre.
Girault (Prosper), médecin, à Lain.
Goubinat (Sév.-Isidore), cultivateur à Aubigny.
Greslain (François), tailleur, à Saint-Fargeau.
Guillier (Frédéric-Auguste), médecin, à Thury.
Guyard, huissier, à Sougères.
Hase, à Auxerre.

Henry (Am.-Dieudonné), clerc d'avoué, à Sens.
Hollier (Antoine), boulanger, à Saint-Sauveur.
Hunot, marchand de tabac, à Saint-Florentin.
Jacquet (Sylvain), charron, à Châtel-Censoir.
Jacquet (Théodore), marchand, à Châtel-Censoir.
Jahres (Henri), cordonnier, à Chablis.
Joliboi- (Vincent), cerclier, à Méry-la-Vallée.
Jorlin (François), laboureur, à Fontaine.
Jossier (Etienne), maréchal-ferrant, à Avallon.
Julien (Antoine), journalier, à Saint-Sauveur.
Laforge (Philippe), cultivateur, à Méry-la-Vallée.
Landré (Jean), propriétaire, à Saint-Sauveur.
Langrand (Edme), limonadier, à Saint-Florentin.
Lardiller, commis greffier, à Saint-Sauveur.
Lebœuf (César), sabotier, à Bléneau.
Lévêque, à Auxerre.
Lioret (Denis-Et.), journalier, à Rogny.
Lorilliere (Edouard), bonnetier, à Sens.
Magnard (Marius), cerclier, à Méry-sur-Tholon.
Maudron (Joseph), tonnelier, à Châtel-Censoir.
Martinot (F.-Isidore), perruquier, à Auxerre.
Mayette (Louis), laboureur, à Villiars.
Michaut (Pierre), brasseur, à Avallon.
Millot (Dominique), propriétaire, à Saint-Sauveur.
Montarquau (Germain), journalier, à Lecoup.
Moreau (Achille), sabotier, à Saint-Sauveur.
Moreau (Claude), bûcheron, à Asnières.
Moreau (Pierre), bûcheron, à Châtel-Censoir.
Mula (Alexandre), sabotier, à Fontaine.
Naudin (P.-François), domestique à Lalande.
Parny (Jacques), tisserand, à Asnières.
Patasson (Léon-Edm.), menuisier, à Saint-Sauveur.
Pautra (Jacques), domestique, à Arrats.
Perreau (Joseph), cultivateur, à Fougères.
Pichon (Florentin), maçon, à Leugny.
Picq (Edme), sabotier, à Boulanges.
Plumet (Etienne), tisserand, à Bléneau.
Prêtre (Louis), potier, à Compère.
Puissant (Georges), cultivateur, à Leugny.
Quost (Noel), menuisier, à Saint-Léger.
Ragon (J.-Jacques), propriétaire, à Villiers-Saint-Benoît
Raignault (Jean), journalier, à Champcevrais.
Raux (Laurent), cafetier, à Avallon.
Reimann, clerc d'huissier, à Saint-Fargeau.
Renauld (Charles), menuisier à Saint-Sauveur.
Robin (F.-Edme), cordonnier, à Guillon.

Roblin (Germain), journalier, à Fontaine.
Rollot (Etienne), tisserand, à Asnières.
Rondet (Jean), macon, à Quarré.
Roux (Joseph), manouvrier, à Ecane.
Sallot (Edm.-Fréd.), limonadier, à Saint-Florentin.
Saulnier, à Saint-Sauveur.
Savereau (Paul), tailleur, à Mailly-la-Ville.
Simon (Charles), vannier, à Sens.
Siret (Louis-M.), propriétaire, à Tingy.
Testarode (Edme-P.), md de vin, à Joigny.
Thenain (Louis-Isid.), vigneron, à Bléneau.
Thibault (François), charpentier, à Coulanges-sur-Yonne.
Thiébault, professeur de médecine-vétérinaire.
Trichard (Alexis), maréchal-ferrant, aux Ponts.
Tricotot (P.-Léon), cordonnier, à Toucy.
Trotignon (Médard), carrier, à Asnières.
Vallée (Prosper-Ph.), ébéniste, à Toucy.
Varennes (Adolphe), carreleur, à Meugné.
Vincent (Auguste), sabotier, à Chassy.
Vinot (Dominique), docteur en médecine, à Sens.
Voisin (Jules-H.), voyageur de commerce.
Yvoret (J.-Baptiste), limonadier, à Joigny.

RÉCAPITULATION.

Représentants expulsés..	89	Charente	3
Ain	409	Charente-Inférieure	4
Aisne	9	Cher	386
Allier	226	Corrèze	5
Alpes (basses)	343	Corse	»
Alpes (hautes)	21	Côte-d'Or	92
Ardèche	128	Côtes-du-Nord	3
Ardennes	25	Creuse	25
Ariége	23	Dordogne	41
Aube	74	Doubs	32
Aude	41	Drôme	407
Aveyron	74	Eure	26
Bouches-du-Rhône	204	Eure-et-Loir	4
Calvados	2	Finistère	4
Cantal	4	Gard	44

Garonne (haute)	80	Oise	21
Gers	223	Orne	1
Gironde	60	Pas-de-Calais	12
Hérault	654	Puy-de-Dôme	64
Ille-et-Vilaine	1	Pyrennées (basses)	27
Indre	52	Pyrennées (hautes)	16
Indre-et-Loire	14	Pyrennées-Orientales	295
Isère	16	Rhin (bas)	27
Jura	187	Rhin (haut)	37
Landes	14	Rhône	130
Loir-et-Cher	22	Saône (haute)	12
Loire	25	Saône-et-Loire	113
Loire (haute)	14	Sarthe	119
Loire-Inférieure	20	Seine	653
Loiret	226	Seine-et-Marne	12
Lot	65	Seine-et-Oise	45
Lot-et-Garonne	342	Seine-Inférieure	29
Lozère	2	Sèvres (Deux)	39
Maine-et-Loire	10	Somme	11
Manche	1	Tarn	20
Marne	18	Tarn-et-Garonne	19
Marne (haute)	41	Var	937
Mayenne	21	Vaucluse	134
Meurthe	30	Vendée	2
Meuse	2	Vienne	14
Morbihan	24	Vienne (Haute)	56
Moselle	8	Vosges	34
Nièvre	392	Yonne	128
Nord	89		

Total des victimes trouvées dans le *Moniteur officiel*, le *Constitutionnel* et la *Gazette des Tribunaux*. 8.094

CONCLUSION.

La tâche que nous sommes imposée est certainement bien au-dessus de nos forces ; en l'entreprenant nous ne nous sommes pas dissimulé les difficultés que nous allions rencontrer.

Sans doute, les citoyens Ténot et Décembre-Allonnier ont jeté de très-grandes lumières sur le coup d'État ; mais il est resté dans certains récits quelque chose de vague, d'involontaires erreurs s'y sont glissées ; c'est pourquoi nous avons pensé qu'il était du devoir de tous ceux qui ont des données précises sur les événements de décembre, de les faire connaître.

Une immense lacune subsistait surtout ; à l'ombre du drapeau de la Constitution, un grand nombre de citoyens avaient été fusillés, déportés, exilés, internés et emprisonnés, et c'est à peine si l'on parlait d'eux, ils étaient presqu'oubliés.

Beaucoup, hélas ! n'ont pas revu le sol français : Cayenne, Lambessa, Londres, Jersey, Bruxelles, New-York, etc., etc., ont leurs cimetières remplis de leurs dépouilles. En les citant dans ce livre, n'est-ce pas leur rendre l'hommage qui leur est dû ? nous l'avons pensé ainsi. Nous reconnaissons volontiers que nous sommes grandement incomplet, mais nous avons la certitude que, avec l'aide de tous ceux qui ont à cœur de faire connaître la vérité tout entière, nous arriverons facilement au but que nous nous sommes proposé.

TABLE DES MATIÈRES

FIN DU VOLUME

Paris. — Imp. Gaittet, rue du Jardinet, 1.

www.ingramcontent.com/pod-product-compliance
Lightning Source LLC
Chambersburg PA
CBHW070756270326
41927CB00010B/2158